Shakti Gawain

Wege der Wandlung

Shakti Gawain

Wege der Wandlung

Selbstheilung durch Transformation

WILHELM HEYNE VERLAG
MÜNCHEN

Titel der amerikanischen Originalausgabe:
The Path Of Transformation. How Healing Ourselves Can Change The World

Ins Deutsche übertragen von Thomas Goerden

Die Originalausgabe erschien
im Verlag Nataraj Publishing, Mill Valley

ISBN 3-453-07699-0

Inhalt

Allen Lehrern und Freunden, die mir auf meinem Weg
der Wandlung geholfen haben

Danksagung

Ich möchte mich sehr herzlich bei meinem Herausgeber Hal Bennett bedanken. Mit seiner Kreativität und Sachkenntnis trug er sehr zu diesem Buch bei und zu der Freude, die ich beim Schreiben empfand.

Jane Hogan möchte ich meine Anerkennung aussprechen für ihre Weitsicht und ihre harte Arbeit bei der Gründung von Nataraj Publishing. Kathy Altman danke ich für die Gedanken, die sie zu diesem Buch beisteuerte, und für ihre große Hilfsbereitschaft, Karen Lamoreux für ihre Arbeit an der Gestaltung des Buches, und allen anderen Leuten bei Nataraj Publishing, die direkt oder indirekt mithalfen, daß dieses Buch Form annehmen konnte. Dank auch an die Leute von der Atrium Publishers Group, deren Vision uns half, unsere eigene zu manifestieren.

Und zu guter Letzt gilt ein ganz besonderer Dank meinem Ehemann und Partner Jim Burns, der mir auf allen Ebenen liebevolle Unterstützung zuteil werden läßt.

Für wen dieses Buch geschrieben wurde

Wenn Sie dieses Buch gerade aufgeschlagen haben und sich fragen, ob Sie es wohl lesen sollen, wird das Folgende Ihnen vielleicht bei Ihrer Entscheidung helfen. Wenn eine oder mehrere der folgenden Aussagen auf Sie zutreffen, dann wird sich die Lektüre dieses Buches für Sie höchstwahrscheinlich sehr lohnen:

– Sie sehen sich in Ihrem Privatleben derzeit einer oder mehreren schweren Herausforderungen gegenüber, die Ihre Gesundheit und Ihr Wohlbefinden, Ihre zwischenmenschlichen Beziehungen, Ihre Arbeit, Ihre Finanzen, Kreativität oder ein anderes wichtiges Thema betreffen.

– Sie sind zutiefst besorgt über weltweite Probleme wie Hunger, Krankheit, Armut, Krieg, Rassismus, Sexismus, Drogenabhängigkeit, den Zerfall der Familien, die Zerstörung der Umwelt, und Sie:

unternehmen alles, was in Ihrer Macht steht, um auf sozialer, politischer und/oder spiritueller Ebene Lösungen für diese Probleme zu finden; oder

Sie fühlen sich hilflos, Sie wissen nicht, was Sie gegen diese scheinbar unüberwindlichen Probleme tun können und ob persönliches Engagement überhaupt noch einen Sinn hat.

– Sie befinden sich schon seit einiger Zeit auf einer Bewußt-seins-Reise und tun eine Menge innerer Arbeit. Sie sind be-

9

reit, wieder in die Welt zurückzukehren, wissen aber nicht recht, wie Sie den Übergang von innerer zu äußerer Arbeit bewältigen sollen. Und vielleicht fragen Sie sich, wie Ihre Bewußtseins-Arbeit dazu beitragen kann, Lösungen für die schweren globalen Probleme unserer Zeit zu finden.

– Sie beschäftigen sich schon lange mit Ihrer spirituellen Entwicklung, haben sich vielleicht einem oder mehreren spirituellen Wegen oder Lehrern verschrieben, und spüren, daß Sie trotzdem in bestimmten Bereichen Ihres Lebens keine Fortschritte machen. Sie fragen sich, warum Ihre Entwicklung nicht rascher voranschreitet oder warum Sie Ihr spirituelles Wissen nicht erfolgreicher in Ihrem täglichen Leben anwenden können.

– Sie haben im Bereich der Psychologie intensiv an sich gearbeitet und sehnen sich nach einer umfassenderen Vision von den Möglichkeiten des Lebens.

– Sie haben sich gerade von einer Sucht oder Abhängigkeit befreit und fragen sich, wie es jetzt weitergehen soll.

– Sie sind ein »New-Age-Mensch«, der eine optimistische Weltsicht vertritt, und Sie fragen sich, warum Ihnen trotzdem immer wieder schmerzvolle Erfahrungen oder wütende, bedürftige oder sonstwie »unerleuchtete« Leute zu schaffen machen.

– Sie fühlen sich von Bewußtseins-Arbeit angezogen, haben aber eine Abneigung gegen die etwas »verrückten« Aspekte der New-Age-Bewegung.

– Sie haben sich, soweit Sie wissen, noch nie mit Bewußtseins-Arbeit beschäftigt und wissen auch nicht genau, was das eigentlich ist, aber Sie spüren den Wunsch nach mehr Tiefe und Sinn in Ihrem Leben.

– Sie befinden sich gerade in einer Zeit des Übergangs, in der Sie sich von etwas Altem lösen und sich für Neues öffnen.

– Es hat in Ihrem Leben in letzter Zeit viel Aufregung und Durcheinander gegeben, und Sie fragen sich, warum das so ist.

Nun, die Liste ist ein bißchen länger geworden, als ich erwartet hatte. Denken Sie einen Moment darüber nach. Probieren Sie die »Schuhe« an, die ich gerade beschrieben habe. Und wenn Ihnen welche davon passen, ziehen Sie sie an, und wandern Sie damit den Weg hinauf...

Warum ich dieses Buch schrieb

Während wir uns dem neuen Jahrtausend nähern, scheint das Leben auf unserem Planeten intensiver zu werden. Viele von uns sehen sich herausfordernden persönlichen Problemen gegenüber – im Beruf, in finanziellen Dingen, im zwischenmenschlichen Bereich, in Familie und Gesundheit. Wir wissen nicht genau, wie wir mit diesen Herausforderungen am besten umgehen sollen. Unsere traditionelle Art zu leben, zu arbeiten, unser gewohnter Umgang mit uns selbst und unserer Umwelt funktioniert offenbar nicht mehr besonders gut. Doch gibt es bislang wenige Modelle für neue, effektive Verhaltensweisen.

Noch erdrückender sind die Probleme, denen sich die Menschheit als Ganzes gegenübersieht. Auf der planetaren Ebene scheinen die Dinge schlimmer und schlimmer zu werden. Wir fragen uns, warum es überall auf der Welt so viel Schmerz, Leid und Kampf gibt. Die meisten von uns wissen nicht, was man dagegen ausrichten könnte, und so tun wir wenig oder gar nichts.

Ich schrieb dieses Buch, um mich dieser Themen anzunehmen und jene Ideen und Perspektiven mit Ihnen zu teilen, die mir selbst am meisten dabei geholfen haben, mich meinen eigenen Problemen und dem Zustand der Welt zu stellen. Ich möchte deutlich machen, welche Herausforderungen uns meines Erachtens in den neunziger Jahren erwarten und wie wir sie am besten überwinden können. Meine Absicht ist es, Einsichten und Hilfsmittel für den wirkungsvolleren Umgang mit persönlichen Problemen an Sie weiterzugeben. Auch möchte ich erklären, warum sich die Welt meiner Ansicht nach in einem solchen Aufruhr befindet und was wir dagegen tun können.

Ich werde auch auf jene Verwirrung eingehen, die ich in der Bewußtseins-Bewegung wahrnehme, die auch als New-Age-Bewegung oder Bewegung zur Entfaltung des menschlichen Potentials bekannt ist. Während der vielen Jahre, in denen ich umherreiste und überall auf der Welt Workshops veranstaltete, wurde mir mit zunehmender Besorgnis bewußt, daß viele ernsthaft spirituell Suchende mit ganz bestimmten Problemen zu kämpfen hatten. Ich glaube, daß viele dieser Schwierigkeiten darauf beruhen, daß zahlreiche Philosophen und Führer des New Age auf die Weisheit alter spiritueller Überlieferungen zurückgreifen, ohne diese Weisheiten genügend an die moderne Welt und den heutigen Stand der menschlichen Evolution anzupassen. Zu viele Menschen bemühen sich, einem Weg zu folgen, der, wie ich es sehe, letztlich weder ihre eigenen Bedürfnisse noch die Bedürfnisse der Welt befriedigen wird.

Ein anderes Thema, auf das ich zu sprechen komme, ist der Umstand, daß viele traditionelle Formen der Psychotherapie zwar ein gewisses Maß an Hilfe und Führung bieten, aber die spirituelle oder transpersonale Dimension des menschlichen Lebens ausblenden und so einen wesentlichen Teil des heilenden Paradigmas unberücksichtigt lassen. Da in der modernen Welt die Mehrzahl der Menschen unter der Trennung von ihrem spirituellen Wesenskern leidet, fehlt hier ein für die Heilung wesentliches Element. Doch viel zu oft bleiben auch die tieferen Elemente der emotionalen Heilung ausgeklammert. Wenige Klienten oder Therapeuten wissen, auf welchem Weg sie eine tiefgreifende, alle Ebenen einschließende Heilung erreichen können.

Gleichermaßen besorgt bin ich wegen der zunehmenden Spaltung zwischen den vielen Menschen, die sich aus Überzeugung für politische, soziale und ökologische Reformen einsetzen, und jenen, die sich mit gleicher Hingabe der Entwicklung des eigenen Bewußtseins widmen. Beide Gruppen haben Vorstellungen von einer gesünderen, harmonischeren Welt und sind bereit, hart zu arbeiten, um positive Veränderungen herbeizuführen. Doch leider gibt es zwischen ihnen nur wenig Übereinstimmung darüber, wie sich wirkliche Veränderungen erreichen lassen. Es ist notwendig, daß wir zusammenarbeiten und den Beitrag, den die jeweils andere Gruppe leistet, verstehen und anerkennen.

Wir können unser Leben und die Welt nicht verändern, indem wir uns ausschließlich auf äußere Lösungen konzentrieren, und ebensowenig, indem wir einem traditionellen transzendenten, spirituellen Weg folgen, bei dem die Realität und Bedeutung der physischen Welt bagatellisiert oder geleugnet wird. Statt dessen müssen wir uns für eine Alternative entscheiden, die ich den Weg der Wandlung nenne. Bei diesem Weg widmen wir uns der Integration unserer spirituellen und menschlichen Aspekte und lernen, als ganzheitliche Wesen erfüllt und im Gleichgewicht auf der Erde zu leben.

Nur durch einen Bewußtseinswandel lassen sich die Probleme der heutigen Zeit umfassend und wirkungsvoll bewältigen, und dieser Wandel ist bereits weltweit spürbar. Wir müssen bis in die Tiefe unserer Seele erkennen, daß wir alle Teil eines Ganzen sind, daß das Verhalten jedes einzelnen Menschen uns alle stark beeinflußt. In unseren globalen Krisen spiegeln sich unsere individuellen Prozesse. Nur indem wir uns selbst auf allen Ebenen heilen – körperlich, emotional, geistig und spirituell –, können wir den Planeten heilen.

Ich hoffe, daß dieses Buch Lesern in allen Stadien der Bewußtseins-Reise als Ratgeber dienen kann – jenen, die erst am Anfang stehen, ebenso wie jenen, die bereits auf dem Weg sind und weiter gehen möchten. Es ist mein Wunsch, daß das, was ich geschrieben habe, allen meinen Lesern erkennen hilft, wie wichtig es ist, alle Aspekte unseres Seins zu heilen, zu entwickeln und zu integrieren.

Auch hoffe ich, daß das, was ich auf diesen Seiten mitzuteilen versucht habe, all jenen helfen wird, die bereits beträchtliche innere Arbeit und Integration geleistet haben und nun ihr Wissen auf sinn- und wirkungsvolle Weise in der Welt einsetzen möchten.

Die Botschaft dieses Buches ist wirklich ziemlich einfach: Auf diesem Planeten spielt jeder einzelne von uns eine wichtige und wesentliche Rolle. Und wenn Sie sich mit Engagement Ihrer persönlichen Bewußtseins-Reise widmen, leisten Sie zugleich einen bedeutenden Beitrag zur Wandlung der Welt.

TEIL EINS

Wie wir die Welt verändern können

Zweifeln Sie nie daran,
daß eine kleine Gruppe aufmerksamer, engagierter Bürger
die Welt verändern kann.
Sie ist in der Tat nie durch etwas anderes verändert worden.

MARGARET MEAD

Wie sieht Ihre Zukunftsvision aus?

In diesem Buch werden wir erkunden, welche Gedanken, Gefühle, Ängste und Visionen wir bezüglich unserer persönlichen Zukunft und bezüglich der Zukunft unserer Welt haben. Ehe Sie weiterlesen, möchte ich Sie einladen, die folgende kurze Übung zu machen. Diese Übung soll Ihnen helfen, mit Ihren eigenen Gedanken und Gefühlen Verbindung aufzunehmen, bevor Sie lesen, was ich Ihnen zu sagen habe.

Bevor Sie also das erste Kapitel lesen, bitte ich Sie, sich einen Moment Zeit zu nehmen, die folgende Übung zu lesen, die Augen zu schließen und sie auszuprobieren. (Wenn Sie nicht möchten, ist das auch in Ordnung – blättern Sie dann einfach weiter zum nächsten Kapitel.)

Setzen Sie sich an einem ruhigen Ort bequem hin. Wenn Sie möchten, halten Sie Stift und Papier oder Ihr Tagebuch griffbereit. Schließen Sie die Augen, und machen Sie ein paar langsame, tiefe Atemzüge. Fragen Sie sich: »Wie sieht meine Vision von der Zukunft aus? Welche Gefühle habe ich dabei?«

Konzentrieren Sie Ihre Aufmerksamkeit zunächst auf Ihre Gedanken und Gefühle bezüglich Ihrer persönlichen Zukunft. Wie stellen Sie sich Ihre Zukunftsaussichten vor, in bezug auf Ihre Karriere, Ihre Finanzen, Ihre Beziehungen, Familie, Freunde, Ihre körperliche Gesundheit und Fitneß (einschließlich Ihrer Gefühle über das Altwerden) und Ihr allgemeines persönliches Wohlergehen?

Sitzen Sie einfach nur ruhig da, und achten Sie auf alle Gedanken, Gefühle und Bilder, die sich einstellen. Versuchen Sie, sehr ehrlich mit sich selbst zu sein und alle Gedanken und Gefühle zu akzeptieren, die positiven und die negativen. Einige Ihrer inneren Reaktionen auf diese Fragen sind möglicherweise scheinbar widersprüchlich oder verwirrend. Es könnte zum Beispiel sein, daß ein und dieselbe Sache bei Ihnen zugleich positive und negative Gefühle auslöst. Das ist vollkommen natürlich und ganz in Ordnung. Akzeptieren Sie einfach die ganze Bandbreite Ihrer Gefühle.

Dehnen Sie jetzt Ihre Aufmerksamkeit aus, und stellen Sie sich die Zukunft Ihres Wohnortes, Ihres Landes, der Menschheit, der natürlichen Umwelt, des Planeten vor. Achten Sie einfach auf die Bilder, Gedanken und Gefühle, die sich einstellen, wenn Sie sich die Zukunft der Welt ausmalen. Versuchen Sie auch jetzt wieder, so ehrlich wie möglich zu sein, und machen Sie sich keine Sorgen, falls Ihre inneren Reaktionen etwas widersprüchlich oder verworren erscheinen. Es könnte beispielsweise der Gedanke auftauchen: »Es gibt so viel Potential für positive Veränderungen..., aber ich frage mich, ob wir uns nicht selbst vernichten, ehe wir überhaupt eine Chance haben, diese Veränderungen herbeizuführen!«

Wenn Sie spüren, daß die Übung abgeschlossen ist, öffnen Sie die Augen. Wenn Sie möchten, nehmen Sie Stift und Papier oder Ihr Tagebuch zur Hand, und schreiben Sie möglichst viel von dem auf, was Ihnen in den Sinn kam, als Sie sich Ihre persönliche Zukunft und die Zukunft unseres Planeten vorstellten. Wenn Sie es vorziehen, können Sie auch Buntstifte oder Kreide nehmen und Ihre inneren Bilder und Ihre Gefühle malen.

Sich der Zukunft stellen

Die Menschheit ist ein unaufhörlicher Prozeß der bewußten Evolution. Gegenwärtig machen wir einen gigantischen Bewußtseinsschritt – einen großen Sprung in dieser Evolution.

Welche Gefühle haben Sie bezüglich der Zukunft? Wenn Sie so sind wie die meisten von uns, wird die Beschäftigung mit dieser Frage wohl sehr gemischte Gefühle in Ihnen auslösen.

Falls Sie eine besonders optimistische Person sind oder zufällig gerade einen besonders guten Tag haben, stellen Sie sich vielleicht eine wunderbare, leuchtende Zukunft für sich selbst und für uns alle vor. Wenn Sie ein eher zynischer oder pessimistischer Mensch sind oder gerade einen schlechten Tag haben, sehen Sie vielleicht eine dunkle, unerfreuliche Zukunft für sich und andere.

Ich habe jedoch festgestellt, daß die meisten Menschen, denen diese Frage gestellt wird – ich selbst eingeschlossen –, dabei widersprüchliche Empfindungen haben. Einerseits spüren wir Hoffnung, Erregung, eine gewisse Faszination für das, was die Zukunft uns bringen mag. Andererseits empfinden wir auch Zweifel, Angst, vielleicht sogar Entsetzen oder Verzweiflung. Die Frage, wie wir handeln sollen, stürzt uns oft in tiefe Verwirrung und Hilflosigkeit. Wir wissen schon kaum, wie wir wirkungsvoll mit unseren persönlichen Problemen fertig werden sollen, von den gigantischen Problemen, die wir draußen in der Welt wahrnehmen, ganz zu schweigen.

Es ist völlig in Ordnung, daß so viele von uns eine solche Mischung von Gefühlen erleben. Niemand wird bestreiten, daß wir in einer sehr furchterregenden Zeit leben, vielleicht in der erschreckendsten Zeit, die dieser Planet bislang gesehen hat. Die meisten Leute haben mit schmerzhaften persönlichen Problemen zu kämpfen. Unsere zwischenmenschlichen Beziehungen funktionieren nicht so, wie wir es uns wünschen. Ehen zerbrechen. Kinder werden mißbraucht. Viele Menschen sind drogenabhängig. Möglicherweise leidet ein Mensch aus Ihrem Freundeskreis oder Ihrer Familie an einer Krankheit, für die es keine Heilung gibt, oder Sie selbst sind schwer krank. Manche von uns haben keine Arbeit; andere sind mit ihrer Arbeit unzufrieden. Viele unter uns sind Workaholics, überarbeitet bis zur völligen Erschöpfung. Vielleicht machen uns selbst oder einer geliebten Person Süchte nach Alkohol, Drogen, Essen oder anderen Substanzen oder Aktivitäten zu schaffen.

Und als sei das alles noch nicht genug, gibt es jenseits unseres persönlichen Daseins noch viel schlimmere Probleme. Überall auf dem Planeten gibt es Kriege. Viele Länder leiden unter grausamen diktatorischen Regierungen. Die Länder der Dritten Welt werden von den industrialisierten Nationen ausgebeutet. Ökonomisches Chaos und Katastrophen haben ein bedrohliches Ausmaß angenommen. Die Gewalt in unseren Städten nimmt zu, und Obdachlosigkeit ist zu einem schrecklichen Problem geworden. Drogenmißbrauch greift wie eine Seuche um sich und ist außer Kontrolle geraten. Und am entsetzlichsten ist wohl, daß wir dabei sind, die natürliche Umwelt zu zerstören, von der unser Leben abhängt.

Es ist unangenehm und unerfreulich, sich diesen Realitäten und unseren diesbezüglichen Gefühlen zu stellen. Daher versuchen die meisten von uns, sich auf andere Dinge zu konzentrieren. Doch es ist notwendig, daß wir unsere verwirrenden, angstmachenden Gefühle angesichts der bedrückenden Situation aufrichtig akzeptieren. Nur so können wir den Mut aufbringen, uns unseren persönlichen und planetaren Problemen zu stellen und nach Lösungsmöglichkeiten zu suchen. Der erste Schritt im Umgang mit einer Herausforderung besteht immer darin, sich klarzumachen, worin sie genau besteht und welche Gefühle sie in uns auslöst. Nur wenn wir uns unseren Ängsten und Schwierigkeiten stellen, können wir kreative und wirkungsvolle Lösungen finden.

Warum sollten wir etwas anderes als Verzweiflung empfinden, wo doch unsere persönlichen Lebensumstände so schwierig sind und die Welt sich in einem so schlimmen Zustand befindet (was uns ja allabendlich in den Nachrichten bestätigt wird)? Warum gibt es überhaupt noch Grund zur Hoffnung? Die Antwort lautet, daß dies zwar eine angstmachende Zeit ist, zugleich aber auch die mitreißendste, packendste Zeit, die es je auf diesem Planeten gegeben hat.

Die Menschheit ist ein unaufhörlicher Prozeß der bewußten Evolution. Gegenwärtig machen wir einen gigantischen Bewußtseinsschritt – einen großen Sprung in dieser Evolution. Es handelt sich vermutlich um das aufregendste Geschehen, das sich je auf dieser Realitätsebene ereignet hat. Und ich glaube, daß wir uns auf der Seelenebene alle bewußt dafür entschieden haben, in dieser Zeit hier zu sein, um an diesem Geschehen teilzuhaben. Wir haben uns mit ganzer Seele und ganzem Herzen verpflichtet, dabeizusein und mitzuwirken, und nun blicken wir ziemlich ängstlich und atemlos umher und möchten gerne wissen, ob es uns gelingt! Irgendwo tief in uns wissen wir, was möglich ist, und fragen uns, ob wir in der Lage sein werden, es zu manifestieren. Das ist eine sehr wichtige Frage.

Ich glaube, daß es an jedem einzelnen von uns ist, die Antwort darauf zu geben. Durch seinen persönlichen Einsatz für Wachstum und Veränderung kann jeder von uns nicht nur sein eigenes Leben verwandeln, sondern auch enorm zur Wandlung des Lebens auf unserem Planeten beitragen.

Heilende Krisen in unserem persönlichen Leben

Eine heilende Krise tritt auf, wenn wir aus einem alten Muster oder einer Lebensweise herausgewachsen sind, uns aber immer noch unbewußt daran festklammern, weil sich dieses Muster sicher und vertraut anfühlt.

Vielleicht haben Sie auch schon bemerkt, daß oft eine persönliche Krise nötig ist, um in unserem Leben wirklichem Wandel und Wachstum zum Durchbruch zu verhelfen. Wenn Sie einmal darüber nachdenken, werden Sie sich vermutlich erinnern, daß eine Periode starken inneren Aufruhrs, voller Verwirrung und Schmerz, vielleicht ausgelöst durch den Tod eines geliebten Menschen, das Ende einer Beziehung, den Verlust eines Arbeitsplatzes, einen Unfall oder eine Krankheit, in Ihrem Leben schließlich zu größerer Erkenntnis, mehr Bewußtheit und neuen Möglichkeiten führte. Wenn Sie das Leben der Menschen, die Sie kennen, betrachten, werden Sie sehen, daß dieses Muster auch dort zutrifft. Chaotische Zeiten voller Unsicherheit können bewirken, daß sich neue Türen öffnen, besonders wenn wir bereit sind, die Wachstumschancen zu sehen, die eine Situation bietet, statt uns von äußeren Umständen entmutigen zu lassen.

Es liegt in der Natur der menschlichen Seele, zu immer neuen Herausforderungen, zu immer mehr Ausdehnung und Bewußtheit voranzuschreiten. Die Hauptaufgabe der menschlichen Persönlichkeit jedoch ist es, in physischer Form zu überleben und die physischen und emotionalen Bedürfnisse, so gut es geht, zu befriedigen. Bestimmte Teile unserer Persönlichkeit wollen sich verändern und wachsen. Sie erkennen, daß Wachstum notwendig und vorteilhaft ist. Andere Teile in uns klammern sich an das, was in der Vergangenheit in unserem Leben funktioniert hat. Diese konservativen inneren Stimmen argumentieren: »Wir haben doch bisher ganz gut überlebt, nicht wahr? Warum etwas ändern, das sich bewährt hat?« Dies sind die Aspekte unserer

24

Psyche, die von uns fordern, daß wir an alten Mustern festhalten, die sich sicher und behaglich anfühlen, statt Neues zu riskieren, von dem wir nicht wissen, ob es funktioniert.

Es ist wichtig, daß wir uns diese scheinbar in Konflikt stehenden Antriebe in uns bewußtmachen. Nur dann können wir verstehen, wie sie die Entscheidungen, die wir in unserem Leben treffen, beeinflussen. Und auch wenn unser erster Eindruck dem zu widersprechen scheint – dieser innere Konflikt kann sogar von Vorteil für uns sein. Die Spannung zwischen jenen Teilen in uns, die wachsen wollen, und jenen, die den Schutz des vertrauten Terrains nicht verlassen möchten, ist der Auslöser für die sogenannten »heilenden Krisen«.

Eine heilende Krise tritt auf, wenn wir aus einem alten Muster oder einer Lebensweise herausgewachsen sind, uns aber immer noch unbewußt daran festklammern, weil sich dieses Muster sicher und vertraut anfühlt. Unsere Reaktion auf eine heilende Krise kann von Mensch zu Mensch sehr unterschiedlich ausfallen und hängt auch davon ab, welchen sonstigen Einflüssen wir zu diesem Zeitpunkt ausgesetzt sind. Vielleicht fühlen wir uns innerhalb von nicht mehr lebensfördernden Umständen durchaus recht behaglich und zufrieden, ohne zu bemerken, daß unsere Seele – die stets auf Weiterentwicklung bedacht ist – uns auf eine neue Ebene führen möchte. Oder wir fühlen uns blockiert und frustriert, wünschen uns eine Veränderung, sind aber nicht bereit oder in der Lage, die nötigen Schritte zu unternehmen. Dann erzeugen wir unbewußt irgendeine körperliche, emotionale, geistige oder spirituelle Krise, die uns aus den alten Gleisen wirft und Raum für Neues schafft.

Heilende Krisen sind immer unangenehm und können oft erschreckend und schmerzvoll sein. Es kann sich anfühlen, als ob unsere ganze Welt einstürzt, unser Leben in Stücke bricht. Vielleicht sehen wir überall nur noch Katastrophen und Untergang. Manchmal machen wir uns schwere Vorwürfe und glauben, schrecklich versagt und schlimme Verfehlungen begangen zu haben.

Doch in Wahrheit sind wir einfach aus einem alten Bezugsrahmen herausgewachsen, aus einer alten Art, mit der Welt in

Beziehung zu treten. Eine überlebte Seinsweise löst sich auf und macht Platz für einen neuen, offeneren und bewußteren Weg. Unsere äußeren Lebensumstände spiegeln diesen inneren Prozeß wider. So verlieren wir vielleicht einen Job, oder eine Beziehung zerbricht, weil sie uns zu sehr einschränkt; sie läßt uns keinen Raum, uns in die Richtung zu entwickeln, die für uns angemessen ist. Möglicherweise stirbt ein geliebter Mensch, weil seine Seele einen neuen Weg einschlägt; während wir selbst im physischen Körper weiterbestehen, geht der andere hinüber in eine außerkörperliche Realität. Vielleicht ziehen wir uns eine ernste Krankheit zu, um uns mit der Notwendigkeit für persönlichen Wandel zu konfrontieren oder um uns selbst vor die Wahl zu stellen, ob wir unsere Reise in physischer Form fortsetzen oder in die nichtphysische Realität weitergehen sollen.

Wenn Sie je eine solche Krise durchgemacht und als Chance für persönliches Wachstum genutzt haben, wissen Sie rückblickend vermutlich, wie wesentlich diese Erfahrung war. Aus Ihrer heutigen Sicht würden Sie vermutlich nie wieder zu Ihrer früheren Lebensweise und Ihrem damaligen Bewußtseinszustand zurückkehren wollen.

Auch in meinem Leben hat es Zeiten gegeben, zum Beispiel am Ende einer Liebesbeziehung, wo ich sehr litt und es mir so vorkam, als würde meine ganze Welt einstürzen. Doch wenn ich heute auf diese Zeiten zurückblicke und sie im Kontext meiner fortlaufenden Lebensreise sehe, erkenne ich, wie notwendig sie für mich waren – statt Türen zu verschließen, eröffneten sie mir viele neue Möglichkeiten.

Durch die Fortschritte in der Evolution unseres Bewußtseins verstehen wir glücklicherweise unseren persönlichen Wachstumsprozeß immer besser und brauchen daher nur noch selten ernste Krisen als Lektion. Wir lernen, rascher auf die kleinen Zeichen zu reagieren, mit denen das Leben uns darauf hinweist, daß es Zeit für Veränderungen ist! Da wir früher schon schwere Zeiten überstanden, die sich letztlich positiv auswirkten, haben wir nun etwas mehr Vertrauen. Jedesmal ist es leichter, Veränderungen zuzulassen, sich von Altem zu trennen und sich für Neues zu öffnen. Trotzdem ist es zu einem gewissen Grad immer furchteinflößend und schwierig. Daher ist großes Mitgefühl nötig, wenn wir selbst oder andere eine heilende Krise durchmachen.

Eine meiner Freundinnen machte eine Erfahrung, die das sehr gut veranschaulicht. Sie hatte über viele Jahre sehr gut mit einem männlichen Geschäftspartner zusammengearbeitet. Dann sagte er ihr eines Tages, daß er diese Partnerschaft auflösen und eigene Wege gehen wollte. Meine Freundin war verzweifelt. Sie hatte das Gefühl, daß sie es ohne seinen Sachverstand und seine Unterstützung nie schaffen konnte. Doch nach und nach stellte sie sich vielen ihrer Ängste und Zweifel und wurde sich bestimmter Verhaltensmuster bewußt, durch die sie sich selbst behinderte. So machte sie aus dem, was ihr widerfuhr, eine Lernerfahrung. Heute betreibt sie auf sich allein gestellt ein erfolgreiches Geschäft und genießt ihre neuentdeckte Stärke und Unabhängigkeit. Am Anfang war ihr die Veränderung wie eine Katastrophe erschienen, doch das Ergebnis waren Heilung, Wachstum und größere Reife.

Ich glaube, daß in den philosophischen und spirituellen Traditionen des Ostens der Prozeß von Veränderung und Wachstum besser verstanden wird als bei uns im Westen. In der Hindu-Religion gibt es eine Trinität von drei Hauptgöttern – Brahma, der Schöpfer, Vishnu, der Bewahrer, und Shiva, der Zerstörer. Wir im Westen finden den Gedanken, »den Zerstörer« gemeinsam mit »dem Schöpfer« anzubeten, ziemlich erschreckend. Und doch enthüllt dieses Konzept eine tiefe Einsicht in die natürlichen Polaritäten des Lebens – in die Tatsache, daß das Leben Tod und Wiedergeburt beinhaltet und daß ständig alte Formen zerstört werden, um Raum für Neues zu schaffen. Tatsächlich ist Shiva der kosmische Tänzer – der Schutzherr von Musik, Tanz und der bildenden Kunst –, und man sagt, daß sein Tanz das Universum in Bewegung hält.*

---

* Während meines Indienaufenthaltes vor vielen Jahren bewegten mich die Vorstellung und Energie Shivas so tief, daß ich den Namen Shakti annahm, der für die weibliche Form Shivas steht. Nataraj, der Name des von mir gegründeten amerikanischen Verlages, bezieht sich auf Shiva in seiner Rolle als kosmischer Tänzer.

Die heilende Krise, in der sich die Welt befindet

Alles, was wir unter den Teppich gekehrt und jahrhundertelang geleugnet haben, kommt jetzt wieder zum Vorschein und verlangt nach der Geburt einer neuen Bewußtheit. Es ist an der Zeit, sich bewußtzumachen, daß wir uns immer noch an Denk- und Verhaltensmuster klammern, die nicht mehr funktionieren.

Daß es, wenn wir bereit für Wandel und größere Veränderungen sind, mitunter zu heilenden Krisen kommt, gilt nicht nur für die individuelle, sondern auch für die gesellschaftliche und globale Ebene. Und genau das geschieht gegenwärtig. Die Menschheit macht gerade einen evolutionären Sprung in der Bewußtseinsentwicklung durch. Und diese Vorwärtsbewegung der kollektiven Seele wird nun überall auf der Welt als heilende Krise auf planetarer Ebene erlebt.

Um das wirklich begreifen zu können, müssen wir uns zunächst klarmachen, wie die Evolution des Bewußtseins vonstatten geht. Da wir wachsen und unser Bewußtsein sich entwickelt und ausdehnt, passen die alten Formen, die wir individuell und kollektiv geschaffen haben, immer weniger zu uns. Es ist so, als würde Ihre Bewußtheit an Umfang zunehmen und deshalb nicht mehr in die alte äußere Form passen. Diese äußeren Formen waren einmal angemessen für uns; sie gaben uns Halt und ermöglichten es, daß wir uns selbst ausdrücken konnten. Doch nun sind sie nicht mehr das Richtige für uns. Wir wachsen und lassen diese alten Strukturen hinter uns zurück. Wir klettern aus ihnen heraus, und sie stürzen in sich zusammen. Sie müssen zerfallen, damit Raum für unsere Weiterentwicklung entsteht. Aus unserer größeren Bewußtheit heraus erschaffen wir neue Verhaltensformen und Lebensstrukturen, die uns auf der neuen Bewußtseinsebene Halt und Schutz geben.

Auf der persönlichen Ebene sehen wir diesen Prozeß am Werk, wenn wir einen Job verlieren, der einmal befriedigend war, es aber nicht mehr länger ist, oder wenn eine Beziehung zerbricht, in der wir uns einmal sicher und geborgen fühlten, die uns nun jedoch zunehmend einengt. Auf der kollektiven Ebene begegnet uns dieser Prozeß, wenn ökonomische oder politische Systeme zusammenbrechen und Institutionen zerfallen oder sich drastisch verändern. Der Fall der Berliner Mauer, die Auflösung der Sowjetunion und das Abrücken von der Mentalität des »kalten Krieges« sind dramatische Beispiele aus der jüngsten Zeit für diesen Wandlungsprozeß.

Während diese Veränderungen durchaus in einem positiven Licht erscheinen, ist es wesentlich schwerer, auch unsere ökonomischen Krisen, die Gewalt in unseren Städten und die seuchenartige Ausbreitung der Drogen als eine Evolution des Bewußtseins zu betrachten. Doch bedenken Sie, daß die alten Institutionen einstürzen müssen, um dem Neuen zu weichen. Was wir gegenwärtig erleben, ist die »Einsturz«-Phase des Evolutionsprozesses. Wir sind jetzt soweit, daß wir erkennen können, was an unserer alten Lebensweise nicht funktionierte, und nun können wir die Dinge auf eine neue, bewußtere Art wiedererschaffen.

Wenn wir neue Erkenntnisse über unsere Möglichkeiten erlangen, sehen wir unser früheres Verhalten plötzlich aus einer neuen Perspektive. Was uns bislang völlig normal schien, mag uns nun sehr beschränkt, ineffektiv oder sogar ein bißchen verrückt vorkommen. Wir haben gewissermaßen ein neues Stück Bewußtheit gefunden, auf dem wir stehenbleiben und einen Blick zurück werfen können, so daß wir unsere frühere, begrenztere Bewußtheit erkennen.

Es kann zum Beispiel sein, daß Sie in Ihrem persönlichen Leben ein Muster erkennen, das sich in einer Liebesbeziehung behindernd und schädlich auswirkt. Möglicherweise werden Sie dieses Muster noch eine Weile ausagieren, weil ein Teil von Ihnen sich noch an das vertraute Verhalten klammert, obwohl Sie sich über die Beschränktheit und die schädlichen Auswirkungen dieses Verhaltens im klaren sind. Diese Klarheit ist Ihnen nur möglich, weil ein anderer Teil von Ihnen bereits weiß, daß es andere mögliche Verhaltensweisen gibt. Zu guter Letzt werden die neuen, befriedigenderen Verhaltensweisen sich in Ihrem Leben durchsetzen.

Der Schritt, sich der bisherigen Muster und Methoden der Lebensbewältigung *bewußt* zu werden, ist für das persönliche Wachstum am wichtigsten. Einer meiner Lehrer pflegte zu sagen:»90% Veränderung kommt durch Bewußtheit. Die anderen 10% sind innere Reinigung.«

Eine mir bekannte Frau war immer von dem Bedürfnis angetrieben worden, möglichst viel Geld zu verdienen. Dabei war sie sehr erfolgreich, doch sie trieb sich selbst erbarmungslos an, um ihre Ziele zu erreichen. Sie arbeitete endlos lange und opferte für ihren Erfolg ihr Privatleben und ihre emotionalen Bedürfnisse. Dann begann sie eine Therapie und erkannte, wie sehr ihr Leben aus dem Gleichgewicht geraten war. Ungefähr ein Jahr lang gelang es ihr nicht, ihren gehetzten Lebensstil aufzugeben. Sie war sich nun des Schmerzes bewußt, den diese Lebensweise bei ihr verursachte, konnte sich aber nicht zu irgendwelchen spürbaren Veränderungen durchringen. Doch dann endlich reduzierte sie die Zahl ihrer Arbeitsstunden und nutzte die Abende und Wochenenden dazu, sich auszuruhen, sich zu verwöhnen und zu spielen. Schließlich arbeitete sie ein ganzes Jahr lang überhaupt nicht und verbrachte diese Zeit damit herauszufinden, was sie wirklich wollte und brauchte, um glücklich zu sein. Während dieses Jahres traf sie einige wichtige Entscheidungen und fand eine Menge über sich selbst heraus. Heute geht sie einem Beruf nach, den sie liebt. Sie arbeitet nicht zuviel, verdient weniger Geld als früher und genießt ihr Leben!

Während wir uns unbewußt an alte Verhaltensweisen klammern, verdrängen wir oft zugleich den Schmerz, den diese Art zu leben verursacht. Wenn wir dann schließlich unser Leben ändern, sind wir glücklicher und zufriedener. Wirklich unangenehm ist jener Zwischenzustand, wenn wir uns bewußt werden, was in unserem Leben falsch läuft, es aber noch nicht zu ändern vermögen. In dieser Phase funktionieren die Methoden, mit denen wir bisher unseren Schmerz verdrängt haben, nicht mehr richtig. Dann entdecken wir, wie sehr wir in Wirklichkeit leiden. So schwierig das auch sein mag, es ist ein notwendiges und wichtiges Stadium, durch das wir hindurchmüssen. Wir müssen uns selbst gegenüber geduldig und mitfühlend sein und daran denken, daß wirkliche Veränderung Zeit braucht.

Gegenwärtig befinden wir uns weltweit in diesem schwierigen Stadium des Überganges. Viele von uns wachen auf und erkennen, daß eine Menge Dinge in unserer Welt nicht funktionieren. Es ist an der Zeit, Veränderungen herbeizuführen, aber wir wissen nicht genau, wie sich das bewerkstelligen läßt. Wir stolpern unsicher umher. Wir spüren sehr deutlich, wie zerstörerisch unsere alten Gewohnheiten sind, wieviel Leid sie erzeugen, wissen aber nicht recht, was wir statt dessen tun sollen.

Ich möchte das am Beispiel des Krieges deutlich machen. Während der ganzen Menschheitsgeschichte war Krieg in den meisten Kulturen eine unvermeidliche, natürliche, angemessene und wirkungsvolle Methode, mit Konflikten umzugehen. Doch in letzter Zeit erkennen immer mehr Menschen, daß Krieg ein unnötig zerstörerischer, barbarischer und dummer Weg ist, Probleme zu lösen. Ja, viele von uns betrachten Krieg heute als völlig irrsinnig. Überall weigern sich Männer und Frauen ganz einfach, dabei mitzumachen oder ihn als akzeptablen Weg der Konfliktbewältigung zu betrachten. Und doch sind noch immer eine Menge Kriege im Gange. Der Grund dafür ist, daß ein großer Teil des menschlichen Kollektivs immer noch nach dem alten Muster handelt; diese Menschen haben noch nicht erkannt, daß es auch andere Möglichkeiten gibt.

Es gibt aber meiner Meinung nach durchaus Grund zur Hoffnung, denn unser kollektives Bewußtsein erweitert sich und wächst in diesem und in vielen anderen Bereichen. Immer mehr Menschen werden sich bewußt, daß wir uns grundlegenden Herausforderungen gegenübersehen – in den Familien, im Erziehungssystem, in den Städten, der Regierung, unserem Wirtschaftssystem, unseren internationalen Beziehungen, der Ökologie unseres Planeten – und daß wir neue Wege finden müssen, diese Probleme zu bewältigen.

Alles, was wir unter den Teppich gekehrt und jahrhundertelang geleugnet haben, kommt jetzt wieder zum Vorschein und verlangt nach der Geburt einer neuen Bewußtheit. Es ist an der

Zeit, sich bewußtzumachen, daß wir uns immer noch an Denk- und Verhaltensmuster klammern, die nicht mehr funktionieren. Wir beginnen, uns individuell und gemeinschaftlich der Erkenntnis zu öffnen, daß wir unser Leben und unsere Welt auf andere Art gestalten müssen. Die Zeit ist reif für Veränderung und Transformation.

Wirklichen Wandel herbeiführen

*Wie der sprichwörtliche Stein, der in einen stillen See
geworfen wird, erzeugen die Bewußtseinsveränderungen
in unserem persönlichen Leben winzige, aber wichtige
Wellen auf der Oberfläche des Ganzen.*

Die meisten Menschen, die dieses Buch lesen, werden mit mir
darin übereinstimmen, daß die Zeit reif ist für einen tiefgreifenden Wandel in unserem persönlichen Leben und in der Welt.
Tatsächlich ist dieser Wandel bereits im Gange. Doch es stellt
sich die Frage: »Wie können wir diesen Prozeß unterstützen?
Wie können wir als einzelne unseren Teil dazu beitragen, daß
die Dinge sich in eine positive Richtung entwickeln? Wie können
wir *wirkliche* Veränderungen in unserem persönlichen Leben
und draußen in der Welt herbeiführen?«

Die Antwort auf diese Fragen lautet schlicht und einfach: Die
Welt läßt sich am wirkungsvollsten dadurch verändern, daß wir
unser eigenes Bewußtsein wandeln. In einem Mohandas Gandhi
zugeschriebenen Zitat wird das sehr schön ausgedrückt: »Du
selbst mußt die Veränderung sein, die du in der Welt zu sehen
wünschst.« Wenn wir alle auf der individuellen Ebene bewußter
werden, spiegelt dieser Wandel sich in unserem persönlichen
Leben wider. Alte Probleme und Muster verschwinden allmählich, und wir begegnen neuen Schwierigkeiten und Herausforderungen mit größerem Weitblick und wachsender Weisheit.
Unser Leben wird harmonischer, erfüllter und ist mehr im Einklang mit der Bestimmung unserer Seele. Da jeder von uns ein
untrennbarer Bestandteil des kollektiven Bewußtseins ist, üben
wir alle einen subtilen, aber wirkungsvollen Einfluß auf das Massenbewußtsein aus (und umgekehrt). Wie der sprichwörtliche
Stein, der in einen stillen See geworfen wird, erzeugen die Bewußtseinsveränderungen in unserem persönlichen Leben winzige, aber wichtige Wellen auf der Oberfläche des Ganzen.

Wenn wir als Individuen größere Bewußtheit erlangen, verändert sich auch das Massenbewußtsein dementsprechend. Wenn

sich das Massenbewußtsein wandelt, werden Menschen davon mitgerissen, die sich noch an alte Muster klammern oder einfach nicht wissen, was zu tun ist. So beginnen, wenn einige aufwachen, alle zu erwachen. Und während das kollektive Bewußtsein sich erweitert, verändern sich die sozialen, ökonomischen und politischen Strukturen der Welt und reagieren auf diese neue Bewußtheit.

Ich bin sicher, daß viele Leser dieses Buches bereits mit dem Konzept vertraut sind, daß jeder von uns sich seine eigene Realität erschafft – dem Prinzip, daß wir alle bei der Erschaffung der Welt, die wir erleben, eine sehr aktive Rolle spielen. Dieses metaphysische Prinzip basiert auf der Erkenntnis, daß alles im Universum aus einem einzigen vitalen Element besteht, das wir »Energie« oder »Lebenskraft« nennen. Daher ist alles im Leben miteinander verknüpft. Unsere Gedanken und Gefühle sind, ebenso wie unsere physischen Körper und scheinbar feste Materialien wie Stein oder Metall, eine Form von Energie. Viele moderne Physiker, die bei ihren Forschungen dieses Phänomen beobachten, stimmen darin überein, daß unsere Gedanken, Gefühle und physischen Körper sowie die uns umgebende materielle Welt in Beziehung zueinander stehen und sich gegenseitig beeinflussen.

Das hilft uns zu verstehen, wie jeder von uns ständig seine eigene subjektive Erfahrungswelt erzeugt. Unsere grundlegenden Vorstellungen und Erwartungen gegenüber uns selbst, unseren Mitmenschen und dem Leben allgemein bestimmen, wie wir die äußere Realität wahrnehmen, welche Menschen, Ereignisse und Situationen wir anziehen und von welchen wir uns anziehen lassen, und wie wir das, was uns geschieht, interpretieren.

Auf sehr konkrete Weise ist das, was wir in unserem Leben erfahren, ein Spiegelbild der Werte, Glaubenssätze und Vorstellungsbilder, die wir in unserem Bewußtsein beherbergen. Wenn sich unser Bewußtsein wandelt, verändern sich demnach auch spürbar unsere äußeren Erfahrungen. Das wird am Beispiel von Menschen deutlich, die sich einer Therapie oder der Teilnahme an einem Zwölf-Stufen-Programm unterziehen, um sich von einer Sucht zu befreien. Während sie selbst sich wandeln, verändert sich oft auch ihr ganzer Freundeskreis und spiegelt neue Interessen und Bedürfnisse wider. Sie werden sich einer Fülle neuer Möglichkeiten bewußt, die sie zuvor gar nicht erkennen konnten. Sie knüpfen neue zwischenmenschliche Beziehungen, die emotional und spirituell viel befriedigender sind als alles, was sie früher erlebten. Und gleichzeitig ändert sich auch das Selbstbild dieser Menschen. Ihre Einstellung wird positiver, sie bejahen sich selbst stärker und gewinnen größere Selbstachtung. Mit größerer Selbstachtung und Bewußtheit öffnet sich ihnen eine ganze Welt neuer Möglichkeiten, die unsichtbar für sie war, bevor sie sich persönlich veränderten.

Da unsere Erfahrungen ein genaues Spiegelbild unseres inneren Bewußtseinszustandes sind, können wir lernen, unsere Eindrücke von der Außenwelt als Spiegel unseres inneren Selbst zu benutzen. So, wie wir beim Blick in den Badezimmerspiegel morgens unser Gesicht und unseren physischen Körper sehen, kann der Spiegel, den unsere äußeren Erfahrungen bilden, uns helfen, Aufschluß über unsere verborgensten Glaubenssätze, Gedanken und Gefühlsmuster zu erlangen. Indem wir unsere Erfahrungen in der Außenwelt als Spiegel für unser inneres Leben nutzen, können wir herausfinden, wo unser Bewußtsein Heilung braucht.

Vor nicht langer Zeit erkannte einer meiner Klienten, den ich Jeffrey nennen werde, daß er an jedem neuen Arbeitsplatz Probleme mit einem anmaßenden, uneinsichtigen Kollegen oder Vorgesetzten bekam. Es schien, daß ständig solche Leute meinem Klienten über die Schulter schauten, ihm jeden einzelnen Handgriff vorschrieben und dabei überkritisch und streitlustig waren. Er akzeptierte die Idee, daß diese Erfahrung einen Spiegel für seinen eigenen Bewußtseinszustand darstellte, und fragte sich dann, was ihm dieses Spiegelbild über sich enthüllte. So wurde er sich eines Musters bewußt, das auf seine frühe Kindheit zurückging. Er war von einem despotischen Stiefvater erzogen worden, zu dem er ein schwieriges, verworrenes Verhältnis gehabt hatte. Dadurch hatte er ein tief unterbewußtes Gefühlsmuster entwickelt, das ihn als Erwachsener immer wieder in ähnliche Beziehungen hineinzog. Als er dies erkannte und ihm seine dieses Muster betreffenden Glaubenssätze, Gefühle und Bedürfnisse bewußter wurden, wandelte sich das Muster.

Mit seiner neuen Bewußtheit konnte Jeffrey für sich ein neues, harmonischeres Arbeitsumfeld schaffen, in dem er sich nicht länger in Konflikte mit despotischen Leuten verstrickte. Statt seine Macht auf Autoritätspersonen zu projizieren, beanspruchte er nun sein eigenes natürliches Stärkegefühl. Da er jetzt von seiner eigenen Stärke und Autorität auf eine gesunde Weise Gebrauch machte, behandelten die anderen ihn mit mehr Respekt.

Wenn wir auf unserer Bewußtseinsreise einmal erkannt haben, daß wir tatsächlich unsere Realität selbst erschaffen und Verantwortung für unsere Lebenserfahrung übernehmen können, verleiht uns das große Stärke. Statt uns als Opfer der Umstände zu fühlen oder anderen Menschen die Schuld an unseren Problemen zu geben, können wir uns die Tatsache zunutze machen, daß wir alle die kreative Kraft des Universums in uns tragen.

Wenn wir dieses Spiegel-Konzept in unserem Alltag anwenden, wird es zu einem machtvollen und vertrauenswürdigen Führer, zum hellen Licht auf einem Weg, der sonst ziemlich verwirrend für uns wäre. Die Probleme, die sich in unserem Leben spiegeln, können uns anschaulich illustrieren, in welchen Bereichen es uns zur Zeit an Bewußtheit mangelt. Mit Hilfe dieser Gabe können wir unser Bewußtsein heilen und erweitern. Haben wir erst einmal erkannt, daß die Schwierigkeiten und Disharmonien in unserem Leben Spiegelungen unserer eigenen unbewußten Muster sind, verfügen wir damit über ein wirkungsvolles Werkzeug, um diese Muster zu erkennen und zu verändern. Wenn wir dieses Werkzeug in unserem Leben anwenden, erkennen wir schon nach relativ kurzer Zeit, daß wir in Wahrheit große Macht besitzen, uns das Leben zu erschaffen, das wir uns wirklich wünschen.

Schuld und Verantwortung

*Wenn man sich für Verantwortung anstelle von
Selbstvorwürfen entscheidet, sagt man sich: »Ja, ich bin
ein starkes, kreatives Wesen. Ich lerne, wie es ist, eine
physische Gestalt zu besitzen, ich lerne, wie man
Wirklichkeit erschafft. Ich erkenne und akzeptiere von
nun an, was ich erschaffen habe. Wie kann ich aus
meiner Wirklichkeit lernen, wie kann ich sie
weiterentwickeln und verbessern?«*

In den letzten Jahren wurde die Vorstellung, daß wir unsere Realität selbst erschaffen, äußerst populär, besonders in der New-Age-Bewegung. Wie die meisten Prinzipien kann auch die Idee, daß unsere äußere Realität unsere innere widerspiegelt, leicht mißverstanden werden. Leider wird sie häufig mißbraucht und kann eine Menge unnötigen Schaden anrichten. Ich hörte von einer Frau, die sich weigerte, ihren Arzt aufzusuchen, als sie ernsthaft krank wurde, nur weil sie sich schuldig fühlte, diese Krankheit selbst »erschaffen« zu haben. Ganz offensichtlich handelt es sich hier um einen schlimmen, möglicherweise tragisch endenden Mißbrauch dieses Prinzips. In diesem Buch hoffe ich deutlich zu machen, wie man dieses Konzept auf eine heilsame und stärkende Weise anwendet.

Es ist außerordentlich wichtig, zu begreifen, daß wir unsere Wirklichkeitserfahrung in diesem Leben nicht einfach auf der Persönlichkeitsebene erschaffen, sondern von der Ebene der Seele her. Mit anderen Worten: Es ist möglich, daß wir auf einer tiefen, spirituellen Ebene bestimmte Umstände und Erfahrungen auswählen, die zum Wachstum und der Entwicklung unseres Bewußtseins beitragen. Das mag auf der Persönlichkeitsebene nicht immer angenehm oder verständlich sein. Beispielsweise können wir uns unbewußt für eine Krankheit entscheiden als effektivsten oder schnellsten Weg zu lernen, zu wachsen und uns zu entwickeln.

Um das Prinzip des Bewußtseinsspiegels konstruktiv anzuwenden, müssen wir den Unterschied zwischen Verantwortung und Schuld erkennen. Viele von uns haben ihr ganzes bisheriges Leben damit verbracht, andere Menschen oder äußere Umstände für die Ursache ihrer Schwierigkeiten zu halten. Wenn wir dann endlich begreifen, daß wir selbst für unser Leben verantwortlich sind, machen viel zu viele von uns sich Vorwürfe wegen der Probleme, die Teil ihrer Realität sind. Wenn zum Beispiel jemand krank ist und erfährt, daß er auf einer bestimmten Ebene diese Realität selbst erschafft, denkt er vielleicht:»Was ist denn los mit mir, daß ich eine solche Wirklichkeit erschaffe? Wenn ich bewußter wäre, ginge es mir gut – oder ich wäre in der Lage, mich auf der Stelle zu heilen!« Und wenn jemand finanzielle Probleme hat, sagte er sich möglicherweise:»Im Universum herrscht Fülle, also müßte ich doch fähig sein, in meinem Leben Wohlstand zu erzeugen. Da ich in Armut lebe, bin ich offensichtlich ein sehr schlechter Mensch voller Fehler.«

Sich in einer solchen Weise selbst zu kritisieren bedeutet keineswegs, Verantwortung für das eigene Leben zu übernehmen. Man ergeht sich lediglich in Selbstvorwürfen. Der Nachteil von Schuldzuweisungen ist aber, daß sie uns entmutigen und unseren Fortschritt behindern. Und in dieser Hinsicht spielt es keine Rolle, ob wir uns selbst oder andere beschuldigen.

Unglücklicherweise gibt es zu viele Bewußtseinsreisende, die mit diesem Konzept des Bewußtseinsspiegels nicht klarkommen. Sie quälen sich mit Selbstvorwürfen, nur weil sie nicht begreifen, was es wirklich bedeutet, die Verantwortung für die eigene Realität zu übernehmen. Wenn wir uns selbst oder anderen Menschen Vorwürfe machen, berauben wir uns damit unserer Macht. Wir argumentieren aus einem Gefühl der Hilflosigkeit heraus, so daß wir uns schlecht fühlen und sich unsere Hilflosigkeit durch die Schuldzuweisungen noch verschlimmert. Verantwortung zu übernehmen bedeutet dagegen, daß wir die Macht, zu erschaffen und zu verändern, für uns beanspruchen.

Schuld basiert auf der negativen Annahme, daß etwas Falsches oder Schlimmes passiert, weil jemand einen Fehler macht. Im Gegensatz dazu erfordert eine verantwortungsbewußte Haltung, daß wir jede Situation als eine potentiell wertvolle Lernerfahrung betrachten. Wir müssen in uns die Fähigkeit kultivieren, das, was wir bisher erschaffen haben, schätzen zu lernen. Wir müssen unsere Probleme als Geschenke betrachten, die uns bei Wachstum und Entwicklung helfen können.

Durch die Art, wie unser Leben sich entwickelt, laden wir keine Schuld auf uns. Wenn wir uns wegen unserer momentanen Lebenswirklichkeit Selbstvorwürfe machen, so ist das, als würden wir einem Kind Vorwürfe machen, weil es erst zehn Jahre alt ist und nicht schon zwanzig oder dreißig. Wir entwickeln uns auf natürliche Weise. Wir haben in unserem Leben alles so gut gemacht, wie es uns zu dem jeweiligen Zeitpunkt möglich war. Es gehört zur Ironie des Lebens, daß wir in jedem Augenblick nur über ein begrenztes Wissen verfügen. Und wir können unsere Entscheidungen nur mit dem Wissen treffen, das uns zur Verfügung steht. Mehr von einem menschlichen Wesen zu verlangen ist so sinnlos und unvernünftig, als verlangte man von einem sechs Monate alten Kind, daß es erklären soll, was es will, statt zu schreien. Schuldzuweisungen sind Ausdruck eines statischen Zustandes, in dem wir blockiert sind und uns nicht vorwärtsbewegen. Verantwortung dagegen – die Fähigkeit zu reagieren – ist dynamisch, ist die wahre Essenz des Fortschritts.

Wenn wir die Realität, die wir manifestiert haben, auf eine verantwortungsbewußte und aktive Art betrachten, ohne Selbstvorwürfe, lernen wir mehr daraus. Wir können uns unserer Muster besser bewußt werden. Wenn man sich für Verantwortung anstelle von Selbstvorwürfen entscheidet, sagt man sich: »Ja, ich bin ein starkes, kreatives Wesen. Ich lerne, wie es ist, eine physische Gestalt zu besitzen, ich lerne, wie man Wirklichkeit erschafft. Ich erkenne und akzeptiere von nun an, was ich erschaffen habe. Wie kann ich aus meiner Wirklichkeit lernen, wie kann ich sie weiterentwickeln und verbessern?«

Wenn wir spirituelle und psychologische Bewußtseinsarbeit leisten, werden wir uns immer stärker unserer tiefinnerlichen Annahmen und Vorstellungen über das Leben bewußt, unserer gewohnheitsmäßigen emotionalen Muster und Reaktionsweisen. Wir sehen dann, wie diese Faktoren unserer »inneren Wirklichkeit« das formen und beeinflussen, was wir im allgemeinen als unsere »äußere Wirklichkeit« betrachten. Wenn wir unsere emotionalen Wunden heilen und unsere Glaubenssätze ändern, wandelt sich dadurch unser äußeres Erleben, manchmal auf geradezu wunderbare Weise. Dann bekommen wir einen wirklichen Eindruck davon, wie wir unsere persönliche Realität selbst erschaffen.

Viele Male habe ich bei Workshops, bei meinen Klienten oder in meinem Privatleben diese Wandlung sich vollziehen sehen. Ich denke da zum Beispiel an eine junge Frau, die ich Althea nennen werde. Sie nahm an einem Workshop teil, den ich in Los Angeles durchführte. Althea sprach schon seit Jahren kein Wort mehr mit ihrer Schwester wegen eines schweren Streits, den sie gehabt hatten, als sie beide Anfang Zwanzig waren. Während des Workshops erkannte Althea, daß sich bei ihr das Muster verfestigt hatte, ihrer Schwester die Schuld zu geben und sich selbst als Opfer zu fühlen. Alles, was ihr das eingebracht hatte, war Trauer darüber, daß sie die Freundschaft ihrer Schwester verloren hatte. Sie war in der Lage, die Gefühle, die sie von ihrer Schwester trennten, auszudrücken und loszulassen, und dieser Prozeß war sehr erleichternd für sie.

Während der Mittagspause telefonierte Althea mit ihrem Büro und erkundigte sich, ob es Anrufe gab. Einer der Anrufe kam von ihrer Schwester. Althea rief sie zurück und erfuhr, daß ihre Schwester an diesem Vormittag einen ähnlichen Heilungsprozeß erlebt hatte wie sie selbst. Als der Workshop fortgesetzt wurde, erzählte Althea uns von diesem Erlebnis. Sie war, wie sie uns sagte, sehr dankbar, daß sie und ihre Schwester sich wieder versöhnt hatten. Offenbar war, über viele Kilometer hinweg, ihre Beziehung in dem Augenblick geheilt worden, als Althea das alte Muster ihrer vorwurfsvollen Haltung gegen ihre Schwester deutlich erkannte und in der Lage war, sich davon zu lösen.

Haben wir uns erst einmal die Vorstellung, daß wir unsere eigene Realität selbst erschaffen, zu eigen gemacht, ist es recht einfach, sich auch mit dem Konzept anzufreunden, daß wir bei der Erschaffung der weltweiten Realität beteiligt sind. Dabei ist es hilfreich, sich vorzustellen, daß das individuelle Bewußtsein eines jeden Menschen im kollektiven Bewußtsein so aktiv und lebendig ist, wie die Milliarden Geschöpfe, die Teil des Lebens im Meer sind. So, wie jeder von uns seine individuelle Realität erschafft, erzeugt das kollektive Bewußtsein die kollektive Realität. Diejenigen Ideen und Glaubenssätze, die im Massenbewußtsein am tiefsten und stärksten wirken, werden sich, zum Guten oder zum Schlechten, in der kollektiven Realität der Welt manifestieren. Ich glaube, daß ungelöste Konflikte und Leiden, die Bestandteil des Bewußtseins von Millionen Menschen überall auf der Welt sind, sich für uns spiegeln in Krieg, Gewalt in unseren Städten und in unserer kollektiven Mißachtung der Rechte anderer menschlicher Wesen und des Wohls unserer Erde.

Während sich das Massenbewußtsein weiterentwickelt, wandelt sich allmählich die kollektive Wirklichkeitserfahrung. Wir sehen, wie die Evolution in unserer Welt in physischer Form voranschreitet durch neue Ideen, durch sich wandelnde religiöse Glaubenssätze, durch das Auftauchen neuer sozialer und politischer Systeme und die Entwicklung neuer Technologien. Der Zustand, in dem sich unsere Welt heute befindet, ist ein klares und genaues Spiegelbild unseres gegenwärtigen kollektiven Bewußtseins.

Es ist, wie ich glaube, von entscheidender Bedeutung, daß wir verstehen und akzeptieren lernen, wie unsere Entwicklung als Individuen automatisch das kollektive Bewußtsein unserer Welt verändert. Auch wenn wir das Gefühl haben, lediglich Tropfen in einem gewaltigen Bewußtseins-Ozean zu sein, so besitzt interessanterweise die Entwicklung jedes dieser »Tröpfchen« dennoch eine enorme Wirkung. Schon eine relativ geringe Anzahl von Seelen, die sich auf die Harmonie mit universalen Mächten einstimmen, hat einen großen Einfluß auf unsere globale Realität.

Wir dürfen nie den möglichen Einfluß unterschätzen, den jeder von uns auf das kollektive Bewußtsein ausüben kann, unabhängig davon, ob er dafür die Verantwortung übernimmt oder nicht. Wenn wir uns aufmerksam dem Wachstum unseres eigenen Bewußtseins widmen, hat das eine tiefe Wirkung auf andere Menschen, und wir treiben so die Evolution des Massenbewußtseins voran. Durch unsere individuellen Anstrengungen können wir wirklich die Welt verändern. Das geschieht sogar, während Sie hier sitzen und dieses Buch lesen.

Da unser aller Bewußtsein ein integriertes Ganzes ist, kann kein einzelner Mensch den anderen in seiner Entwicklung weit vorauseilen. Wir alle sind Teil eines bestimmten Bewußtseins-Kraftfeldes. Auch diejenigen von uns, die eine führende Rolle spielen, können ihre Mitmenschen nicht weit hinter sich zurück-lassen, denn dem Wesen nach sind wir alle eins. Wir haben also keine andere Wahl, als uns gemeinsam zu entwickeln und alle unsere Brüder und Schwestern in diese Entwicklung einzube-ziehen.

Bewußtes Handeln

*Es zeigt sich hier, daß wir damit beginnen müssen,
unseren eigenen Bewußtseinsprozeß wirklich zu
verstehen und uns ganz auf ihn einzulassen,
wenn wir erreichen wollen, daß unser Handeln auf der
persönlichen oder der politisch-gesellschaftlichen Ebene
möglichst effektiv ist.*

Wenn wir darüber nachdenken, wir wir durch unser Bewußtsein wirkliche Veränderungen herbeiführen können, stellt sich natürlich die Frage: »Sollen wir etwa einfach nur herumsitzen, versuchen, Bewußtheit zu entwickeln, und hoffen, daß dadurch unser Leben und die Welt draußen besser werden? Müssen wir denn nicht handeln, damit unser Leben funktioniert? Müssen wir nicht sozial und politisch aktiv werden, um mit den sehr realen Problemen und Herausforderungen fertig zu werden, die es in der Welt gibt?«

Natürlich ist Handeln notwendig, um unser Bewußtsein in die physische Welt einzubringen und wirkliche Veränderungen zu bewirken. Zielstrebiges, effektives und engagiertes Handeln ist sowohl auf der persönlichen als auch auf der politisch-gesellschaftlichen Ebene von großer Wichtigkeit. Es geht jedoch nicht so sehr darum, ob wir uns solchen Aktivitäten verschreiben oder nicht, sondern um die innere Motivation, die hinter unserem Handeln steht.

Der Fallstrick dabei ist folgender: Wenn wir unsere Aufmerksamkeit hauptsächlich auf *äußere* Aktivitäten richten, wiederholen wir ein altes Muster, das eine der Hauptursachen für die Schwierigkeiten ist, in denen wir heute stecken – der Glaube, daß die Ursachen für die Probleme – und die möglichen Lösungen – in erster Linie in der äußeren Welt existieren.

Wenn wir versuchen, unsere Probleme nur auf der äußeren Ebene zu lösen, was oft geschieht, indem wir andere Menschen oder Institutionen zu ändern versuchen, geben wir damit unsere Macht ab. Wir projizieren sie nach *draußen*, in die Außenwelt, anstatt dort über sie zu verfügen, wo sie in Wahrheit existiert und wo wir wirklich etwas mit ihr anfangen können – in uns.

Zum Beispiel gerieten viele Frauen, die sich in der Frauenbewegung engagierten und mühsam gegen die männliche Vorherrschaft in unserer Gesellschaft ankämpften, in eine persönliche Sackgasse, nachdem sie das Alter von vierzig oder fünfzig Jahren überschritten hatten. Ganz offensichtlich hatten sie dabei mitgeholfen, unsere Gesellschaft zum Besseren zu verändern. Doch in ihrem persönlichen Leben ging es erst wieder voran, als sie sich bewußt mit der Tatsache auseinandersetzten, daß in ihrem eigenen Denken einige der gleichen geschlechtsspezifischen Vorurteile existierten, die sie zuvor in der äußeren Welt bekämpft hatten. Dieses Phänomen dokumentiert Gloria Steinem ausführlich in ihrem Buch *Was heißt schon emanzipiert. Meine Suche nach einem neuen Feminismus.**

Wenn wir unsere Aufmerksamkeit primär darauf richten, nach draußen zu gehen und die Dinge in der äußeren Welt zu ändern, erreichen wir vielleicht einige unserer Ziele, aber letztlich wird unser Handeln nicht sehr viel bewirken. So mag zum Beispiel der Versuch, Grenzkonflikte zwischen Staaten durch Gewaltandrohung zu regulieren, das heißt, indem ein Land mit militärischer Gewalt droht, um einem anderen seinen Willen aufzuzwingen, zwar vorübergehend erfolgreich sein. Doch die Geschichte hat immer wieder gezeigt, daß eine solche Politik letztlich nur zu immer neuen politischen und militärischen Konflikten führt. Politikwissenschaftler haben oft gesagt, daß einige der blutigsten Kriege der Weltgeschichte nur geführt wurden, weil die Angreifer überzeugt waren, nur dann in Frieden mit ihren Nachbarn oder dem Rest der Welt leben zu können, wenn alle mit ihnen übereinstimmten und völlig ihre Weltanschauung übernahmen.

Dauerhafter Wandel wird nur möglich, wenn wir uns völlig von der Vorstellung lösen, daß das eigentliche Problem irgendwo *dort draußen* zu finden ist und daß es für unseren Seelenfrieden nötig ist, andere Menschen zu ändern. Wir müssen

* Erschienen im Verlag Hoffmann und Campe, 1993.

uns von dem Glauben befreien, daß jemand anders schuld is
daß irgendwelche anderen Leute, die äußeren Umstände, ein ai
deres Land, eine andere Rasse, die Regierung, irgendwelche P(
litiker oder all die anderen unbewußten Leute für die gegenwäi
tige Situation verantwortlich sind. Wir müssen uns von diese
Denkweise lösen, nicht bloß weil das *in* ist oder beweist, wie *spi
rituell* wir doch sind, sondern weil wir nur so unsere eigene Kraf
erkennen und sinnvoll nutzen können.

Wo sollen wir anfangen? Wir beginnen, indem wir uns für die
Erkenntnis öffnen, daß sich in all diesen Menschen und Institutionen Aspekte unseres eigenen Selbst spiegeln. Sie sind Manifestationen unseres eigenen Bewußtseins und der Vorgänge, die
in diesem Moment in uns selbst ablaufen. Wenn wir auf eine solche Weise Verantwortung übernehmen – und glauben Sie mir,
das ist vielleicht die größte Verantwortung, die wir je auf uns
nehmen werden –, sagen wir mit Überzeugung: »Ja, ich verstehe, wie sich in dieser Situation ein Teil meines eigenen inneren Konfliktes spiegelt. Ich erkenne in diesen Menschen
Aspekte meiner selbst wieder. Ich kann sehen, wie sich in dem,
was in der Welt geschieht, Vorgänge aus meinem eigenen Leben
reflektieren. Ich akzeptiere die Verantwortung (nicht die
Schuld) für das, was ich sehe.«

Wenn wir diese Verantwortung annehmen, unsere Macht
nicht mehr nach außen abgeben und die Welt als Spiegelung unseres eigenen Selbst betrachten, dann können wir auf ganz besondere, äußerst wirkungsvolle Weise in der Außenwelt handeln. Dieses Handeln beginnt damit, daß wir unser inneres
Kraftzentrum und die Verantwortung für uns beanspruchen.

Nur aus einer solchen Position der Stärke und Verantwortung
können wir unsere Energie in äußeres Handeln umsetzen und so
unsere Bewußtheit unterstützen. Wir müssen unseren Worten
Taten folgen lassen. Wir müssen aussprechen, was wir wirklich
empfinden, und unserem Wissen gemäß handeln. Wir müssen
unsere Worte, unser Handeln, unsere Zeit, unsere Energie und
unser Geld in den Dienst von Zielen stellen, an die wir glauben.
Wir müssen völlig unserer Wahrheit gemäß leben, in jedem Augenblick unseres Lebens.

Deena Metzger, die Autorin von *Writing for Your Life,* hilft Menschen, etwas zu erlangen, was sie als »persönliche Abrüstung« bezeichnet. Sie betrachtet das Innenleben eines Menschen als eine Art Nationalstaat, der zahlreiche Selbste enthält und, wie jeder Staat, eine Regierung hat. Die gleichen Probleme und Schwierigkeiten, die Nationen zu schaffen machen, existieren auch in unserem »inneren Staat«. Manchmal leben die Bürger dieser psychischen Nation in Harmonie und Frieden zusammen; doch zu anderen Zeiten gibt es vielleicht eine Rebellion, und sie bekämpfen einander. Wir müssen die unterschiedlichen Interessen und Bedürfnisse dieser zahlreichen Selbste kennen, um Übereinkünfte zwischen ihnen aushandeln zu können und um zu vermeiden, daß irgendeine Gruppe unterdrückt und in den Untergrund gedrängt wird. Und vermutlich noch wichtiger ist, daß wir erkennen, was wir für eine innere Regierungsform haben: Ist sie diktatorisch und repressiv? Übermäßig liberal und führungsschwach? Wirklich demokratisch, so daß jedes Selbst respektiert und gehört wird?

Der Nationalstaat des Selbst existiert nicht isoliert von anderen. Er tritt auf vielfältige Weise mit der Außenwelt in Beziehung, ganz genau wie ein wirklicher Staat. Ständig projizieren wir unsere inneren Konflikte, unsere Aufstände, Verdrängungen und Ängste in die äußere Welt. Ich habe festgestellt, daß es hilfreich ist, wenn wir unsere inneren Welten auf eine solche Weise betrachten – wenn wir herausfinden, was wir für eine innere Regierung haben, welchen unserer Selbste wir gestatten, sich offen und freudig auszudrücken, und welche wir unterdrücken und unten zu halten versuchen.

Als politisch liberaler Mensch urteilte ich früher hart über Menschen mit konservativen Ansichten und ärgerte mich jedesmal über sie. Heute erkenne ich, daß sie eine konservative Seite meines eigenen inneren Staates repräsentieren, mit der ich weniger in Berührung bin als mit meiner liberalen Seite. Neulich besuchte ich mit einer Freundin deren Familie. Als wir über ein lokales Umweltproblem sprachen, vertrat ihr Bruder Ansichten, mit denen ich überhaupt nicht einverstanden war. Statt mich nun sofort auf einen extrem polarisierten Streit einzulassen, hielt ich einen Moment inne. Ich wurde mir meines Ärgers bewußt und erinnerte mich daran, daß dieser Mensch einen Teil meiner selbst widerspiegelte – einen Bürger meines inneren Staates –, den zu akzeptieren mir schwerfiel. Danach gelang es mir, ihm meine eigene Auffassung deutlich zu machen auf eine Weise, daß er zum Nachdenken angeregt wurde, ohne ihn unnötig zu verärgern.

Wenn ich in der Lage bin, jemanden in meinem Leben als Spiegel meiner selbst zu betrachten, und dann den Mut habe, gegenüber dieser Person auf angemessene Art aufrichtig zu sein, während ich gleichzeitig erkenne, welchen Teil von mir sie widerspiegelt, dann übernehme ich die Verantwortung für das, was geschieht. Ich rede und lebe gemäß meiner Wahrheit. Und nur so kann ich in der äußeren Welt oder in meinem inneren Leben wirklich effektiv sein.

Es zeigt sich hier, daß wir damit beginnen müssen, unseren eigenen Bewußtseinsprozeß wirklich zu verstehen und uns ganz auf ihn einzulassen, wenn wir erreichen wollen, daß unser Handeln auf der persönlichen oder der politisch-gesellschaftlichen Ebene möglichst effektiv ist. Dazu müssen wir zunächst erkennen, daß wir tatsächlich einen großen Einfluß auf die von uns erlebte Wirklichkeit haben und daß wir dazu neigen, diejenigen Menschen und Erfahrungen anzuziehen, die auf irgendeine Weise unser eigenes Bewußtsein widerspiegeln.

Auf dieser Grundlage können wir lernen, was es bedeutet, aus unserem tiefsten inneren Gefühl der Wahrheit heraus zu handeln. Wir können in uns die Kraft entdecken, wirklich das zu tun, von dem unser Herz uns sagt, das es das richtige ist. Viel zu oft handeln wir nach äußeren Normen und Verhaltensregeln, die wir blind von anderen übernommen haben. Oder wir schlagen einen bestimmten Weg ein, weil das vernünftig zu sein scheint oder in der Theorie gut aussieht.

Vor ein paar Jahren begegnete mir ein Psychiater von damals Mitte Vierzig, für den genau dieses Problem zu einem wichtigen Wendepunkt in seinem Leben geworden war. Sein Leben zerfiel damals buchstäblich in Stücke, und er wollte keine Patienten mehr behandeln. Er sagte, er habe es satt, sich ständig die

Probleme anderer Leute anzuhören, vor allem weil er zu der Überzeugung gekommen war, ihnen in keiner Weise helfen zu können.

Als er seine eigenen Motive zu hinterfragen begann, erkannte er ziemlich rasch, daß sein Bedürfnis, Arzt zu werden, eigentlich nie besonders groß gewesen war. Er hatte die Entscheidung, Medizin zu studieren, schon als Teenager getroffen. Er hatte sich damals dazu entschieden, ohne etwas über den Beruf des Psychiaters zu wissen und ohne mit dem Herzen bei der Sache zu sein. Seine Entscheidung kam nur deshalb zustande, weil sein bester Freund sich zum Studium der Psychiatrie entschlossen hatte und weil seine eigenen Eltern diese Idee begeistert aufgenommen und unterstützt hatten.

Dieser Mann war klug genug zu erkennen, daß er seinen Patienten nicht viel mehr bieten konnte als das, was er während seiner medizinischen Ausbildung gelernt hatte; mit dem Herzen war er völlig unbeteiligt. Sein Gefühl der Machtlosigkeit, das in seiner Überzeugung, seinen Patienten nicht helfen zu können, zum Ausdruck kam, rührte daher, daß er nicht gemäß seiner inneren Wahrheit lebte.

Ein paar Jahre später erfuhr ich, daß dieser Mann seine Praxis verkauft und eine Teilzeitstelle in der Notaufnahme eines Krankenhauses angenommen hatte. Den größten Teil seiner Zeit und Energie widmete er nun seiner eigenen Bewußtseins-Reise. Zwei Artikel von ihm zu sehr kontroversen Themen waren in Zeitschriften veröffentlicht worden und hatten ziemliche Aufmerksamkeit erregt. Er fand es sehr aufregend, daß sich ihm die Chance bot, mit Hilfe seiner schriftstellerischen Fähigkeiten in der Welt etwas zu bewegen.

Wenn wir unser eigenes Leben oder das Leben von Freunden und Bekannten betrachten, erkennen wir sehr schnell, daß dieser Mann mit seiner Suche nicht allein dasteht. Er ist nur ein Beispiel unter Millionen. Er zeigt uns, daß wir nicht einfach dem folgen dürfen, was unser Kopf als vernünftig und angemessen betrachtet, sondern auf das achten müssen, was aus dem Bauch, aus unserem Gefühl, kommt. Wir müssen uns fragen, wodurch wir uns lebendig und stark fühlen, was uns aufregt, uns antörnt, uns Befriedigung und Erfüllung schenkt. Denn das ist es, was uns selbst und der Welt Heilung bringt.

Sogar in der Politik gibt es Beispiele für ganze Gesellschaften oder Nationen, die so, wie ich es gerade beschrieben habe, ihrem Herzen folgten. Im Zweiten Weltkrieg weigerten sich zum Beispiel die Norweger und die Einwohner einer kleinen Siedlung namens Mondragon im spanischen Baskenland, mit den faschistischen Besatzern zu kooperieren. Der Wahrheit ihrer Herzen folgend, fanden sie Wege, dem gewalttätigen militärischen Apparat, der ganz Europa überrollte, zu widerstehen – und zwar ohne viel Blutvergießen. Sie gingen gestärkt aus diesen Krisen hervor, fest entschlossen, Gesellschaften aufzubauen, die noch heute zu den produktivsten, reichsten und menschenfreundlichsten der ganzen Welt zählen. Und erst kürzlich haben wir erlebt, wie sich in Rußland Soldaten weigerten, auf ihr eigenes Volk zu schießen, als ihnen das von ihren vorgesetzten Offizieren befohlen wurde. Auch hier leisteten diejenigen den entscheidenden Beitrag, die ihrem Herzen folgten und die Demokratiebewegung unterstützten. Auch die Armee einer der stärksten Militärmächte der Welt vermochte sie nicht aufzuhalten.

Unsere heilsame Wirkung auf die Welt ist am stärksten, wenn wir zulassen, daß die Lebenskraft frei durch unseren Körper fließt. Unsere Macht kommt nicht einfach nur aus dem, was wir sagen oder tun. Eher sind unsere Worte und Handlungen Vehikel für unsere Lebensenergie. Das, was wirklich verwandelnd wirkt, ist die durch uns strömende Lebenskraft.

Wenn Sie in Kontakt mit Ihrer inneren Wahrheit sind und einen Raum betreten, können Sie das Leben jedes Menschen in diesem Raum verändern, einfach weil so viel Lebenskraft durch Sie hindurchfließt. Sie brauchen gar nichts zu sagen oder zu tun, Ihre bloße Gegenwart genügt. Auf einer gewissen Ebene spüren die Menschen das, bewußt oder unbewußt, und werden davon berührt. Es stimuliert ihre eigene Lebensenergie und spornt sie zu Wandel und Wachstum an. Vielleicht löst es in ihrem Leben eine heilende Krise aus, die persönliches Wachstum zur Folge hat. Und so haben Sie, wahrscheinlich ohne es zu wissen, zur Heilung dieses Planeten beigetragen.

Eine meiner Freundinnen hat mir eine interessante Geschichte erzählt. Vor ein paar Jahren widmete sie sich der Heilung ihrer Gefühle und befreite sich von einer Sucht. Durch ihr Beispiel angeregt, ließ sich auch ihr Bruder auf einen solchen Heilungsprozeß ein. Kürzlich erzählte er ihr, daß in ihrer Heimatstadt in New England inzwischen mindestens zwanzig ihrer Freunde ebenfalls ähnliche Schritte in Richtung Heilung und Wachstum unternehmen, alle dazu angeregt durch das Vorbild meiner Freundin und ihres Bruders.

Da ich im Lauf der Jahre viele, viele Beispiele für diese Phänomene erlebt habe, bin ich überzeugt, daß es als Katalysator auf zahllose andere Menschen wirkt – auf unsere Verwandten und Freunde, aber auch auf Menschen, deren Namen wir gar nicht kennen –, wenn wir selbst uns unserer eigenen Heilung und unserem Wachstum widmen. Wenn wir uns der Wahrheit unseres Herzens verschreiben, setzt das in unserem Körper und in der Welt eine Energie frei, die einige der schmerzhaftesten und hartnäckigsten Probleme der heutigen Zeit zu heilen vermag.

Wie genau geht das alles vonstatten? Wie kommt es, daß die Hingabe eines einzelnen Menschen an die Wahrheit seines Herzens eine solche Wirkung auf ganze menschliche Gemeinschaften hat? Wir wissen nicht wirklich, wie es geschieht, aber daß es geschieht – und zwar viel öfter, als wir glauben –, ist offensichtlich. Diese Tatsache deutet darauf hin, daß die Idee des Einsseins, daß wir alle eins sind, eine Lebenswahrheit ist und nicht bloß eine obskure spirituelle Abstraktion. Unsere Gedanken, Gefühle und Taten sind keine isolierten Vorkommnisse im Kerker unseres Körpers, sondern Manifestationen der einen spirituellen und energetischen Quelle, die in jedem von uns gegenwärtig ist. Wenn ein einzelner Mensch sich ändert, verändert das alle anderen ebenso zwingend, wie die Bewegung einer einzelnen Welle Einfluß auf den ganzen Ozean hat.

Die Bewußtseins-Reise

Bewußtsein ist kein Ziel, das wir eines Tages erreichen.
Es ist ein fortlaufender, sich immer mehr vertiefender und
unendlich erweiternder Prozeß, eine Reise,
die vielleicht nie endet.

An diesem Punkt fragen Sie sich möglicherweise: »Was bedeutet es denn nun eigentlich, daß wirkliche Veränderungen in meinem Leben und in der Welt sich in erster Linie durch das Wachstum meines Bewußtseins erreichen lassen? Was ist Bewußtseinswachstum?«

Beginnen wir mit einer Aussage, die zunächst ziemlich offensichtlich erscheint: Bewußtsein ist Erkennen und Verstehen, während es bei Bewußtlosigkeit an eben diesen Eigenschaften mangelt. Bewußtseinswachstum ist demnach ein Vorgang, bei dem wir uns Dingen bewußt werden, die wir zuvor nicht wahrnahmen. Es ist tatsächlich so einfach.

Bewußtseinswachstum ist ein natürlicher Bestandteil der Entwicklung jedes Lebewesens. Zum Beispiel wächst das Bewußtsein eines Babys, während es sich seiner Finger und Zehen bewußt wird und lernt, mit ihnen zu spielen. Ein Mensch erlebt Bewußtseinswachstum, wenn er bei einer schweren Erkrankung den Entschluß faßt, wieder gesund zu werden, und dann lernt, daß es besser für ihn ist, auf bestimmte schädliche Lebensmittel und Verhaltensweisen zu verzichten.

In unserer Gesellschaft wird Bewußtsein in erster Linie mit dem Verstand assoziiert. Unter Bewußtseinswachstum versteht man dann eine Verbesserung der Verstandesleistung, das heißt, den Erwerb von geistigen Fähigkeiten, die es einem ermöglichen, eine bestimmte Aufgabe besser zu bewältigen, mehr zu wissen, um eine Prüfung zu bestehen, einen Studienabschluß zu erlangen oder zum Experten auf einem bestimmten Fachgebiet zu werden.

In dem Zusammenhang, in dem wir den Begriff Bewußtseinswachstum hier verwenden, umfaßt er dagegen alle vier Ebenen unseres Daseins – die spirituelle, die geistige, die emotionale und die physische.

So kann es zum Beispiel durchaus sein, daß wir auf die Universität gehen, um Fachwissen in einem bestimmten Bereich zu erwerben. Dabei merken wir möglicherweise gar nicht, daß wir uns während des Studiums auch auf vielen anderen Ebenen weiterentwickeln, in dem beispielsweise unsere Selbstachtung wächst oder wir mehr über die Bestimmung unserer Seele herausfinden.

Das Leben ist vor allem eine Reise des Bewußtseins, eine Reise, auf der Erkenntnis und Verstehen ständig wachsen. Die meisten von uns sind sich dieses Entwicklungsprozesses jedoch nicht voll bewußt, und wir verstehen auch nicht wirklich, wie er funktioniert. Daher nehmen die meisten Menschen bislang *unbewußt* am Wachstum des Bewußtseins teil!

Wenn wir die evolutionäre Natur unseres Lebens erkennen und beginnen, diesen Evolutionsprozeß zu verstehen, machen wir einen großen Sprung vorwärts. Wenn dieses Verstehen zunimmt, können wir uns dafür entscheiden, unser Leben dieser Entwicklung des Bewußtseins zu widmen, uns darauf konzentrieren und alles Erforderliche tun, um die Sache zu beschleunigen. Die meisten Menschen, die das tun, haben dadurch mehr Freude am Leben und finden mehr Erfüllung und Befriedigung als je zuvor.

Wenn Sie sich ernsthaft dem Wachstum Ihres Bewußtseins widmen wollen, müssen Sie bereit sein, soviel wie möglich über sich selbst, andere Menschen, das Leben und das Universum zu lernen. Dazu ist es nötig, das Leben als eine Lernerfahrung zu betrachten. Dabei kann alles, was uns geschieht, ein Geschenk sein, das uns hilft, unser volles Potential zu entwickeln.

Ein ironischer Aspekt der Bewußtseinsreise besteht darin, daß wir uns mit jedem neuen Schritt Dingen bewußt werden, die wir zuvor nicht wahrnahmen. Wenn wir dann auf unsere frühere Unbewußtheit zurückblicken, kann das sehr schwierig und unangenehm sein. Erst wenn wir uns bei der Reise wohl zu fühlen beginnen und merken, daß unser Leben erfüllter wird, wenn wir einem solchen Weg folgen, löst die Entdeckung unserer Unwissenheit nicht mehr solche Angst in uns aus. Wir Menschen möchten gerne glauben, daß wir jederzeit genau wissen, wo wir stehen. Wir möchten sicher sein, daß das, woran wir glauben, »richtig« und unbezweifelbar ist. Auf einer Bewußtseinsreise lernen die meisten Menschen jedoch, daß unsere Erkenntnis sich unablässig wandelt. Wenn das eigene Bewußtsein sich entwickelt, gewinnt man geistigen Frieden und Sicherheit, indem man das Bedürfnis aufgibt, recht haben zu müssen. So besteht also, wenn wir zu einer solchen Reise aufbrechen, der erste Lernschritt darin, sich der eigenen Unbewußtheit zu stellen.

Wie ein Licht in der Dunkelheit erhellt unsere Bewußtheit automatisch Bereiche, in denen wir zuvor unbewußt waren. Solange wir es unterlassen, uns wegen unserer Unwissenheit Vorwürfe zu machen, verläuft unsere Reise frei und ungehindert. Selbstbejahung, Mitgefühl und Abenteuerlust sind die Geisteshaltungen, bei denen unser Bewußtsein am besten gedeiht. Wir müssen uns so sehen, wie wir kleine Kinder sehen, die heranwachsen und lernen. In gewisser Weise sind wir alle Kinder in einem Entwicklungsprozeß, und wir bewegen uns mit dem Tempo voran, das angemessen für uns ist. Und wir dürfen nie vergessen, daß es für uns alle viel mehr zu lernen gibt, als man in einer Lebensspanne bewältigen kann.

Es ist sehr wichtig, zu begreifen, daß *die Bewußtseinsreise das ganze Leben dauert*. Höchstwahrscheinlich erstreckt sie sich sogar über viele Leben. In jedem Fall wird sie aber unser ganzes jetziges Leben beanspruchen. Bewußtsein ist kein Ziel, das wir eines Tages erreichen. Es ist ein fortlaufender, sich immer mehr vertiefender und unendlich erweiternder Prozeß, eine Reise, die vielleicht nie endet.

Da wir in einer schnellebigen, produktorientierten Fast-Food-Kultur leben, halte ich es für wichtig zu betonen, daß die Bewußtseinsreise lebenslange Weiterentwicklung bedeutet. Es kommt darauf an, zu verstehen, daß sie ein Prozeß ist, kein Produkt. Viel zu viele Lehrer und Heiler propagieren die Idee, daß es eine spezielle Bestimmung, ein bestimmtes Ziel ist, wonach wir suchen. Zu viele versprechen, daß man, um die endgültige »Erleuchtung« zu erlangen, einfach nur ihren Anweisungen folgen muß. Daß wenn man dieses Buch liest und jenen Workshop besucht, wenn man eine bestimmte Meditation oder Diät oder ein bestimmtes Programm anwendet, das ganze Leben heil wird, alle Probleme verschwinden, Wunder geschehen und man nie mehr irgendwelche Schwierigkeiten im Leben hat.

Die produktorientierte Arbeit mit dem Bewußtsein ist sehr attraktiv für jenen Teil von uns, der sich nach einer sofort wirkenden Arznei, nach einer magischen Rezeptur sehnt. Wir möchten Schmerz und Unbehagen möglichst vermeiden. Bei kritischer Selbstprüfung werden wir rasch ungeduldig. Wir wollen uns nicht die Zeit nehmen, unseren eigenen Weg zu finden. Wir wünschen uns eine allwissende, allmächtige Elterngestalt, die unsere Fragen beantwortet und uns genau sagt, was wir tun sollen. Wir wünschen uns einen spirituellen weißen Ritter, der uns davonträgt und uns über die Prüfungen und Widerwärtigkeiten des Menschseins erhebt. Wir möchten unsere Siebensachen packen und, so schnell es geht, in ein Wolkenkuckucksheim der Erleuchtung entschweben.

Doch leider funktioniert das so nicht. Die Reise eines menschlichen Wesens ist nun einmal viel komplexer und erfordert die intensive Bereitschaft, sich allen Aspekten des Lebens zu öffnen. Wir finden unseren Weg nicht, indem wir einem Problem ausweichen, es überspringen oder vor ihm davonlaufen.

Ich warne vor diesen angeblich vielversprechenden Abkürzungen und Wunderkuren nicht, weil ich glaube, daß die Bewußtseinsreise in jedem Fall schwierig sein muß, sondern weil die Jagd nach sofortiger Erleuchtung wirkliche Gefahren mit sich bringt. Ganz oben auf der Liste dieser Gefahren steht der Umstand, daß wir uns selbst die Schuld geben, wenn eine dieser großartigen Versprechungen bei uns selbst nicht funktioniert. Im Lauf der Jahre sind mir in der Bewegung für persönliches Wachstum viel zu viele Leute begegnet, die sich die schlimmsten Selbstvorwürfe machen, weil sie denken, mit ihnen stimme etwas nicht. Sie befinden sich schon seit vielen Jahren auf ihrer Bewußtseinsreise und glauben, sie sollten in ihrer Entwicklung schon viel weiter sein, als es den Anschein hat. Immer noch haben sie Probleme mit anderen Menschen, der Gesundheit, dem Beruf. Sie haben an Wohlstands-Workshops teilgenommen, gewissenhaft ihre Wohlstands-Affirmationen angewendet – und sind doch immer noch in finanziellen Schwierigkeiten. Sie wissen, daß sie ihre Realität selbst erschaffen, und doch ist es ihnen bislang nicht gelungen, sich selbst zu heilen. Sie folgen seit Jahren einem spirituellen Lehrer und fühlen sich dennoch nicht sonderlich erleuchtet. Sie stecken voller Zweifel, sind ziemlich desillusioniert, aber ihre einzige Frage ist: »Was stimmt nicht mit mir?«

Die Antwort lautet, daß mit ihnen alles in Ordnung ist. Wie wir alle sind sie menschliche Wesen, die sich auf einer das ganze Leben dauernden Bewußtseinsreise befinden. Bewußtseinswachstum ist ein schwieriger Prozeß, an dem wir individuell und als Gemeinschaft beteiligt sind. Unsere eigene Evolution wirkt sich auf das größere Ganze aus, auf das Bewußtsein des Planeten, und die Evolution dieses Ganzen hat wiederum Auswirkungen auf uns selbst. Jedesmal wenn wir zu einer neuen Ebene der Erkenntnis voranschreiten – als einzelne oder gemeinschaftlich –, werden wir mit neuen Bereichen der Ablehnung, der Ignoranz, des Schmerzes und, zuletzt, der Heilung konfrontiert. Unsere Entwicklung vollzieht sich in Zyklen, so daß wir uns manchmal klar und stark fühlen, während wir uns zu anderen Zeiten völlig verwirrt fühlen. Manchmal scheinen wir nicht voranzukommen, was uns dazu herausfordert, immer tiefer in einen bestimmten Bereich der Heilung vorzudringen. Eine Zeitlang kämpfen wir und leisten Widerstand. Doch wenn wir uns dann endlich für jene Aspekte unserer selbst öffnen können, gegen die wir uns zunächst sträubten, kommen wir rasch mit ihnen ins reine, so daß wir wieder für eine Weile im Frieden mit uns selbst sind.

Ich bestreite nicht, daß Wunder geschehen. Sie geschehen wirklich! Manchmal bewirkt ein spezieller Workshop, eine einzelne Therapiesitzung oder Meditation einen Durchbruch; es ereignet sich etwas, das unser Leben plötzlich von Grund auf verändert. Manchmal kommt es zu einem solchen plötzlichen Wandel, ohne daß ein erkennbarer äußerer Grund vorliegt – einfach, weil die Zeit dafür reif ist. Wir können uns dankbar an einem solchen wunderbaren Augenblick der Wandlung und des

Wachstums erfreuen. Doch wir müssen erkennen, daß es ein einzelner großer Schritt nach vorn auf einer unendlichen und faszinierenden Reise ist.

Auch ist es wichtig zu wissen, daß diese Reise aus vielen unterschiedlichen Schritten besteht. Hilfsmittel oder Techniken, die sich an einem bestimmten Punkt als hilfreich und zweckdienlich erweisen, sind auf der nächsten Station der Reise vielleicht völlig wirkungslos. Vielleicht müssen wir eine andere Methode finden, die wir nie zuvor ausprobiert haben. Wenn wir ein bestimmtes Prinzip oder eine bestimmte Lehre gemeistert haben, bekommen wir meistens nur wenig Gelegenheit, uns auf unseren Lorbeeren auszuruhen! Das Leben treibt uns weiter zum nächsten Bereich des Wachstums, wo es dann etwas ganz anderes für uns zu lernen gibt.

So könnte es beispielsweise sein, daß Sie gelernt haben, tief zu meditieren und trotz emotionalen Aufruhrs und äußerem Chaos Ihre Mitte zu finden. Diese Fähigkeit kann Ihnen während einer bestimmten Phase Ihres Lebens gute Dienste leisten. Zu einer anderen Zeit fühlt sich diese Methode jedoch möglicherweise nicht mehr richtig für Sie an, oder sie hilft Ihnen einfach nicht mehr. Dann ist es vielleicht für Sie an der Zeit, Ihre Gefühle zu erkunden und auszudrücken oder stärker in der Außenwelt aktiv zu werden. Was immer unser nächster Lernschritt sein mag, das Leben wird uns schon in die richtige Richtung drängen und schieben, mit allen dafür nötigen Mitteln!

Ich erinnere mich an Phasen in meinem Leben, als meine wichtigste Lektion darin bestand loszulassen, mich von einem alten Glaubenssatz zu lösen, um Platz für etwas Neues zu schaffen, oder eine enge Freundschaft oder Liebesbeziehung aufzugeben. In einer anderen Phase galt es, das genaue Gegenteil zu lernen, nämlich mich zu behaupten und für meine Glaubenssätze einzutreten. Oder es ging darum, mich durch die Schwierigkeiten hindurchzuarbeiten, die ich mit einem anderen Menschen hatte.

Die Reise des Bewußtseins verläuft in einer Spirale. Wir bewegen uns kreisförmig, doch jede Kreisbewegung bringt uns auf eine tiefere Ebene. Wenn wir erneut mit einer bereits vertrauten

Lektion konfrontiert werden, sollten wir daraus nicht schließen, daß wir beim erstenmal nicht gut genug gelernt hätten. Statt dessen sollten wir daran denken, daß wir unaufhörlich zu tieferen Ebenen der Erkenntnis vordringen. Das zwingt uns, etwas, das auf den ersten Blick ein altes, vertrautes Problem zu sein scheint, auf neue und andere Weise zu betrachten.

Es ist hilfreich, unser Bewußtseinswachstum als Abenteuer zu betrachten, vielleicht als das größte Abenteuer überhaupt. Wir wissen nicht, wohin es uns führt, aber auf einer tiefen inneren Ebene wissen wir, daß die Mühe sich lohnt. Manchmal ist der Weg beschwerlich und eine einzige Plackerei. Dann wieder ist er leicht und erfreulich. Es gibt Augenblicke der Klarheit und Inspiration. Und es gibt Augenblicke voller Dunkelheit und Furcht. Wichtig ist, sich nicht auf das Endziel zu konzentrieren, sondern sich mit dem Umstand anzufreunden, daß es keinen wirklichen Endpunkt gibt. *Die Reise an sich muß zu einer Quelle der Faszination werden,* so daß im Prozeß des Lernens, des Wachsens und der Expansion jeder einzelne Augenblick für uns eine lohnende Bereicherung ist.

Das Leben aus kosmischer Perspektive

Die Zeit ist reif für Wiedervereinigung und Integration
des männlichen und des weiblichen Prinzips in einer
ausgewogenen und harmonischen Form. Genau das
geschieht gegenwärtig, und deshalb ist es sehr aufregend,
heute auf diesem Planeten zu leben!

Um Ihnen zu verdeutlichen, wie ich den Prozeß der Bewußtseinsentwicklung sehe, möchte ich einen Schritt zurück machen, um das Universum und das Leben auf der Erde einmal aus
einer kosmischen Perspektive zu betrachten. Warum sind wir
hier, was tun wir hier, und was hat das alles zu bedeuten?

Im Universum gibt es viele verschiedene Ebenen der Realität,
viele verschiedene Existenzbereiche. Auf der rein spirituellen
Ebene sind wir alle Teil einer unbegrenzten, intelligenten Lebenskraft. In anderen Bereichen existieren wir als individuelle
Wesenheiten, sind uns aber unseres Einsseins noch sehr bewußt. Wir existieren in all diesen Bereichen gleichzeitig. Jene
von uns, die gegenwärtig auf die physische Realität konzentriert
sind, kommen mit den anderen Bereichen durch Träume, durch
Gebet und Meditation und manchmal durch mediale oder »para-
normale« Erfahrungen in Berührung.

Die physische Ebene ist der dichteste Bereich der Existenz.
Im Vergleich zu anderen Ebenen, wo Schöpfung und schöpferi-
scher Impuls ein und dasselbe sind, ist diese Ebene fest und
träge. Auf der dichten, physischen Ebene wird die Zeit zu einem
wichtigen Faktor. Es dauert Stunden, Tage, Monate, Jahre oder
gar Jahrzehnte, Dinge physische Gestalt annehmen zu lassen.
Ich glaube, daß die physische Ebene erschaffen wurde, um uns
Gelegenheit zu geben, unsere kreativen Kräfte zu erforschen
und voll zu entwickeln. Auf dieser Ebene herrscht Dualität, so
daß alle Dinge als Polaritäten existieren.

Das kann man sich so vorstellen: Die Einheit wollte »Zwei-
heit« oder »Anderssein« kennenlernen. Sie wollte ihr Gegenteil
entwickeln. Oder, um es poetischer auszudrücken: Das Univer-

sum wollte mit sich selbst Liebe machen. Deshalb erschuf es die physische Welt, um Getrenntheit und Wiedervereinigung erfahren zu können.

So kann man die physische Realität als Ort des Erforschens und Entdeckens betrachten, wo ein ständiger kreativer, evolutionärer Prozeß stattfindet. Wir alle sind göttliche, ewige Geschöpfe, Aspekte der grundlegenden Einheit allen Lebens. Als solche haben wir uns dafür entschieden, unsere Aufmerksamkeit und Bewußtheit für eine gewisse Zeit hier auf die physische Realität zu richten, um zu lernen und uns weiterzuentwickeln und um während dieser Erfahrung etwas zu geben und etwas zu empfangen.

Wegen der großen Dichte der materiellen Ebene ist es für eine spirituelle Wesenheit ziemlich schwierig, sich hier aufzuhalten. Stellen wir uns doch einfach vor, daß wir die Spieler/Abenteurer des Universums sind – die kosmischen Glücksritter. Wenn zwei Wesenheiten, die mit dem Gedanken spielen, physische Form anzunehmen, sich unterhalten, klingt das vermutlich so:

»He, willst du auch runter auf die Erde? Ich habe gehört, daß das ein wirklich harter Trip ist. Mal sehen, ob wir's schaffen!«

»Okay, ich kann ein bißchen Aufregung vertragen. Wie wäre es, wenn wir uns dort unten in ungefähr 30 Erdjahren treffen?«

Dann kommen sie hier auf die physische Ebene, spüren die große Dichte und denken: »Oh, mein Gott, auf was habe ich mich da eingelassen? Am liebsten würde ich wieder abhauen!«

Natürlich ist das nicht ganz ernst gemeint, aber tatsächlich sind mir schon eine Menge Leute begegnet, die sich sehr danach sehnen, ihren physischen Körper zu verlassen und in einen anderen, weniger dichten Existenzbereich zurückzukehren. Der Grund dafür ist wohl, daß die Reise durchs physische Dasein naturgemäß ziemlich schwierig ist. Aber es gibt eine Menge zu lernen, und das Leben auf der Erde kann unglaublich reich und erfüllend sein, sonst wären wir gar nicht hier.

Die erste wichtige Erfahrung auf der physischen Ebene ist, Individualität, Begrenztheit und Getrenntsein kennenzulernen, d. h. das Gegenteil der grundlegenden spirituellen Erfahrung von Einssein und Grenzenlosigkeit. Weil die Erfahrung des Einsseins zuvor schon so mächtig war, mußten wir das gegenteilige Prinzip – Individualität – gleichermaßen stark entwickeln. Man kann es sich auch so vorstellen, daß das weibliche Prinzip (Geist) bereits voll entwickelt war; daher mußten wir das männliche Prinzip (Form) hervorbringen und entwickeln, um ein Gegengewicht zur weiblichen Kraft zu schaffen und schließlich die Vereinigung der beiden Prinzipien erleben zu können.*

Wir haben ein paar Millionen Jahre irdischer Existenz gebraucht, um das männliche Prinzip der Getrenntheit, der Individualität und des Selbstausdrucks sich entwickeln und stark werden zu lassen. Wir haben es so weit entwickelt, daß es nun dem weiblichen Prinzip gleichgewichtig ist. Wenn wir jedoch weiter in diese Richtung gehen, gibt es bald kein Zurück mehr, und wir zerstören unsere gesamte physische Existenz. Die Zeit ist reif für Wiedervereinigung und Integration des männlichen und des weiblichen Prinzips in einer ausgewogenen und harmonischen Form. Genau das geschieht gegenwärtig, und deshalb ist es sehr aufregend, heute auf diesem Planeten zu leben!

* Ich beschreibe diese Vorstellung ausführlich in meinem Buch *Im Garten der Seele* (Heyne-Taschenbuch 9563)

Der Weg der materiellen Welt

Im Lauf der Geschichte hat sich die Mehrzahl der Menschen auf das konzentriert, was ich den Weg der materiellen Welt nenne – den Weg, bei dem man lernt, im physischen Bereich zu überleben und Erfolg zu haben.

Für die meisten von uns in der westlichen Welt bedeutet die Geburt in einem physischen Körper, daß wir unsere spirituelle Herkunft vergessen. Unsere vordringliche Aufgabe bestand darin, diesen dichten Bereich der physischen Welt zu erforschen und ein Gefühl für uns selbst als einzigartige Individuen zu entwickeln. Wenn wir uns unserer spirituellen Existenzebene sehr stark bewußt geblieben wären, wäre die Erinnerung an unser ursprüngliches Einssein vermutlich zu mächtig und verlockend gewesen, so daß wir unsere Konzentration auf die physische Welt nicht hätten aufrechterhalten können. Daher entwickelten wir eine Verweigerungshaltung, um die Verbindung zu unserem spirituellen Wesenskern abzublocken.

Leider haben die Verdrängungsmechanismen, die wir entwickelten, um unser Gefühl des Einsseins zu unterdrücken, in uns ein Gefühl der Leere und der Verlorenheit erzeugt. Wir glauben, ganz allein im Universum zu sein. Wie dem auch sei, diese besondere Ausrichtung hat es uns ermöglicht, uns ganz auf unsere Arbeit hier zu konzentrieren – darauf, zu überleben und uns als Individuen auf der physischen Ebene zu entfalten. Dazu mußte jeder von uns einen einzigartigen physischen Körper und eine eigene Persönlichkeit entwickeln. Und jene Gefühle der Leere und Einsamkeit, die wir erlebten, waren die ideale Triebfeder für unsere Suche nach Befriedigung und Erfüllung in der äußeren Welt, für unseren Drang, zu forschen und Neues zu entwickeln und zu gestalten.

Im Lauf der Geschichte hat sich die Mehrzahl der Menschen auf das konzentriert, was ich den Weg der materiellen Welt nenne – den Weg, bei dem man lernt, im physischen Bereich zu überleben und Erfolg zu haben. Dazu war es nötig, daß wir uns weitgehend von anderen Ebenen unseres Seins abschnitten und uns in der Welt der physischen Formen verloren, so daß wir an diese eine Realität mehr als an irgendeine andere glaubten. Das war ein schmerzhafter, aber für unsere Evolution notwendiger Schritt. In gewisser Weise opferten wir alle unsere Fähigkeit, wirklich glücklich zu sein, um diese Mission erfüllen zu können.

Ich möchte ausdrücklich betonen, daß an dieser materiellen Orientierung nichts Falsches ist. Sie ist ein sehr notwendiger und wichtiger Schritt unseres individuellen Wachstums und der Evolution der Menschheit. Wir mußten die vielen Aspekte eines Lebens als menschliche Wesen, die voll und ganz an der physischen Ebene teilhaben, kennenlernen und entwickeln. Die überwiegende Mehrheit der Menschen konzentriert sich heute vor allem auf diesen faszinierenden Prozeß.

Von denjenigen unter uns, die sich heute auf einer Bewußtseinsreise befinden, folgten viele zu Beginn ihres Lebens dem Weg der materiellen Welt. Doch an einem bestimmten Punkt spürten wir, daß es noch andere Möglichkeiten gibt, und so begann unser spirituelles Wiedererwachen.

Der Weg der Transzendenz

Einerseits kann der transzendente Weg uns daran erinnern, daß es außer unserer physischen Existenz noch etwas anderes gibt. Andererseits kann er eine zunehmende Spaltung zwischen Geist und Form bewirken, zwischen dem, was wir als spirituelle Wesen sind, und dem, was wir als menschliche Person in einem physischen Körper sind.

In der neueren Geschichte befand sich die Mehrheit der Menschen offenbar fast ausschließlich auf dem Weg der materiellen Welt, damit beschäftigt, die für das physische Überleben notwendigen Fähigkeiten zu erwerben. Doch gleichzeitig gab es immer eine kleine Anzahl von Menschen, die einen ganz anderen Weg beschritten. Diese Gruppe – zu ihr gehören Mönche, Nonnen, Priester, Yogis, Rabbis und andere spirituelle Führer, asketische Einsiedler ebenso wie religiöse Eiferer – folgte den religiösen Traditionen des Ostens oder des Westens und konzentrierte sich in erster Linie darauf, sich der spirituellen Seinsebene bewußt oder wieder bewußt zu werden. Dadurch spielten sie bei der Evolution unseres Planeten eine wichtige Rolle, indem sie unsere Verbindung mit dem Geist aufrechterhielten. Aus der Perspektive des Massenbewußtseins haben wir also zusammengearbeitet – die Mehrheit, die sich auf die Meisterung der physischen Welt konzentrierte, und jene wenigen, die unsere Verbindung zum spirituellen Bereich pflegten.

Für den einzelnen Menschen bestand jedoch eine Art Spaltung, er mußte sich entweder für die Form oder für den Geist entscheiden. Wir konnten nur entweder weltlich oder spirituell sein, nie beides zugleich. Oder jedenfalls haben wir das geglaubt!

Sowohl in den östlichen als auch in den westlichen Traditionen herrschte der Glaube, daß man der Welt entsagen mußte, wenn man beschlossen hatte, dem spirituellen Pfad zu folgen. Wollte man sich ernsthaft dem spirituellen Leben widmen, mußte man sich möglichst von den »weltlichen« Aspekten des Lebens fernhalten, also von zwischenmenschlichen Beziehungen (besonders von sexuellen oder gefühlsmäßig engen Bindungen), vom Geschäftsleben und von materiellem Besitz. Alle diese Dinge wurden als Versuchungen betrachtet, als Bindungen, die uns an die Welt fesseln und unsere spirituelle Konzentration stören. In der traditionellen spirituellen Sichtweise bestand die einzige Lösung für den scheinbaren Konflikt zwischen diesen beiden Wirklichkeiten darin, sich ganz dem Geist hinzugeben und die Beziehungen zur materiellen Welt auf ein Minimum zu beschränken. Das Endziel bestand darin, die Schranken der Welt der Form durch das Verlassen des physischen Körpers zu durchbrechen, um so wieder vollständig in den geistigen Bereich zurückzukehren.

Diesen traditionellen spirituellen Ansatz bezeichne ich als den »Weg der Transzendenz«. Bei ihm richtet sich die Aufmerksamkeit auf einen sehr wichtigen Schritt in der Evolution des Bewußtseins – sich zu erinnern, daß wir nicht bloß physische Körper sind, verloren in einer begrenzten materiellen Welt, sondern daß wir dem Wesen nach unbegrenzte, ewige spirituelle Geschöpfe sind, Teil der Einheit allen Lebens. Das ist ein entscheidender und schöner Schritt, den wir alle irgendwann machen müssen. Die Erinnerung daran, wer wir in Wahrheit sind, daß unsere Existenz über die physische Form hinausreicht, ermöglicht uns eine viel klarere Sicht unseres eigenen Lebens und unserer menschlichen Probleme. Sie ermöglicht es uns, die scheinbaren Begrenzungen des Menschseins zu transzendieren und wieder unseren wahren Platz im Universum zu beanspruchen. Ich glaube, daß vor allem die Suche nach einer solchen erweiterten Perspektive so viele Menschen in unserer Kultur in den sechziger Jahren veranlaßte, mit psychedelischen Drogen zu experimentieren. Und deshalb beschäftigen sich in den letzten Jahren so viele Leute aus dem Westen mit traditionellen östlichen Philosophien und Praktiken wie der Meditation. Diese Sehnsucht nach spiritueller Transzendenz hat in letzter Zeit auch zur Entstehung vieler New-Age-Philosophien und -Gruppierungen beigetragen.

Doch wie jedes Stadium in der Entwicklung des Bewußtseins hat auch der Weg der Transzendenz seine eigenen Probleme und Grenzen, wenn wir nicht zur nächsten Stufe voranschreiten. Zu einem großen Teil waren die transzendenten Philosophien und Praktiken eine *Reaktion* auf den Schmerz, den das Gefühl, auf der materiellen Ebene gefangen zu sein, mit sich brachte. Einerseits kann der transzendente Weg uns daran erinnern, daß es außer unserer physischen Existenz noch etwas anderes gibt. Andererseits kann er eine zunehmende Spaltung zwischen Geist und Form bewirken, zwischen dem, was wir als spirituelle Wesen sind, und dem, was wir als menschliche Person in einem physischen Körper sind.

Die transzendente spirituelle Sichtweise geht davon aus, daß die physische Welt im Grunde unwirklich ist, eine Illusion, in die wir uns verstrickt haben. Unsere menschlichen Körper und Persönlichkeiten sind Fallen, aus denen wir fliehen müssen, um wahre Befreiung in den höheren Bereichen zu erlangen. Deshalb müssen wir danach streben, unsere menschlichen Erfahrungen, unsere körperlichen und emotionalen Bedürfnisse, unsere Gefühle und Leidenschaften zu transzendieren. Letztendlich wollen wir unseren physischen Körper und die physische Welt verlassen, um mit dem reinen Geist in völligem Einssein zu verschmelzen.

Diese Philosophie impliziert offenbar, daß die physische Ebene lediglich ein großer Fehler ist oder vielleicht eine Art Hölle oder Fegefeuer, wohin man uns schickt, damit wir unsere Verfehlungen erkennen, ehe uns gestattet wird, in unsere wahre Heimat zurückzukehren. Es gibt die unterschwellige Andeutung – und manchmal wird es auch offen ausgesprochen –, daß das Leben hier auf der Erde von Natur aus minderwertig ist gegenüber den höheren Existenzbereichen, die wir anstreben sollen. Die Individualität, die wir hier auf der Erde erleben, wird als negativ betrachtet; statt dessen sollen wir so schnell wie möglich in den unbefleckten Zustand der Einheit zurückkehren. Oft wird der Eindruck erweckt, daß es ein Makel sei, sich auf der physischen Ebene zu befinden, daß wir gegenüber den Wesen, die andere Seinsbereiche bewohnen, minderwertig seien.

Meiner Meinung nach ignorieren Menschen, die so denken, die offenkundige Tatsache, daß dieser physische Bereich ja schließlich nicht ohne Grund erschaffen wurde und daß wir uns dafür entschieden haben hier zu sein, statt ausschließlich auf der spirituellen Ebene zu bleiben. Ganz gleich, wie uns die Dinge mitunter erscheinen und wie wir uns fühlen, es geschieht hier auf der Erde etwas sehr Machtvolles und Aufregendes. Die physische Welt ist nicht einfach ein großer Fehler von seiten der Kreativen Intelligenz – dann müßte Gott ja ein schöner Trottel sein! Irgendwie bin ich mir sicher, daß wir nicht bloß hierher gekommen sind, um herauszufinden, wie schnell wir wieder von hier entschwinden können. Wir können hier unendlich wertvolle und reiche Erfahrungen machen, wenn wir nur bereit sind, das zu erkennen und uns ganz darauf einzulassen.

Für viele Leute, die sich heute einer transzendenten Philosophie verschrieben haben, ist der Begriff »Ego« fast schon ein schmutziges Wort geworden. In der New-Age-Bewegung wird viel darüber geredet, daß man das Ego »aufgeben«, sich von ihm »befreien« soll. Das Ego wird zu unserem Feind erklärt, der bestrebt sei, uns an spiritueller Erkenntnis zu hindern – und jede Andeutung, daß das Ego ja vielleicht doch einen gewissen Wert haben könnte, wird damit abgetan, daß hier nur das Ego versuche, sich selbst zu rechtfertigen. Leider werden Verwirrung und Angst dadurch verschlimmert. Das ist ein bißchen so, wie wenn wir alles, was uns nicht gefällt, als ein »Werk des Teufels« bezeichnen.

Wenn wir das Ego als unseren Feind ansehen, erzeugen wir so unwillkürlich eine widersprüchliche Denkweise, den Glauben, daß es in uns »gute Teile« und »schlechte Teile« gibt und daß wir letztere ausmerzen müssen. Ironischerweise suchen wir dann ständig nach etwas oder jemandem, dem wir die Schuld geben können, und erzeugen falsche Konflikte.

Die Vorstellung, wir könnten etwas gewinnen, indem wir unser Ego loswerden, basiert auf einem falschen Verständnis der tatsächlichen Aufgabe des Ego. Unser Ego ist lediglich die bewußte Wahrnehmung unserer menschlichen Individualität. Der Begriff »Ego« läßt sich in etwa mit dem Begriff »Persönlichkeit« gleichsetzen. Das Ego ist jener Teil unseres Bewußtseins, der bestrebt ist, unser Überleben und Wohlergehen in der materiellen Welt zu ermöglichen.

Das Ego ist nicht von Natur aus gut oder schlecht; es ist lediglich ein Faktum des Lebens, so wie der physische Körper. Und ohne Ego könnten wir im physischen Bereich keine Minute überleben. Wenn wir also das Ego loswerden wollen, müssen wir auch unseren Körper zurücklassen. Der Versuch, unser Ego zu unterdrücken, vertieft unsere innere Spaltung und verstärkt den Konflikt zwischen Geist und Form. Jedesmal wenn wir versuchen, einen Teil von uns selbst oder einen Teil des Lebens loszuwerden oder zu leugnen, geraten wir in schreckliche Konflikte. Der geleugnete Aspekt fängt dann an, um sein Überleben zu kämpfen! Daher machen wir natürlich die Erfahrung, daß das Ego »Widerstand leistet«, wenn wir versuchen, uns von ihm zu befreien.

Weniger widersprüchlich und frustrierend, dafür aber erheblich produktiver ist es, sich klarzumachen, daß die Aufgabe des Ego darin besteht, unser Überleben als Individuen in physischer Gestalt zu sichern. Anstelle von vergeblichen Versuchen, unser Ego auszulöschen, sollten wir es akzeptieren und die Zusammenarbeit zwischen Ego und Geist fördern. Dann kann unser Ego *lernen*, daß es eine Bereicherung für unser Leben auf der Erde ist, wenn wir uns unserer spirituellen Natur öffnen. Wir können ein bewußtes Ego, eine bewußte Persönlichkeit entwickeln. Dadurch empfangen wir spirituelle Energie und sehen unser menschliches Dasein aus einer größeren, universalen Perspektive.

Nur sehr wenige Menschen auf dem Weg der Transzendenz erreichen je das angestrebte Ziel – eine Art »Erleuchtung«, die darin besteht, sich fast völlig mit seinem spirituellen Selbst zu identifizieren und frei von menschlichen Gefühlen und Bedürfnissen (dem »Ego« also) zu werden. Jene, die das versuchten, wie viele christliche Heilige und Märtyrer, starben oft früh, häufig nach schweren körperlichen Leiden, die vermutlich von der Leugnung des physischen Körpers herrührten.

Sogenannte erleuchtete Meister, die eine gewisse Ebene der

Transzendenz erreicht haben, können faszinierende Lehrer sein, besonders wenn wir gerade erst am Anfang unserer Bewußtseinsreise stehen und Inspiration und eine starke Führung und Autorität brauchen. Da die meisten transzendenten Meister oder Heiligen sich von der Welt losgelöst haben, können sie nur in relativer Abgeschiedenheit leben, umgeben von eifrigen Schülern. Diese Schüler sorgen für die irdischen Bedürfnisse ihres Meisters und bewahren ihn davor – wenigstens bis zu einem gewissen Grad – sich mit den praktischen Erfordernissen des täglichen Lebens auseinandersetzen zu müssen. Und nur zu oft stehen diese Heiligen auf tönernen Füßen, was besagt, daß sich bei ihnen hartnäckig einige allzu menschliche Neigungen zeigen (auch wenn sie das zu verbergen versuchen). Meist geht es bei diesen Neigungen um genau jene Dinge, deren Transzendierung der betreffende Heilige und seine Gefolgschaft so mühevoll anstreben – Sexualität, Aggression und der Wunsch nach Geld und materiellem Besitz.

Die Geschichte ist voll von Skandalen und Tragödien, die sich um die Enthüllung der »Schatten«-Seiten von transzendenten spirituellen Führern drehen. Da gibt es dann die »ehelosen« Priester, Nonnen und Yogis, oder die verheirateten fundamentalistischen Prediger, deren geheime Liebesaffären plötzlich ans Licht kommen; meistens unterhalten sie diese unerlaubten sexuellen Beziehungen zu weiblichen Anhängern, die übermäßig vertrauensselig und abhängig sind. Andere Beispiele für dieses Problem reichen von Kirchenführern, die sich von finanzieller Gier korrumpieren lassen, bis zu tragischen Ereignissen wie dem Massenselbstmord von Jonestown in Guyana oder dem Feuertod der Davidianer-Sekte bei Waco, Texas.

Die große Mehrheit der Suchenden auf dem Weg der Transzendenz bringt es jedoch nie auch nur annähernd bis zur sogenannten »Erleuchtung«, und nur sehr wenige gelangen auf diesem Weg zu innerem Frieden und Selbstachtung. Ich befürchte, daß die meisten Leute, die sich für den transzendenten Weg entscheiden, schließlich in der vermeintlichen Spaltung zwischen dem Physischen und dem Spirituellen steckenbleiben – hin und her gerissen zwischen den Bedürfnissen der Seele und den

Wünschen des Ego. Bestrebt, ihre Menschlichkeit zu unterdrücken und sich darüber zu erheben, verstricken sie sich immer mehr in innere Kämpfe. Manchmal sind sie noch nach Jahren der Meditation und anderer spiritueller Praktiken voller Selbstkritik und fühlen sich als Versager. Statt den erleuchteten Zustand zu erreichen, nach dem sie streben, enden sie damit, daß sie sich wegen ihrer mangelhaften spirituellen Fortschritte geißeln.

Der transzendente Weg kümmert sich nur wenig um die Probleme der physischen Welt. Tatsächlich betrachtet er die materielle Ebene ja als Illusion, als Traum, aus dem es zu erwachen gilt – oder zu fliehen! Meistens geben die Leute auf dem transzendenten Weg buchstäblich die Welt auf. Sie betrachten alles, was auf dieser Ebene geschieht, als Illusion, die man sowieso nicht ernst zu nehmen braucht. Was hat es auch für einen Sinn, daß man versucht, die Welt zu verändern, wenn das eigentliche Ziel doch darin besteht, sie zu verlassen?

Wohin es führt, wenn wir uns einseitig entweder auf den materiellen Weg oder auf den transzendenten Weg beschränken, sieht man an den westlichen Industrieländern, die dem Materiellen hinterherjagen, und an vielen ganz auf Transzendenz ausgerichteten östlichen Ländern. In ihrer beinahe ausschließlichen Ausrichtung auf materiellen Fortschritt hat die westliche Kultur eine Technologie hervorgebracht, die uns heute in die Lage versetzt, die Welt zu zerstören – wenn nicht durch Atomwaffen, dann durch Umweltverschmutzung. In vielen östlichen oder Dritte-Welt-Ländern, wo sehr starke spirituelle Traditionen existieren, besteht die Tendenz, sich so stark auf die transzendenten Energien zu konzentrieren, daß im physischen Bereich Gleichgültigkeit, Chaos und extreme Armut überhandnehmen.

Es ist wichtig, sich klarzumachen, daß der Weg der materiellen Welt und der Weg der Transzendenz beide ihren Platz in unserer individuellen Entwicklung und in der Evolution des menschlichen Bewußtseins haben. Doch keiner von beiden bietet uns für sich allein eine Lösung für die vielen Probleme, denen wir uns heute im persönlichen und im planetaren Bereich gegenübersehen. Deswegen macht es mir Sorgen, daß so viele

Menschen innerhalb der New-Age-Bewegung noch immer einer grundsätzlich transzendenten Philosophie folgen. Um unser Leben wirklich zu heilen und die Welt zu verändern, müssen wir einen neuen Schritt wagen – auf dem Weg der Wandlung.

Der Weg der Wandlung

*Indem wir uns liebevoll für das ganze Spektrum unserer
menschlichen – und göttlichen – Erfahrungen öffnen,
können wir jene Spaltung heilen, die zwischen Geist und
Form entstanden ist, in uns selbst und draußen in der
Welt. Dann können wir die ganze Kraft und Bewußtheit
unseres spirituellen Seins in unser menschliches Leben
und alle unsere weltlichen Unternehmungen einbringen.*

In der jetzigen Phase unserer Evolution tut sich für unsere Bewußtseinsreise ein aufregender neuer Weg auf. Ich nenne ihn
den Weg der Wandlung. Statt uns auf die physische Wirklichkeit
zu begrenzen – wie der Weg der materiellen Welt – oder uns zur
Flucht in den spirituellen Bereich aufzufordern – wie der transzendente Weg –, ruft uns der Weg der Wandlung dazu auf, eine
vollkommen neue Realität zu erschaffen. Diese neue Realität entsteht nicht, indem man entweder das Physische oder das Spirituelle leugnet, sondern indem man beides integriert. Dieser
Weg kann uns zur Entdeckung und Entwicklung einer völlig
neuen Lebensweise hinführen, wie sie früher nicht möglich war.

Während der menschlichen Evolution mußten wir zunächst
die ersten beiden Wege beschreiten. Wir mußten unsere spirituelle Herkunft für längere Zeit vergessen, damit sich bei uns ein
Bewußtsein für die physische Realität entwickeln konnte. Dann
mußten wir aus der Begrenztheit dieser Wirklichkeit erwachen
und uns an den spirituellen Bereich erinnern. Jetzt ist der Zeitpunkt gekommen, wo wir bereit sind, die Spaltung zwischen den
beiden Wirklichkeiten aufzuheben und beides zu einer inte-
grierten Erfahrung zu verschmelzen.

Um das zu erreichen, müssen wir zunächst eine starke Bewußtheit für unsere spirituellen Wurzeln entwickeln. Und aus
dieser tiefverwurzelten Bewußtheit heraus müssen wir dann lernen, unsere menschlichen Erfahrungen, die Wirklichkeit unseres Körpers und unserer Persönlichkeit voll und ganz anzunehmen. Indem wir uns liebevoll für das ganze Spektrum unserer

menschlichen – und göttlichen – Erfahrungen öffnen, können wir jene Spaltung heilen, die zwischen Geist und Form entstanden ist, in uns selbst und draußen in der Welt. Dann können wir die ganze Kraft und Bewußtheit unseres spirituellen Seins in unser menschliches Leben und alle unsere weltlichen Unternehmungen einbringen. Nur so werden wir entdecken, wieviel Macht und Erfüllung uns unser physisches Dasein bieten kann. Wir werden erkennen, was es mit dem Leben auf der Erde wirklich auf sich hat!

Diese Entwicklung ist natürlich schon voll im Gang. Wenn Sie dieses Buch lesen, befinden Sie sich, wissentlich oder unwissentlich, höchstwahrscheinlich bereits auf Ihrem Weg der Wandlung. Falls Sie das Gefühl haben, daß in Ihrem Leben in letzter Zeit alles drunter und drüber geht, dann können Sie sicher sein, daß Sie sich auf diesem Weg befinden!

Dem Weg der Wandlung zu folgen ist nicht immer leicht. Es kann sogar eine extreme Herausforderung sein. Viele Leute klammern sich gegenwärtig an materielle Dinge, oder an ihre transzendente Philosophie, in der unbewußten Hoffnung, einer inneren Wandlung ausweichen zu können. Doch wer in der physischen Welt bleiben und sich weiterentwickeln möchte, hat einfach keine andere Wahl, als sich für den Wandel zu öffnen. Und in Wahrheit ist dieser Wandlungsprozeß gar nicht so mühsam, wie das viele Leute befürchten. Wenn er auch mitunter schwierig und schmerzhaft sein kann, so ist er doch zugleich äußerst lohnend, aufregend und schön.

Statt all die unglaublichen Erfahrungen unseres Menschseins abzulehnen und ihnen auszuweichen, können wir ihre ganze Schönheit und Leidenschaft entdecken. Wir können lernen, unsere physische Realität als Ausdruck unseres spirituellen Seins bewußt zu erschaffen. Wir können lernen, so in der physischen Welt zu leben, wie es uns bestimmt ist.

Wenn wir uns ernsthaft auf unseren individuellen Wandlungsprozeß einlassen, verwandeln wir dadurch automatisch auch die Welt um uns. Je mehr wir von unserem spirituellen Potential entdecken und hier in unserem menschlichen Leben zum Ausdruck bringen, desto mehr spiegelt unsere persönliche Realität diesen

Bewußtseinswandel wider. Die Welt um uns ändert sich also in dem Maße, wie wir selbst uns ändern. Und da wir durch das Massenbewußtsein alle miteinander verbunden sind, wirkt sich unser eigenes Wachstum auf jeden anderen Menschen auf der Welt aus. Indem wir uns entscheiden, dem Weg der Wandlung zu folgen, verändern wir nicht nur unser eigenes Leben – wir verändern die Welt.

TEIL ZWEI

Auf dem Weg der Wandlung

Wer also dieser Welt wirklich helfen will, muß die Menschen lehren, wie man in ihr lebt. Und das kann nur jemand, der selbst gelernt hat, in ihr mit jener freudvollen Sorge und sorgenvollen Freude zu leben, die sich einstellen, wenn man die Natur des Lebens erkannt hat.

JOSEPH CAMPBELL

Wie man seinen inneren Lehrer findet

*Haben wir einmal eine Beziehung zum eigenen inneren
Lehrer und Führer entwickelt, erschließen wir uns
dadurch eine unfehlbare Quelle der Klarheit, Weisheit
und Wegweisung, die uns jederzeit zur Verfügung steht!*

Wie können wir dem Weg der Wandlung folgen? Der erste
Schritt besteht darin, eine persönliche Verbindung zur universa-
len Intelligenz – oder Höheren Kraft – herzustellen. Diese
Höhere Kraft existiert in jedem Lebewesen und Ding. Sie ist der
unendlich weise Aspekt unseres Wesens, der einfach alles
»weiß«, was zu einem bestimmten Zeitpunkt für uns wichtig ist.
Von dort erhalten wir in jeder Minute, auf jedem Schritt unseres
Lebens Führung.

An dieser Höheren Kraft ist nichts Kompliziertes oder Geheimnisvolles. Sie ist ein vollkommen natürlicher Bestandteil
unseres Daseins. Sie spricht durch unsere Intuition, unsere Ah-
nungen, zu uns. Wir alle kommen mit diesem intuitiven Leitsy-
stem zur Welt. Und wenn man uns auf eine einsichtige Weise erzogen hätte, hätten wir gelernt, dieser inneren Führung
während unseres ganzen Lebens zu folgen. Statt dessen wurden
die meisten von uns nicht sonderlich dazu ermutigt, unseren tiefsten Gefühlen zu trauen. Tatsächlich brachte man vielen von uns
sogar bei, sich selbst zu mißtrauen und statt dessen einer äußeren Autorität zu folgen, oft in Form von Vorschriften und Dog-
men. Oder man bestärkte uns darin, rational zu sein – unter
Mißachtung unserer intuitiven Fähigkeiten.

Als Erwachsene können wir selbst die Verantwortung dafür
übernehmen, unsere natürliche Intuition wiederzuentdecken.
Wenn wir lernen, auf unsere Intuition zu achten und ihr zu folgen, entwickeln wir eine immer vertrauensvollere und stärkere
Beziehung zu unserer inneren Führung.

Auf dem Weg der Wandlung ist es von entscheidender Bedeutung, diese Beziehung zur eigenen inneren Führung zu entwickeln, weil es auf diesem Weg keine absoluten äußeren Auto-

ritäten gibt. Es gibt keine heiligen Texte, keine Priester, Geistlichen oder Gurus, die das alleingültige Wort Gottes repräsentieren. Es gibt kein Dogma, dem wir folgen könnten. Statt dessen muß unsere Führung in erster Linie aus unserer inneren Quelle kommen.

In den östlichen transzendenten Überlieferungen – und in vielen New-Age-Gruppe,n denen sie als Vorbild dienen – gibt es den Glauben, daß man sich einem erleuchteten Lehrer unterwerfen muß, um wirkliche spirituelle Fortschritte zu machen. Aus der Perspektive des Wegs der Wandlung gibt es jedoch keine vollständig erleuchteten Lehrer. Die traditionellen Meister und Gurus sind nur im transzendenten Sinne erleuchtet. Sie können uns vielleicht eine Menge über unsere spirituelle Entwicklung lehren, aber sie können uns nicht zeigen, wie man dieses Wissen in das Leben auf der Erde integriert, denn das haben sie selbst noch gar nicht gelernt.

Wir sind auf diesem neuen Weg nicht allein. Es gibt Lehrer, die uns bei bestimmten Aspekten unserer Reise behilflich sein können. Doch es gibt niemanden, der es auf dieser Reise bereits wirklich »geschafft« hat, denn wir alle sind immer noch Lernende. Wenn irgend jemand bereits voll integriert wäre, wären wir anderen es auch, denn im Massenbewußtsein sind wir alle eins. Wir alle befinden uns noch auf dem Weg, und zwar mehr oder weniger gemeinsam. Auf eine sehr reale Weise sind wir alle füreinander Lehrer und Spiegel, reflektieren uns gegenseitig unsere Fortschritte. Manche Menschen sind auf bestimmten Gebieten weiter entwickelt und können uns anderen beibringen, was sie gelernt haben. Dennoch ist die Reise eines jeden Menschen einzigartig, so daß letztlich nur Sie selbst wissen können, was Sie zu tun haben.

Brauchen wir dann überhaupt Lehrer auf dem Weg der Wandlung? Und wenn ja, was ist ihre angemessene Rolle in unserem Leben? Wie können wir eine Beziehung zu ihnen herstellen, die gesund ist und unser Wachstum fördert?

Ja, ich glaube, daß die meisten von uns auf diesem Weg unbedingt Lehrer brauchen. Vielleicht gibt es einige seltene Ausnahmen von dieser Regel – zum Beispiel Menschen, die besonders gut auf ihr inneres Wissen eingestimmt sind, oder Menschen, die an sehr abgelegenen Orten leben und dort von der Natur lernen anstatt von menschlichen Lehrern.

Lehrer, Heiler und Führer können in sehr unterschiedlicher Gestalt erscheinen und spielen an bestimmten Punkten unserer Reise oft eine entscheidende Rolle. Zum Beispiel könnte eine Person in unserem Leben der auslösende Katalysator sein, der uns dazu inspiriert, bewußte innere Entwicklung anzustreben. Im frühen Stadium unserer Entwicklung brauchen wir fast alle Unterstützung, Feedback, Anleitung und Informationen. In gewisser Weise befinden wir uns im Kindheitsstadium der Bewußtseinsreise und benötigen daher vielleicht eine weise Elterngestalt, die uns den Weg zeigt. Während unser Wissen und unsere Erfahrung wachsen, entwickeln wir allmählich größeres Selbstvertrauen. Doch auch dann noch brauchen wir meistens weisere und erfahrenere Bezugspersonen, genau wie Jugendliche oder junge Erwachsene, die lernen, ihren Platz in der Gesellschaft einzunehmen.

Wenn wir in unserer Bewußtseinsentwicklung dann schließlich Reife erlangt haben, können wir in erster Linie unserer eigenen inneren Führung folgen. Doch zum Wesen des Lebens gehört ständiges Wachstum. Daher kann es sein, daß wir in Krisenzeiten oder wenn unser Bewußtsein gerade tiefgreifende Veränderungen durchmacht, erneut Führung von außen benötigen.

Die Gefahr im Umgang mit Lehrern und Heilern jeder Art liegt in unserer Tendenz, zuviel von unserer eigenen Macht an sie abzugeben. Wenn wir uns unserer eigenen inneren Weisheit, Güte, Kreativität und Macht noch nicht voll bewußt sind, neigen wir dazu, diese Eigenschaften auf unsere Mentoren und Lehrer zu projizieren. Das ist vollkommen natürlich. Mit der Zeit erkennen wir, daß diese Eigenschaften in uns selbst vorhanden sind, und wir beginnen, sie mehr und mehr als unsere eigenen zu beanspruchen. Ein verständiger und weiser Lehrer hilft uns dabei, unsere eigene Macht zu entdecken und zu beanspruchen. Ein solcher Lehrer ermutigt uns zu selbständigem Handeln, wenn wir fühlen, daß wir bereit dafür sind.

Leider gibt es viele Lehrer, Therapeuten und Heiler, die in dieser Hinsicht versagen. Sie sind übermäßig darauf aus, gegenüber ihren Schülern oder Klienten eine Machtposition oder ein Abhängigkeitsverhältnis aufrechtzuerhalten. Das trägt zwar dazu bei, gewisse emotionale und oft auch finanzielle Bedürfnisse auf seiten des spirituellen Lehrers zu befriedigen, hindert aber seine Schüler oder Klienten daran, Stärke und Eigenverantwortung zu entwickeln.

Ich kenne viele Leute, die sehr unter einer solchen übermäßigen Abhängigkeit zu einem Führer oder Lehrer zu leiden hatten. Eine meiner Freundinnen brauchte, nachdem es zum Bruch mit ihrer spirituellen Lehrerin gekommen war, Jahre, um seelisch und körperlich zu gesunden. Diese Lehrerin hatte viele herausragende Qualitäten, doch unbewußt hielt sie ihre Schüler in einem Abhängigkeitsverhältnis gefangen.

Ich muß meine Leser daher vor Lehrern, Seminarleitern, Therapeuten, Heilern oder sonstigen Leuten warnen, die behaupten, alle Antworten zu kennen (oder jedenfalls mehr Antworten als alle anderen), die sich selbst als erleuchteter oder weiter fortgeschritten als der Rest der Menschheit betrachten oder generell ein übersteigertes Selbstwertgefühl zeigen. Sie mögen auf bestimmten Gebieten tatsächlich hoch entwickelt sein und viel mitzuteilen haben, aber dennoch sollten wir in unserer Beziehung zu ihnen vorsichtig sein und eine gesunde Skepsis aufrechterhalten. Seien Sie auf der Hut, wenn ein Lehrer von einer Schar sehr abhängiger Verehrer umgeben ist, die keine eigene Stärke entwickeln, nicht aufgeschlossen für Neues sind und gegenüber ihrem Lehrmeister nie zu einem gleichberechtigten und ausgewogenen Verhältnis finden. Auch ist es ein Alarmsignal, wenn Sie sich gegenüber einem Lehrer oder einer Lehrerin ständig unterlegen und minderwertig fühlen und wenn er oder sie ein solches Verhältnis zu kultivieren scheint.

Der Schlüssel zu einer gesunden, stärkenden Beziehung gegenüber einem Lehrer oder Heiler liegt darin, diesen Menschen als Spiegel Ihrer eigenen inneren Qualitäten zu betrachten. Wenn Sie jemanden wegen seiner oder ihrer Weisheit, Liebe, Kraft oder etwas anderem bewundern, sollten Sie sich klarmachen, daß Sie die gleichen Eigenschaften in sich tragen. Sie fühlen sich zu der betreffenden Person hingezogen, weil sich in ihr jene Teile Ihrer selbst spiegeln, die Sie entwickeln sollten und möchten. Lassen Sie sich von Ihrem Lehrer oder Therapeuten dazu inspirieren, Ihre eigene Persönlichkeit zu entwickeln. Schenken Sie Ihrem Lehrer Respekt, Bewunderung und Anerkennung, aber vergessen Sie nicht, daß Sie von ihm lernen sollten, Ihrer eigenen Person ebensoviel Liebe und Wertschätzung entgegenzubringen! Im Grunde besteht die Aufgabe von Lehrern darin, uns dabei zu helfen, unsere Beziehung zu unserem eigenen inneren Lehrer zu entwickeln, zu stärken und zu vertiefen.

Im Lauf der Jahre hatte ich viele wunderbare Lehrer, Therapeuten und Führer, von denen mir jeder auf seine besondere Weise half. Am Anfang stellte ich sie, wie es die meisten Leute tun, auf ein Podest und gab meine Macht an sie ab. Ein- oder zweimal geriet ich für eine Weile in eine ziemliche Abhängigkeit. Doch jede dieser Erfahrungen erwies sich letzten Endes als äußerst wertvoll, indem sie mir halfen, Vertrauen in meinen eigenen inneren Lehrer zu entwickeln. Heute gibt es in meinem Leben einige Menschen, die für mich Lehrer und Mentoren sind. An sie kann ich mich wenden, wenn ich Hilfe, Unterstützung und Rat brauche, und meine Beziehung zu ihnen zeichnet sich durch gegenseitiges Vertrauen, Wertschätzung und Liebe aus.

Weil so viele von uns völlig darauf konditioniert sind, ihrer eigenen inneren Quelle zu mißtrauen, wissen wir oft gar nicht, wie man sich überhaupt seinem inneren Lehrer nähert. In den meisten Städten gibt es Berater und Therapeuten, die uns helfen können, wieder Vertrauen in unsere inneren Prozesse zu gewinnen. Es geht nicht darum, daß solche äußeren Lehrer alle Antworten wissen, sondern darum, daß sie uns dabei helfen, selbst die Antworten zu finden. Doch auch von den besten Lehrern müssen wir uns schließlich lösen, und zwar dann, wenn wir gelernt haben, uns auf unsere eigene innere Führung zu verlassen.

Haben wir einmal eine Beziehung zum eigenen inneren Lehrer und Führer entwickelt, erschließen wir uns dadurch eine unfehlbare Quelle der Klarheit, Weisheit und Wegweisung, die uns jederzeit zur Verfügung steht! Und natürlich ist das in Augenblicken der Furcht und Verwirrung ein großer Trost. Es schenkt uns jenes Grundvertrauen, das wir benötigen, um uns mutig auf unseren Weg der Wandlung zu wagen. Wir gewinnen die Gewißheit, daß wir nicht allein sind, daß es eine höhere Kraft gibt, die uns beisteht und uns den Weg zeigt.

Vertrauen in die innere Führung
entwickeln

*Wir wurden fast alle darauf trainiert, unsere intuitiven
Gefühle zu leugnen oder zu ignorieren, so daß wir uns
ihrer Existenz oft gar nicht mehr bewußt sind. Wir
müssen also umlernen und unseren inneren Eingebungen
wieder Beachtung schenken.*

Wie stellt man eine Verbindung zur eigenen inneren Führung
her? Ich lehre seit vielen Jahren eine Methode, die das ermöglicht. Und ich bin sehr glücklich, sagen zu können, daß die meisten Leute sie sehr einfach finden, wenn sie einmal das Prinzip
begriffen haben und Gelegenheit erhalten, ein paar einfache
Übungsschritte auszuprobieren.

Wir sollten immer daran denken, daß es unsere natürliche Lebensweise ist, der Intuition zu folgen. Wenn uns das anfangs
schwerfällt, so liegt das daran, daß man uns beigebracht hat,
nicht unserer eigenen Natur gemäß zu handeln. Es ist also
nichts Übernatürliches im Spiel, wenn wir diese Fähigkeiten trainieren. Im Gegenteil, wir *verlernen* bei dieser Methode Gewohnheiten, die uns davon abhalten, zu erkennen, was für uns wahr
und richtig ist.

Wir wurden fast alle darauf trainiert, unsere intuitiven Gefühle
zu leugnen oder zu ignorieren, so daß wir uns ihrer Existenz oft
gar nicht mehr bewußt sind. Wir müssen also umlernen und unseren inneren Eingebungen wieder die gebührende Beachtung
schenken.

Denken Sie bei der nun folgenden Übung daran, daß wir alle
eine intuitive innere Führung besitzen. Wenn wir sie gegenwärtig nicht spüren oder ihr nicht trauen, heißt das noch lange
nicht, daß es sie nicht gibt. Sie ist immer da. Es geht nur darum,
die Verbindung zu ihr wiederzufinden.

Hier sind nun einige einfache Schritte aufgelistet, die Ihnen
helfen, den Kontakt zu Ihrer inneren Führung herzustellen und
zu pflegen.

1. Entspannen Sie sich. Sie können dazu jede Entspannungs-
oder Meditationstechnik benutzen, die bei Ihnen funktioniert
und Ihnen hilft, Körper und Geist zur Ruhe kommen zu lassen,
zum Beispiel die eigenen Atemzüge zählen, ein Mantra aufsagen
oder progressive Entspannung einsetzen (was oft in Kursen zur
Geburtsvorbereitung gelehrt wird). Diejenigen, die noch kein eigenes Entspannungsprogramm haben, finden eine geeignete
Übung im Anhang dieses Buches.

In der modernen Welt sind wir so daran gewöhnt, in einem
mehr oder weniger permanenten Streßzustand zu leben, daß wir
den Unterschied zwischen Angespanntheit und Entspannung oft
kaum noch erkennen können. Wenn Ihnen die Entspannungsübung im Anhang schwerfällt, sollten Sie sich überlegen, einen
Entspannungs- oder Meditationskurs zu absolvieren oder eine
geeignete Ton- oder Videokassette zu verwenden.

Wenn Sie anhaltende Probleme haben, sich zu entspannen,
sollten Sie vorher etwas tun, bei dem Sie sich auf angenehme Art
körperlich anstrengen. Machen Sie einen zügigen Spaziergang
oder einen Waldlauf, oder tanzen Sie zu lebhafter Musik, bis Sie
müde werden. Legen Sie sich dann hin, und entspannen Sie sich
tief.

Wenn Sie die Fähigkeit entwickelt haben, sich gut zu entspannen, wählen Sie eine Zeit und einen Ort, wo Sie nicht durch andere Menschen, das Telefon oder die Türklingel gestört werden
und wo Sie nichts an Dinge erinnert, die noch erledigt werden
müssen. Wenn Sie möchten, können Sie im Hintergrund leise,
beruhigende Musik spielen lassen. Setzen oder legen Sie sich
bequem hin. Ihre Wirbelsäule sollte gerade und gut abgestützt
sein. Nehmen Sie sich ein paar Minuten Zeit, um Ihren Geist zur
Ruhe kommen zu lassen.

2. Wenn Sie sich entspannt fühlen, lassen Sie Ihre Aufmerksam-
keit zu einem Ort tief im Inneren Ihres Körpers wandern, in der
Nähe Ihres Herzens oder Ihres Solarplexus (je nachdem, was
Ihnen angenehmer ist). Bejahen Sie, daß Sie an diesem Ort tief
in Ihnen Zugang zu Ihrer inneren Führung haben. Dazu können
Sie eine einfache Affirmation (= Bejahung, Anm. d. Übers.) be-

nutzen, beispielsweise: »Ich gehe jetzt zu dem Ort tief in meinem Inneren, wo ich meine innere Führung spüre und ihr vertrauen kann.«

3. Stellen Sie eine Frage, zum Beispiel: »Was muß ich jetzt im Moment in meinem Leben wissen (oder woran sollte ich mich erinnern)?« Oder: »Welche Richtung soll ich in meinem Leben gegenwärtig einschlagen?« Sie können auch speziellere Fragen stellen, wie: »Was sollte ich momentan bezüglich meines Berufes wissen?« Oder: »Was ist in meiner Partnerschaft gegenwärtig von Bedeutung?«

4. Wenn Sie Ihre Frage gestellt haben, entspannen Sie sich, und seien Sie aufnahmebereit und offen. Achten Sie darauf, welche Gedanken, Gefühle oder Bilder sich als Reaktion auf Ihre Frage(n) einstellen. Wenn Sie das Gefühl haben, daß keine Reaktion erfolgt oder daß Sie sich so verwirrt und unsicher wie immer fühlen, ist das ganz in Ordnung. Lassen Sie es einstweilen dabei bewenden. Innere Führung stellt sich nicht immer unmittelbar in Form eines Gedankens oder Gefühls ein – obwohl das durchaus vorkommen kann, besonders wenn Sie mehr Übung haben, und Ihr Vertrauen in die Sache dadurch wächst. Oft kommt die Erkenntnis erst später, in Form einer sich allmählich einstellenden Klarheit bezüglich der jeweiligen Frage. Oder die Antwort kommt scheinbar von außen – zum Beispiel könnten Sie einen Buchladen betreten und dort »zufällig« ein bestimmtes Buch aufschlagen, in dem Sie eine für Sie bedeutsame Textstelle entdecken. Oder ein Freund macht eine beiläufige Bemerkung, die Ihnen eine plötzliche Erkenntnis vermittelt.

5. Wenn Sie das Gefühl haben, daß Sie die Übung beenden sollten, stehen Sie einfach auf und gehen wieder Ihren alltäglichen Beschäftigungen nach.

Praktizieren Sie diese einfache Meditation täglich – oder wenigstens zweimal in der Woche. Die meisten Leute machen die Übung am liebsten morgens nach dem Aufwachen oder abends vor dem Schlafengehen. Doch finden Sie selbst heraus, welche Zeit für Sie die geeignetste ist.

6. Halten Sie während des Tages öfter inne, und achten Sie darauf, was Ihnen Ihr Instinkt sagt. Versuchen Sie, während der nächsten Tage besonders auf Gedanken, Gefühle und Erfahrungen zu achten, die mit dem Thema in Bezug stehen, zu dem Sie Ihre innere Führung befragt haben. Vermutlich werden Sie entdecken, daß für den Kontakt mit Ihrer Intuition eine besondere Empfindung charakteristisch ist. Diese Empfindung wird von vielen Leuten zum Beispiel als »im Fluß sein« beschrieben oder als »zentriert sein« oder als ein Gefühl »stiller Erregung«.

Auch bei so einfachen Entscheidungen wie der, wo Sie zu Mittag essen sollen, ob Sie einen Freund anrufen sollen oder nicht oder in welchen Film Sie gehen sollen, ist es ratsam, kurz innerlich ruhig zu werden und Ihre Intuition zu befragen. Statt eine Entscheidung danach zu treffen, was Ihnen logisch erscheint, was »sich gehört« oder was andere vielleicht von Ihnen erwarten, sollten Sie tun, was Ihre intuitive Führung Ihnen sagt.

Achten Sie darauf, welches Feedback Ihnen Ihre äußeren Erfahrungen vermitteln. Beobachten Sie, wie die Dinge sich entwickeln, wenn Sie Ihrer inneren Führung folgen. Wenn die Dinge nicht gut für Sie zu laufen scheinen, kann das daran liegen, daß Sie noch nicht genügend auf Ihre innere Führung eingestimmt sind. Statt dessen sind Sie vielleicht anderen Gefühlen gefolgt. Das beste Anzeichen dafür, daß Sie im Einklang mit Ihrer inneren Wahrheit handeln, ist, wenn Sie sich zunehmend lebendiger fühlen. Auch fallen Ihnen die Dinge dann allgemein leichter. Türen öffnen sich. Sie haben das Gefühl, von einem Energiefluß getragen zu werden.

Beginnen Sie zunächst mit kleinen Schritten. Treffen Sie keine schwerwiegenden Entscheidungen, wie Ihren Beruf aufzugeben, sich von einem Partner zu trennen oder eine große Geldsumme auszugeben, nur weil Sie eine »intuitive Eingebung« hatten. Beginnen Sie mit einfachen alltäglichen Empfindungen – wobei Sie ein gutes Gefühl haben, und wobei nicht.

Wenn Sie zum Beispiel zu einer Feier eingeladen sind, fragen Sie sich, ob Sie ein gutes Gefühl dabei haben, ehe Sie zu- oder absagen. Leben Sie bei einfachen, alltäglichen Angelegenheiten gemäß Ihrer inneren Wahrheit, ehe Sie sich auch an schwerwiegende Probleme heranwagen. Scheinbar kleine Schritte können hier sehr bedeutsam sein. Während Sie solche kleinen Schritte tun, entwickeln Sie im Umgang mit Ihrer inneren Führung Stärke und Sicherheit.

Wenn Sie die sechs Schritte, die ich Ihnen vorschlage, eine Zeitlang ausprobiert haben, ohne daß sich ein besserer Kontakt zu Ihrer inneren Führung einstellt, können Ihnen die folgenden Empfehlungen vielleicht weiterhelfen:

– Möglicherweise bemühen Sie sich zu krampfhaft, eine Veränderung herbeizuführen, anstatt die Dinge einfach geschehen zu lassen. Machen Sie nicht zuviel Aufhebens um diese Sache. Entspannen Sie sich, und lassen Sie los. Erwarten Sie nicht ständig, daß unbedingt etwas Außerordentliches geschehen muß. Hören Sie einfach etwas mehr als sonst auf Ihr eigenes Gespür für die Wahrheit.

– Wenn Sie viel Verwirrung und starke innere Konflikte erleben und nicht zwischen Ihrer Intuition und den vielen anderen Gedanken und Gefühlen unterscheiden können, sollten Sie versuchen, einige der verschiedenen Stimmen in Ihnen zu identifizieren. Schreiben Sie auf, was die einzelnen Stimmen Ihnen zu sagen haben, und nehmen Sie dazu Stifte in verschiedenen Farben.

Beispielsweise möchten Sie vielleicht herausfinden, ob Sie eine bestimmte Richtung, die Sie in Ihrem Leben eingeschlagen haben, beibehalten sollen – in Ihrem Beruf, Ihrer Partnerschaft oder bei Ihren Hobbys. Es kann gut sein, daß Sie dabei auf eine sehr ängstliche innere Stimme stoßen. Nehmen Sie einen schwarzen Stift, und schreiben Sie alles auf, was diese Stimme sagt, z. B.: »Riskiere lieber nichts Neues, das geht garantiert schief!« Vielleicht haben Sie außerdem eine konservative Stimme in sich, die Ihnen sagt: »Vielleicht solltest du lieber bei dem bleiben, was dir vertraut ist.« Was diese Stimme sagt, könnten Sie mit einem blauen Stift aufschreiben. Und dann entdecken Sie womöglich eine kreative Stimme in sich, die verkündet:»Ich habe eine großartige Idee für ein neues Geschäftsprojekt!« Notieren Sie die Gedanken dieser Stimme mit einem grünen Stift. Außerdem ruft Ihnen vielleicht eine wagemutige innere Stimme zu:»Los, auf geht's! Probiere etwas Neues und Aufregendes aus!« Benutzen Sie für diese Stimme einen roten Stift.

Natürlich können Sie auch noch andere innere Stimmen haben, die von mir hier nicht erwähnt wurden – die Stimme eines verspielten Kindes, eine boshafte Stimme, eine zurückhaltende oder skeptische Stimme. Vielleicht stoßen Sie auch auf eine Stimme, die genau wie Ihre Mutter oder Ihr Vater, Ihr Ehepartner, Ihr Chef oder eine andere Ihnen bekannte Person klingt. Welche Stimme Ihnen auch begegnen mag, schreiben Sie alles auf, was sie sagt. Nehmen Sie dazu die Farbe, die Ihnen am besten zu passen scheint. Legen Sie das Geschriebene dann erst einmal weg, und denken Sie für eine Weile nicht mehr daran.

– Klammern Sie sich nicht an den Wunsch, eine sofortige Antwort zu erhalten. Das Leben ist ein fortlaufend sich entfaltender Prozeß. Vielleicht sind Sie noch nicht bereit für eine Entscheidung oder einen klaren Hinweis. Es »arbeitet« noch in Ihnen. Unsere innere Führung gibt uns selten längerfristige Informationen; in der Regel liefert sie uns nur das Wissen, das wir im Augenblick benötigen. Manchmal sagt uns unsere Intuition einfach nur:»Warte, triff jetzt noch keine Entscheidung, akzeptiere deine momentane Unsicherheit.« Wenn es soweit ist, wird sich die nötige Klarheit schon einstellen. Auf diese Art arbeitet die Intuition.

– Falls Sie sich längere Zeit wirklich blockiert fühlen, ist vermutlich emotionale Heilungsarbeit erforderlich. Wenn wir unsere Gefühle in uns verschließen, kann es schwierig oder gar unmöglich sein, mit unserer Intuition in Kontakt zu kommen. Sollten Sie glauben, unter einem solchen Problem zu leiden, wäre es ratsam, sich einen guten Therapeuten oder eine gute Selbsthilfegruppe zu suchen. Dort können Sie lernen, wie man Gefühle erlebt und ausdrückt. Wenn Sie emotional gesünder

geworden sind, wird sich Ihr Kontakt zu Ihrer Intuition dadurch automatisch verbessern.

– Wenn Sie dem folgen, was Sie für Ihre intuitiven Gefühle halten, und sich trotzdem nicht lebendiger und bewußter fühlen
und sich in Ihrem Leben nichts ändert, dann verwechseln Sie
Ihre intuitiven Gefühle vermutlich mit anderen Emotionen
oder Impulsen. Therapeutische Arbeit könnte Ihnen dabei
helfen, Ihre Gefühle klarer zu erkennen.

Auch ist es sehr wichtig, intuitive Gefühle von solchen zu unterscheiden, die von einer Sucht hervorgerufen werden. Wenn ich
ein Alkoholproblem oder eine Eßstörung habe und plötzlich den
starken Impuls verspüre, einen Drink zu nehmen oder ein
großes Eis mit Sahne zu verspeisen, ist es bestimmt nicht meine
Intuition, die sich da meldet. Wenn ich ein Workaholic bin und
den dringenden Wunsch habe, trotz des Protestes meiner Familie am Sonntag ins Büro zu gehen, sollte ich hinterfragen, woher
dieser Impuls kommt. Unsere intuitive Führung ist immer bestrebt, mehr Ausgewogenheit und wirkliche Erfüllung in unser
Leben zu bringen. Um ihre Botschaften klar empfangen zu können, müssen wir unsere Suchtneigungen erkennen und lernen,
uns nicht von ihnen kontrollieren zu lassen. Wenn Sie das Gefühl haben, suchtkrank zu sein, sollten Sie ein Zwölf-Stufen-Programm besuchen oder zu einem Therapeuten gehen, der auf solche Erkrankungen spezialisiert ist.

– Und vergessen Sie nie, daß es ein lebenslanger, sich stetig
vertiefender Prozeß ist, die eigene Intuition zu entwickeln. Ich
arbeite schon seit Jahren daran, mein Gespür für meine innere
Wahrheit zu entwickeln, und lerne doch immer noch etwas
dazu. Wie alles im Leben verläuft auch dieser Prozeß in Zyklen. Manchmal kommt meine innere Führung klar und stark
durch, und ich fühle mich ganz im Fluß des Lebens. Doch zu
anderen Zeiten fühle ich mich verwirrt und verloren. Dann
weiß ich nicht, warum bestimmte Dinge geschehen und was
ich dagegen tun kann. Ich habe gelernt, auch solchen Zeiten
zu vertrauen, weil ich weiß, daß sie mir helfen, bewußter zu
werden. Ein Freund von mir nennt diese Zeiten »Atempau-

sen«, weil sie wie die Pausen zwischen unseren Atemzügen oder Herzschlägen ein natürlicher Teil unseres Lebens sind.*

Unsere innere Führung ist immer bei uns. Sie irrt sich nie und ist stets weise und liebevoll. Es kann mitunter vorkommen, daß wir den Kontakt zu ihr verlieren oder sie falsch interpretieren oder daß wir versuchen, zu weit vorauszueilen. Doch unser innerer Lehrer läßt uns nie im Stich. Wir sind niemals allein.

---

* In meinem Buch *Leben im Licht* (Heyne-TB 9535) gibt es viele Übungen, die Ihnen dabei helfen, den Kontakt zu Ihrer inneren Führung zu verbessern.

Die vier Ebenen der Existenz

*Alle vier Daseinsebenen sind eng verbunden und
beeinflussen sich gegenseitig. Wenn wir eine Ebene heilen,
unterstützen wir damit den Heilungsprozeß
auf den anderen Ebenen.*

Das menschliche Leben besteht aus vier Ebenen des Seins –
der spirituellen, der geistigen, der emotionalen und der physischen. Der Weg der Wandlung beschäftigt sich mit der Reinigung, Heilung, Entwicklung und Integration aller vier Ebenen.

Alle diese Ebenen sind gleich wichtig. Wenn wir Ganzheit erfahren wollen, dürfen wir keine von ihnen übergehen oder vernachlässigen. Wir müssen der Heilung und Entwicklung jeder
Ebene Zeit und Aufmerksamkeit widmen. Wenn wir das tun, entsteht zwischen allen vier Ebenen ein natürliches Gleichgewicht
und eine größere Integration.

Dabei spielt es keine Rolle, auf welcher Ebene wir unsere Bewußtseinsreise beginnen. Das ist bei jedem Menschen anders.
Viele Menschen werden zum Beispiel durch eine körperliche
Krise veranlaßt, sich mit Bewußtseinswachstum zu beschäftigen
– durch eine Krankheit, einen Unfall, Gewichtsprobleme oder
eine Sucht. Oder sie fangen einfach an, sich für eine gesündere
Lebensweise zu interessieren; sie lernen etwas über Ernährung
und Körpertraining, eines kommt zum anderen, und schließlich
entdecken sie eine Menge neuer Ideen und Handlungsmöglich-
keiten, die sie über die physische Ebene hinausführen.

Für andere Menschen kann eine emotionale Krise der Anlaß
sein, sich auf die Reise zu machen. Vielleicht sucht jemand therapeutische Hilfe, weil er mit dem Verlust eines geliebten Menschen nicht fertig wird. Dabei entdeckt er dann Dinge über sich
selbst, denen er intensiver nachgehen möchte. Oder jemand hat
ein Suchtproblem, und seine Bewußtseinsreise beginnt mit
einem Zwölf-Stufen-Programm (Anonyme Alkoholiker, Syn-
anon, usw.).

Wieder andere beginnen auf der geistigen Ebene mit diesem

Prozeß. Zumindest von intellektueller Neugierde motiviert, fangen sie an, Bücher über Philosophie, Psychologie und die Natur des Bewußtseins zu lesen. Ich habe viele Geschichten über Leute gehört, deren Leben in völlig neue Bahnen geriet, nur weil sie zufällig auf ein bestimmtes Buch stießen und ein Kapitel daraus lasen.

Es gibt also viele verschiedene Möglichkeiten, um diese Entwicklung in Gang zu setzen. Haben wir erst einmal angefangen, werden wir entweder abwechselnd auf unterschiedlichen Ebenen arbeiten oder auf zwei, drei oder gar allen vier Ebenen gleichzeitig. Der Weg jedes Menschen ist einzigartig.

Ganz gleich, wo wir unsere Bewußtseinsreise beginnen oder wie wir auf ihr voranschreiten, es gibt einen ihr zugrunde liegenden Evolutionsprozeß, der sich vom Spirituellen zum Physischen hin entfaltet.

Irgendwann auf unserem Weg machen wir eine tiefgreifende spirituelle Erfahrung. So etwas geschieht manchmal scheinbar zufällig, wenn wir uns noch gar nicht mit unserer Bewußtseinsentwicklung beschäftigt haben. Oft ist ein solches Erlebnis der Auslöser für eine Krise, die dann zum Beginn unserer Bewußtseinsreise wird. Es kann jedoch auch sein, daß wir dieses spirituelle Erlebnis erst später haben, wenn wir bereits bewußte Sucher sind. Doch wann immer es geschieht, unser Leben ändert sich dadurch für immer. Eine solche Erfahrung läßt uns das Leben für einen kurzen Moment aus einer höheren Perspektive sehen, und wir bekommen eine Ahnung von der Liebe, der Kraft und dem Glück, die für uns potentiell erfahrbar sind.

Ich bin einmal einer Frau von Mitte Vierzig begegnet, die zwölf Jahre zuvor an Krebs erkrankt war. Während einer Operation hatte sie ein Nahtod-Erlebnis, bei dem sie sich selbst in ein weißes Licht getaucht sah, das ihr half, gesund zu werden. Nach der Operation hatte sie auch weiterhin Visionen, in denen sie dieses Licht sah. Als das Licht sie während der Operation einhüllte, empfand sie Einssein und völligen Frieden.

Bis zu jenem Moment war sie nie spirituell oder religiös gewesen. Doch während der folgenden Monate wandte sie sich der Spiritualität zu und folgt diesem Weg seither. Sie sagte mir, daß das Erlebnis während der Operation ihr die Augen für einen völlig anderen Bereich der Wirklichkeit öffnete, der ihr zuvor nicht bewußt gewesen war.

Das war ein ziemlich dramatisches Beispiel für eine das Leben verändernde spirituelle Erfahrung. Für viele von uns wird die Berührung mit dem Spirituellen weniger spektakulär und allmählicher ablaufen. Aber das Endresultat ist immer gleich.

Nach solchen Erlebnissen können wir uns nicht länger mit einer beschränkten Lebensperspektive zufriedengeben; wir müssen dann einfach nach größerer Bewußtheit und Erkenntnis streben. Wir versuchen zu begreifen, was mit uns geschehen ist, damit wir fähig werden, unsere spirituelle Erfahrung zu wiederholen und/oder zu erweitern. Das veranlaßt uns, mit spirituellen Praktiken zu experimentieren und die geistige Ebene zu erforschen, während wir alte Vorstellungen aufgeben und uns für neue öffnen. Nachdem wir uns einige Jahre mit der spirituellen und der geistigen Ebene beschäftigt haben, werden wir dann meistens ziemlich unsanft gezwungen, uns auch mit der emotionalen Ebene unseres Seins auseinanderzusetzen. Für viele von uns fühlt sich die emotionale Ebene wie eine Mauer an, die sie daran hindert, ihre spirituellen Überzeugungen im täglichen Leben zu verwirklichen.

Offenbar sind es unsere alten emotionalen Muster, die uns davon abhalten, gemäß unseren spirituellen Philosophien zu leben. Vielleicht erleben wir Augenblicke spiritueller Klarheit, in denen wir wirklich spüren, daß eine höhere Kraft uns beschützt. Vom Verstand her akzeptieren wir diese Idee und möchten dementsprechend leben, indem wir unserer inneren Führung folgen. Und doch befallen uns immer wieder Angstgefühle, und wir scheinen unfähig, die alte Art, unser Leben zu kontrollieren, aufzugeben.

Das ist eine völlig natürliche Phase unserer Entwicklung. Wir haben zwar auf der spirituellen Ebene etwas erlebt und es geistig verstanden, doch das bedeutet nicht, daß wir es auch auf der emotionalen Ebene integriert haben. Um die emotionale Ebene unseres Seins zu heilen und zu verwandeln, müssen wir Geduld und Mitgefühl mit uns selbst in den Mittelpunkt stellen. Und in der Regel benötigen wir dazu außerdem sehr viel Hilfe von anderen Menschen.

Nachdem wir auf den spirituellen, geistigen und emotionalen Ebenen intensiv gearbeitet haben, erwartet uns die große Herausforderung, das alles in die physische Ebene einzubringen. Nur dort haben wir die Chance, alles von uns Gelernte und Entdeckte in unser tägliches Leben zu integrieren und von Augenblick zu Augenblick wahrhaftig und frei zu leben. Dazu ist oft auch eine Heilung des Körpers erforderlich.

In den folgenden vier Kapiteln werde ich diese Ebenen ausführlicher beschreiben und erläutern, wie auf jeder der vier Heilung/Wandlung geschehen kann.

Alle vier Daseinsebenen sind eng verbunden und beeinflussen sich gegenseitig. Wenn wir eine Ebene heilen, unterstützen wir damit den Heilungsprozeß auf den anderen Ebenen. Größere spirituelle Verbundenheit schenkt uns zum Beispiel die Inspiration und Kraft, uns auf eine tiefgreifende emotionale Heilung einzulassen. Während wir uns unserer emotionalen Gesundung widmen, lösen wir gleichzeitig auch blockierte Energien im geistigen und körperlichen Bereich. Und je mehr wir im Einklang mit unseren körperlichen Bedürfnissen leben, desto mehr Energie steht uns auf allen Ebenen zur Verfügung. Wir können auf jeder Ebene mit dem Prozeß beginnen und die einzelnen Bereiche zu unterschiedlichen Zeiten unseres Lebens erforschen. Das Endziel ist die Integration aller vier Ebenen.

Heilung auf der spirituellen Ebene

*Spirituelle Heilung geschieht, wenn wir uns bewußt
wieder mit unserem innersten Sein verbinden – mit jener
weisen, liebevollen, mächtigen, kreativen Wesenheit, die
wir im Innersten sind. Durch diese Verbindung mit
unserem spirituellen Wesenskern... erlangen wir ein
Gefühl der Geborgenheit, des Vertrauens und der
Erfüllung. Wir spüren, daß wir Teil des Universums sind.*

Die meisten in der modernen Welt aufgewachsenen Menschen
leben abgetrennt von ihrem spirituellen Selbst und der universalen Quelle. Das führt zu einem unterschwelligen Gefühl der
Leere, Unsicherheit und Sinnlosigkeit. Unbewußt versuchen wir
auf vielen vergeblichen Wegen, diese innere Leere zu füllen. Wir
streben nach Geld, Macht und Erfolg, um uns sicher zu fühlen,
oder wir widmen uns dem Familienleben oder der Karriere, um
darin unseren Sinn und Lebenszweck zu finden. Wir versuchen,
das Gefühl der Leere durch die Sucht nach Essen, Drogen, Arbeit oder Sex zu betäuben. Leider löst keine dieser Bemühungen
das zugrundeliegende Problem.

Die mangelnde spirituelle Verbundenheit in unserer Kultur ist
die Wurzel vieler unserer gesellschaftlichen und persönlichen
Krankheiten.

Die seuchenartige Ausbreitung des Drogenmißbrauchs unter
jungen Menschen hat, ebenso wie die Bandenkriminalität in unseren Städten, ihre Ursache in der tiefen spirituellen Entfremdung und Bedürftigkeit. Die Entwicklung bizarrer religiöser
Kulte ist ebenfalls symptomatisch für die Suche nach Sinn und
authentischer spiritueller Erfahrung. In jenen Städten und Re-
gionen, die besonders hart von dem Zusammenbruch unserer
sozioökonomischen Systeme betroffen sind, herrscht bei den
Menschen große Depression und Wut – was immer dann der
Fall ist, wenn die Leute keine spirituelle oder psychologische
Basis haben, um den Belastungen standzuhalten, denen sie sich
gegenübersehen.

Spirituelle Heilung geschieht, wenn wir uns bewußt wieder mit unserem innersten Sein verbinden – mit jener weisen, liebevollen, mächtigen, kreativen Wesenheit, die wir im Innersten sind. Durch diese Verbindung mit unserem spirituellen Wesenskern erleben wir wieder unser Einssein mit allen Geschöpfen und der gesamten Natur. Je mehr wir uns diesem grundlegenden Einssein öffnen, desto mehr erlangen wir ein Gefühl der Geborgenheit, des Vertrauens und der Erfüllung. Wir spüren, daß wir ein Teil des Universums sind. Wir erleben, wie der Geist in uns unsere innere Leere füllt.

Durch diesen Kontakt mit unserem spirituellen Selbst erweitert sich unsere Sicht des Lebens, individuell und bezogen auf die Menschheit. Statt in den alltäglichen Frustrationen und Kämpfen unserer Persönlichkeit steckenzubleiben, können wir die Dinge aus der Perspektive der Seele betrachten. Wir werden fähig, das größere Bild des Lebens auf der Erde zu erkennen, so daß wir viel besser verstehen, warum wir hier sind und was wir zu tun haben. Unsere Alltagssorgen erscheinen uns dann nicht mehr so erdrückend, und unser Leben erhält mehr Sinn.

Vor kurzem wütete ein schwerer Wirbelsturm auf der Insel Kauai, wo ich lebe. Die Insel wurde verwüstet. Es starben nur wenige Menschen, aber Tausende von Häusern wurden zerstört oder, wie mein Haus, ernsthaft beschädigt. Wasser, Lebensmittel und Strom wurden knapp, und es gab zuwenig Notunterkünfte. Viele verloren nicht nur ihr Haus, sondern auch ihren gesamten Besitz, ihre Geschäfte und ihre Jobs. Es war eine beängstigende und nervenaufreibende Zeit.

Und doch bewirkte dieses Ereignis aus der Sicht derer, die es spirituell betrachteten, bedeutsame Veränderungen. Fast alle, die es miterlebten, kamen dadurch wieder in Berührung mit ihren wichtigsten Werten und Zielen – sie erlebten, daß das Leben, die Familie und die Gemeinschaft mit anderen wichtiger sind als materielle Besitztümer. Viele Leute wurden gezwungen, endlich die notwendig gewordenen Veränderungen in ihrem Leben vorzunehmen. Obwohl die Katastrophe viel Leid und Schmerz verursachte, brachte sie doch auch denen, die es auf diese Weise betrachten konnten, große Heilung.

Die spirituelle Ebene bildet das Fundament, von dem aus wir leichter Heilung auf anderen Ebenen anstreben können. Wenn wir nicht mit unserer spirituellen Heilung beginnen, werden wir kaum die Hoffnung, Einsicht und Stärke aufbringen, die wir bei der Heilung der anderen Ebenen benötigen.

Spirituelle Heilung beginnt, wenn es uns gelingt, regelmäßig Kontakt zu unserem spirituellen Wesensanteil aufzunehmen. Das bedeutet, daß wir eine spirituelle Übung auswählen, die für uns geeignet ist, und sie dann regelmäßig durchführen, täglich oder mindestens wöchentlich. Für manche Menschen ist hierzu schweigende Meditation am geeignetsten, allein oder in der Gruppe; auch der Besuch von Gottesdiensten oder andere inspirierende gemeinschaftliche Aktivitäten kommen in Frage. Für andere ist vielleicht ein regelmäßiger Kontakt mit der Natur besser geeignet – Waldspaziergänge, Bergwandern oder einfach still an einem Fluß oder am Meer sitzen.

Spirituelle Übungen müssen nicht religiös im üblichen Sinne sein. Viele Menschen kommen durch körperliche Betätigungen wieder mit dem spirituellen Bereich in Berührung – durch Wandern, Langlauf, Tanzen, Radfahren. Andere bei kreativen Tätigkeiten wie Malen oder Musizieren. Einige finden durch den Dienst für andere Menschen zu ihrer Spiritualität oder in stillen Augenblicken mit der Familie und geliebten Menschen. Einer meiner Freunde legt in jeder Woche einen Schweigetag ein. Alle seine Freunde wissen, daß das sein Ruhetag ist – der Tag, an dem er seine Stimme, seinen Geist und seinen Körper ausruhen läßt und auf seine innere Führung lauscht. Wenn Sie dafür keinen ganzen Tag zur Verfügung haben, beginnen Sie mit einer oder zwei Stunden am späten Nachmittag oder abends, die Sie ganz für sich haben, ohne äußere Ablenkungen – ohne Telefon, ohne Fernsehen, ohne Besuch.

Für viele Menschen ist der Sonntag besonders geeignet, spirituelle Bedürfnisse zu befriedigen, denn dieser Tag ist in unserer Gesellschaft ja traditionell für spirituelles oder religiöses Erleben vorgesehen. Eine meiner Freundinnen gehört zwar keiner organisierten Religion an, nimmt sich aber sonntags Zeit, ganz auf ihre eigenen Bedürfnisse zu achten, frei von äußeren Aktivitäten und Verpflichtungen. Auf diese Weise regeneriert sie ihr inneres Selbst und bereitet sich auf ihre terminreiche Arbeitswoche vor.

Tun Sie das, was bei Ihnen gut funktioniert. Entscheidend ist, daß Sie spirituelle Inspiration und Erneuerung in irgendeiner Form zu einem festen Bestandteil Ihres Lebens machen.

Die Schritte, die ich im Kapitel über die innere Führung beschrieben habe, sind eine Form der spirituellen Praxis. Unsere innere Führung kommt aus unserem spirituellen Zentrum. Wenn wir also lernen, unserer Intuition zu vertrauen und ihr zu folgen, bauen wir so eine starke Beziehung zu unserem spirituellen Wesen auf.

MEDITATION

Einstimmung auf die eigene Spiritualität

Meditation ist ein Weg, sich der eigenen Gedanken, Gefühle und Körperempfindungen bewußt zu werden, um dann in eine tiefere Seinsebene einzutauchen. Hier ist eine einfache Übung, die als Einstieg in die spirituelle Praxis gedacht ist.

Suchen Sie sich einen Ort, an den Sie sich regelmäßig für Ihre spirituelle Praxis zurückziehen können. Er sollte nahe bei Ihrer Wohnung oder Ihrer Arbeitsstelle sein, so daß er für Sie leicht erreichbar ist. Sehr gut wäre ein Ort im Freien, in einer schönen natürlichen Umgebung. Vor allem sollte es dort aber ruhig, friedlich und angenehm sein. Es könnte eine Stelle in Ihrem Garten sein, ein bestimmtes Zimmer in Ihrem Haus oder wenigstens eine dafür reservierte Zimmerecke.

Machen Sie diesen Platz durch einen Stuhl, ein Kissen und/oder eine Decke, die Sie ausschließlich für die Meditation benutzen, zu etwas Besonderem. Sorgen Sie dafür, daß Sie für eine Viertelstunde, möglichst aber noch länger, ungestört bleiben.

Setzen oder legen Sie sich bequem hin. Vergewissern Sie sich, daß Ihr Körper sich in dieser Stellung vollständig entspannen kann.

Füllen Sie mit einem tiefen Atemzug langsam Ihre Lunge. Entspannen Sie dann, während Sie langsam und leicht ausatmen, Ihren Körper. Mit jedem Ausatmen entspannen Sie nun Ihren Körper ein wenig mehr.

Achten Sie während des tiefen Atmens auf Ihre Emotionen. Versuchen Sie nicht, Ihre Gefühle zu analysieren oder zu verändern. Achten Sie einfach auf Ihre Empfindungen, und akzeptieren Sie sie. Zum Beispiel: »Ich spüre, daß ich mich momentan ein bißchen traurig fühle.« Oder: »Ich bin ängstlich und muß an die viele Arbeit denken, die auf mich wartet.« Oder: »Ich fühle mich im Moment ruhig und friedlich.« Erlauben Sie den Gefühlen, einfach nur dazusein. Tun Sie nichts weiter, als sie zu akzeptieren.

Achten Sie auf die Gedanken, die Ihnen durch den Kopf gehen. Beobachten Sie für eine Weile, wie sie vor Ihrem inneren Auge vorbeiziehen wie die Schrift auf einer dieser elektronischen Reklametafeln: »Gut, jetzt beobachte ich also meine Gedanken. Mal sehen, was denke ich denn gerade? Das erinnert mich an die Zeit, als ich bei diesem Meditations-Wochenende mitmachte... Da war dieser verrückte Typ. Er erinnerte mich an... Hoppla, ich sollte doch meine Gedanken beobachten.« Stellen Sie sich vor, daß Ihr Denken sich verlangsamt und ein wenig verschwommen wird. Es werden immer noch Gedanken auftauchen, aber versuchen Sie nicht, sie festzuhalten. Wenn Sie einen Gedanken haben, lassen Sie ihn einfach ziehen.

Atmen Sie weiter tief und langsam, während Ihr Körper sich entspannt und Sie Ihre Gefühle akzeptieren und zulassen, daß Ihr Denken ein wenig zur Ruhe kommt.

Stellen Sie sich nun vor, daß Ihre Aufmerksamkeit tiefer nach innen wandert, tiefer und tiefer zum Zentrum Ihres Seins, jenseits Ihres Körpers, Ihres Denkens und Ihrer Gefühle. Sitzen Sie still da und spüren Sie die Gegenwart dieses Ortes tief in Ihnen. Werden Sie sich bewußt, daß Sie an diesem Ort Verbindung zu Ihrem spirituellen Wesen aufnehmen können.

Bitten Sie darum, Kontakt zu jenem Teil von Ihnen zu erhalten, der sich jenseits Ihres Körpers, Ihres Verstandes und Ihrer Emotionen befindet. Registrieren Sie auch weiterhin jeden Gedanken, jedes Gefühl oder Bild, das in Ihnen auftaucht. Wenn Sie möchten, können Sie um Rat oder Inspiration bitten. Akzeptieren Sie, was geschieht oder nicht geschieht, ohne es zu analysieren.

Nachdem Sie für fünfzehn Minuten (oder so lange, wie Sie wünschen) an diesem Ort waren, danken Sie Ihrem spirituellen Wesen. Stehen Sie dann langsam und nicht zu abrupt auf, und gehen Sie wieder Ihren alltäglichen Beschäftigungen nach.

Manchmal werden Sie bei dieser Übung das Gefühl haben, daß nichts geschieht. Oder bestimmte Gedanken oder Gefühle nehmen Sie so gefangen, daß Sie sich nicht wirklich entspannen können. Das ist normal und natürlich. Wenn Sie diese Meditation eine Zeitlang regelmäßig durchführen, wird es Ihnen allmählich leichterfallen, einen entspannten, ruhigen Geisteszustand zu erreichen. Wenn nicht, sollten Sie an einem Meditations- oder Entspannungskurs teilnehmen oder eine andere Form der spirituellen Praxis ausprobieren.

Einige andere Methoden, mit denen man lernen kann, einen Zustand meditativer Entspannung zu erreichen, sind: die progressive Entspannung; das Zählen der Atemzüge (dabei sitzt man mit geschlossenen

Augen und zählt jeden Atemzug – Einatmen 1, Ausatmen 2, Einatmen 3, usw.); zur eigenen Lieblingsmusik
tanzen, bis man ins Schwitzen kommt; sich auf etwas
konzentrieren, zum Beispiel auf eine Blume, eine Ker-
zenflamme, einen Klang; gleichmäßiger, rhythmischer
Gesang, Trommeln, oder gleichförmige, beruhigende
Musik hören.*

---

* Viele einfache und wirkungsvolle meditative und spirituelle Übungen finden
sich in dem Buch *Coming Home: The Return to True Self* von Martia Nelson.

Heilung auf der geistigen Ebene

*Gleichgewicht, Integration und Wohlbefinden können sich
nur einstellen, wenn unsere Denkweise und unsere
Glaubenssätze sich in Harmonie mit den drei anderen
Ebenen unserer Existenz befinden – der physischen,
der emotionalen und der spirituellen Ebene.*

Die geistige Ebene unseres Daseins ist unser Intellekt, also
unser Verstand. Um die geistige Ebene zu reinigen und zu heilen, müssen wir uns unserer Gedanken und der ihnen zugrundeliegenden Glaubenssätze bewußt werden. Wir müssen uns für
andere Ideen und Glaubenssätze öffnen, damit wir fähig werden,
uns bewußt für solche Ideen zu entscheiden, die uns besonders
sinnvoll erscheinen und in unserem Leben am besten funktionieren.

Durch die frühen Einflüsse von Familie, Religion, Schule und
unserer Kultur insgesamt haben wir alle bestimmte Ansichten
und Einstellungen übernommen. Zur Zeit von Kolumbus glaubten beispielsweise die meisten Menschen, daß die Welt flach sei
und man vom Rand der Erde hinunterfallen würde, wenn man zu
weit aufs Meer hinaussegelte. Die Leute betrachteten diese Vorstellung als wahr, weil ihre Eltern, Lehrer, die ganze Gesellschaft daran glaubte und es ihnen so beibrachte. Als dann For-
scher wie Christoph Kolumbus die Unrichtigkeit dieser
Glaubenssätze bewiesen, entstand dadurch in unseren Köpfen
ein völlig neues Bild der Welt.

Von Deepak Chopra gibt es eine wunderbare Geschichte über
das Lernen, die diesen Punkt noch mehr verdeutlicht. Bei der
Ausbildung junger Elefanten in Indien ketten die Ausbilder die
Tiere mit dem Hinterbein an einen dicken Baum. Nach kurzer
Zeit gewöhnt sich der Elefant so an die Kette, daß er nicht mehr
länger versucht, sich zu befreien. Der Ausbilder verwendet dann
immer kürzere Ketten. Irgendwann ist der Elefant so darauf konditioniert, angebunden zu sein, daß ein dünner Strick um das betreffende Hinterbein genügt, ihn an seinem Platz zu halten. Es

fesselt ihn also nicht das dünne Seil, das eigentlich kein Hindernis wäre, sondern sein Glaube, angebunden zu sein.

Wie bei diesen Elefanten wird auch bei uns unsere Erfahrung der Welt durch unsere Glaubenssätze gefärbt. Wir neigen dazu, entsprechend dem, was wir über uns selbst, andere Menschen, das Leben denken, unsere Erfahrungen zu deuten und unsere Welt zu gestalten. Wenn wir jedoch reifer werden und neue und andere Lebenserfahrungen machen, kann es geschehen, daß unsere Glaubenssätze durch neue Ideen und Sichtweisen in Frage gestellt werden. In jedem Augenblick unseres Lebens sind wir damit beschäftigt, Ideen auszusortieren und unsere Lebensphilosophie weiterzuentwickeln.

Gleichgewicht, Integration und Wohlbefinden können sich nur einstellen, wenn unsere Denkweise und unsere Glaubenssätze sich in Harmonie mit den drei anderen Ebenen unserer Existenz befinden – der physischen, der emotionalen und der spirituellen Ebene. Wir brauchen spirituelle Einsicht, eine Lebensphilosophie, die unserem Leben Sinn gibt. Wir müssen unsere Emotionen verstehen und akzeptieren lernen, um uns selbst akzeptieren zu können. Und wir müssen wissen, wie man auf gesunde Weise mit dem eigenen Körper umgeht.

Wenn Sie zum Beispiel dem Glauben anhängen, der physische Körper sei gegenüber dem spirituellen Selbst minderwertig und es nicht wert, ihm Beachtung zu schenken, beschwören Sie durch diese Haltung Konflikte und eine Beeinträchtigung Ihres Wohlbefindens herauf. Würden Sie diese Auffassung durch die Ansicht ersetzen, daß der physische Körper wichtig und wertvoll ist, und lernen, gut für ihn zu sorgen, entstünde so in allen Daseinsbereichen größere Harmonie.

Während sich unsere Bewußtheit entwickelt, lernen wir ständig neue Ideen, Standpunkte und Philosophien kennen und wägen sie gegen jene ab, die uns schon vertraut sind. Allmählich lösen wir uns auf diesem Weg von alten Ideen, die uns zu sehr einschränken, und behalten nur jene, die für uns noch von Nutzen sind. Gleichzeitig machen wir uns neue Ideen zu eigen, die unser Denken erweitern, tiefer gehen und uns größere Stärke verleihen.

Ich glaubte zum Beispiel früher, daß ich an meinen Lebensumständen nicht viel ändern könnte, daß ich dazu einfach nicht die nötige Kraft besaß. Dann lernte ich das Konzept kennen, daß jeder Mensch sich seine Realität selbst erschafft. Diese Idee fand ich wesentlich ermutigender als meine früheren Vorstellungen, deshalb machte ich sie zu meinem neuen Glaubenssatz. Dadurch erlebte ich die Welt auf eine völlig neue Art und erkannte, daß ich in Wahrheit sehr wohl eine Menge in meinem Leben ändern konnte.

Ich wuchs mit der Überzeugung auf, daß ich Karriere machen und dafür viele Jahre aufs College gehen würde. Doch nach vier Jahren auf dem College wußte ich noch immer nicht, welchen Weg ich einschlagen sollte! Ich entdeckte eine neue Philosophie, nach der es einfach darauf ankam, seiner Intuition und den eigenen kreativen Impulsen zu folgen, und dadurch wandelte sich mein Leben auf eine interessante und aufregende Weise. Die Befolgung dieses Glaubenssatzes verhalf mir zu einer faszinierenden und erfolgreichen Karriere – und ich ging nie wieder aufs College zurück!

Viele Leute haben eine falsche Vorstellung davon, wie Heilung auf der geistigen Ebene vor sich geht. Sie glauben, sie müßten ständig »positives Denken« praktizieren und mit dieser Technik negative Gedanken abwehren. Sie befürchten, daß ihre negativen Gedanken ihnen schaden könnten. Möglicherweise befanden sie sich in ihrem Leben einmal in einer Krise, in der sie sehr negativ dachten und empfanden. Nun, wo sie sich positiver fühlen, wollen Sie *alles* Negative abwehren aus Furcht, wieder in eine negative Sichtweise »abzurutschen«. Deshalb leugnen oder unterdrücken sie alle negativen Gedanken und konzentrieren sich ausschließlich auf Positives. Bei einigen Menschen funktioniert das eine Zeitlang ziemlich gut, doch irgendwann kommen all diese geleugneten oder unterdrückten Gedanken und Gefühle auf die eine oder andere Art wieder zum Vorschein. Aus diesem Grund erleben viele Leute, die mit positivem Denken experimentieren, zu ihrer Überraschung, daß sich durch ihre Bemühungen, ihr negatives Denken loszuwerden, die Dinge nur noch verschlimmern. Statt sich von ihren negativen Gedanken und Empfindungen zu befreien, verstricken sie sich immer tiefer darin.

Denken Sie daran, daß der erste Schritt eines jeden Heilungsprozesses darin besteht, den gegenwärtigen Zustand zu erkennen und zu akzeptieren. Heilung kann man nicht dadurch herbeiführen, daß man versucht, sich gegen etwas zu sperren, es loszuwerden oder sein Vorhandensein zu leugnen. Wir können etwas heilen, indem wir akzeptieren, daß es da ist, und uns dann bewußtmachen, welche anderen Möglichkeiten es gibt. Wir müssen also unsere »negativen« Gedanken als Teil von uns akzeptieren. Gleichzeitig können wir dann Perspektiven und Ideen entwickeln, die unsere Möglichkeiten erweitern.

Ein Beispiel: Susan wird sich darüber klar, daß ein Teil von ihr der Ansicht ist, sie verdiene es nicht, glücklich zu sein. Sie bemerkt, daß sie manchmal selbstkritischen Gedanken nachhängt. Immer wenn sie einen Fehler macht, sagt ihre innere Kritikerin: »Das ist wieder einmal der Beweis, daß du nichts richtig machen kannst.«

Dadurch, daß Susan sich jedesmal selbst zensiert, wenn sich ihre innere Kritikerin zu Wort meldet, würde sich an diesem Zustand nichts verändern. Statt dessen sollte sie solche Gedanken zur Kenntnis nehmen und ihnen vielleicht ein bißchen tiefer auf den Grund gehen. Sie könnte sich fragen: »Wo kommen diese Gedanken eigentlich her?« So erkennt sie dann, daß die Stimme in ihrem Kopf sehr der Stimme ihrer Mutter ähnelt, von der sie als Kind genau so kritisiert wurde, wie sie sich heute selbst kritisiert.

Mit Hilfe dieser Erkenntnis kann sie nach Wegen suchen, ihre innere Kritikerin zu heilen und zu verwandeln.* Beim bloßen Verdrängen ihrer negativen Gedanken hätte sie keine Möglichkeit gehabt, aus ihnen zu lernen. Dann hätte sie vielleicht den Rest ihres Lebens damit zugebracht, ihre negativen Gedanken krampfhaft zu unterdrücken, statt einen Weg zu finden, sie wirklich zu heilen.

---

* Ein ausgezeichnetes und sehr hilfreiches Buch zu diesem Thema ist *Embracing Your Inner Critic* von Hal und Sidra Stone. Die deutsche Übersetzung erscheint 1994 im Heyne Verlag.

Manchen Menschen wird in der Kindheit gesagt, sie seien dumm oder im Vergleich zu Mitschülern oder Geschwistern unfähig. Vielen Mädchen wurde offen oder indirekt die Botschaft vermittelt, daß Männer intelligenter und mehr wert sind. Und viele mehr intuitiv und holistisch veranlagten Menschen erhielten in unserem linkshirnigen, auf logisches Denken ausgerichteten Schul- und Gesellschaftssystem nicht die erforderliche Unterstützung, was zur Folge hat, daß sie sich für weniger intelligent als andere halten.

Menschen, die seit ihrer Jugend unter einem solchen Trauma leiden, zweifeln oft an ihrem Intellekt und trauen sich in dieser Hinsicht nichts zu. In diesem Fall ist es für den geistigen Heilungsprozeß erforderlich, daß der Betreffende seine natürliche Intelligenz wieder beansprucht und lernt, sich auf sie zu verlassen. Denken Sie daran, daß es viele Arten von Intelligenz gibt. Unsere Kultur neigt dazu, nur ganz bestimmte Fähigkeiten als wertvoll zu betrachten. Ein Bekannter von mir ist nicht sehr gebildet und kann sich nicht besonders gut ausdrücken, aber er hat ein ausgesprochenes Talent dafür, mechanische Geräte zu reparieren, und hat große Freude an dieser Arbeit.

Vor ein paar Jahren traf ich eine Frau, die eine ausgezeichnete Bäckerin war. Nach den üblichen Tests zu urteilen, besaß sie keinen besonders hohen IQ, aber in dem Beruf, für den sie sich entschieden hatte, war sie sehr talentiert, und sie war ein interessanter, offener und liebevoller Mensch. Ich hatte immer das Gefühl, daß sie ein besonderes Licht in jeden Raum brachte, den sie betrat. Sie ist für mich ein Beispiel für einen wirklich glücklichen Menschen, der Freude am Leben hat und deshalb auch anderen Freude schenken kann.

Unsere Gesellschaft neigt dazu, nur eine bestimmte Art von Intelligenz zu belohnen – Bücherwissen. Doch in Wahrheit gibt es viele verschiedene Arten von Intelligenz. In seinem Buch *Raising a Magical Child* spricht Joseph Chilton Pearce von sieben Arten der Intelligenz:

physische Intelligenz

emotionale Intelligenz

intellektuelle Intelligenz

soziale Intelligenz

begriffliche Intelligenz

intuitive Intelligenz

imaginative Intelligenz

Diese Liste könnte man noch um viele Punkte erweitern, zum Beispiel:

spirituelle Intelligenz

musische Intelligenz

»Fährtensucher«-Intelligenz (Überleben in der Wildnis)

»Großstadt-Cleverness«

Manche Menschen besitzen eine größere Begabung für jene Fähigkeiten, die man heute der rechten Gehirnhälfte zuordnet. Dabei handelt es sich um eher künstlerische, nichtlineare, weniger strukturierte Aktivitäten. Bei anderen sind die der linken Gehirnhälfte zugeordneten Fähigkeiten stärker ausgebildet, also das strukturierte, lineare Denkvermögen im mathematischen, verbalen und technischen Bereich.

Natürlich besitzt jede Form der Intelligenz ihre spezielle Nische. Wenn Sie sich im Dschungel verirren, ist Ihnen ein Führer mit »Fährtensucher«-Intelligenz sicher von größerem Nutzen als ein Akademiker! Und wenn Sie fünfzig Meilen von der nächsten Stadt entfernt eine Autopanne haben, kann Ihnen eine Person mit physischer Intelligenz (wozu auch handwerkliche Fähigkeiten gehören) sicher mehr helfen als jemand mit intellektueller Intelligenz.

In jeder Art von Intelligenz steckt ein Hinweis auf die Bestimmung, mit der wir geboren wurden. Jeder von uns hat seine besondere Gabe, vom agilen Felsenkletterer bis zum genialen Bastler und zur alleinstehenden Mutter, die es schafft, drei gesunde Kinder großzuziehen und gleichzeitig voll berufstätig zu sein. Es ist eine große Ironie, aber trotzdem wahr, daß wir selbst oft am wenigsten erkennen, wo unsere besonderen Begabungen und Intelligenzfelder liegen. Die meisten von uns sind bezüglich der Dinge, die wir am besten können, ziemlich blind. Teilweise mag diese Blindheit auf mangelndes Selbstwertgefühl zurückzuführen sein, doch eine größere Rolle spielt sicher der Umstand, daß wir tagtäglich mit unserer Genialität leben und sie uns deshalb »normal« erscheint.

Als ich ein Kind war, las und schrieb ich ständig. Die Bibliothek war mein Lieblingsort, und ich träumte von einem ganzen Regal mit Büchern, die ich selbst geschrieben hatte! Das war und ist eines meiner Intelligenzfelder, und es gelang mir, in meinem Leben dieser Richtung zu folgen. Doch es ist nicht immer so einfach, unsere eigenen Begabungen zu erkennen.

Mein Herausgeber Hal Bennett erzählte mir, daß auch er als Kind Lesen und Schreiben liebte. Doch es mangelte ihm an der Fähigkeit, sich grammatische Regeln zu merken und sie systematisch darzustellen, was an den Schulen, die er besuchte, verlangt wurde. Das entmutigte ihn, und schließlich war er davon überzeugt, wie er sagt, »in Sachen Schule ganz einfach dumm zu sein«. Er gab auf und schaffte nur mit Mühe und Not den High-School-Abschluß. Seine Familie glaubte nicht daran, daß er je einen höheren Schulabschluß erreichen würde.

Mit einundzwanzig nahm er an einem Abendschulkurs in kreativem Schreiben teil, der sein ganzes Leben veränderte. Er schrieb eine Kurzgeschichte, die die anderen Kursteilnehmer begeisterte und später in einer Literaturzeitschrift veröffentlicht wurde. Das war die Ermutigung, die er brauchte, um seine besondere Begabung zu entfalten. Er erwarb akademische Abschlüsse in Publizistik und ganzheitlicher Gesundheit sowie einen Doktorgrad in Psychologie. Inzwischen hat er zwölf eigene Bücher veröffentlicht und weitere zwanzig als Mitautor. Aber besonders liebt er es, mit anderen Schriftstellern zu arbeiten und ihnen bei der Herausgabe ihrer Werke zu helfen.

Es ist ihm gelungen, in seinem Leben seinen frühen Neigungen zu folgen, auch wenn er zwischendurch entmutigt wurde und viele widersprüchliche Botschaften darüber erhielt, was er tun konnte, und was nicht. Das sollte all jenen Mut machen, die irgendwie davon abgebracht wurden, ihrer Begabung und ihren frühen Interessen zu folgen.

ÜBUNG

Entdecken Sie Ihre angeborene Intelligenz wieder

Denken Sie über die verschiedenen Formen von Intelligenz nach, die ich in diesem Kapitel aufgelistet habe – oder vielleicht haben Sie an sich selbst noch andere Intelligenzformen bemerkt. Welche Formen von Intelligenz finden sich bei Ihnen? Vermutlich wird es sich um eine Kombination mehrerer Intelligenzarten aus meiner Liste handeln und dazu noch eine oder mehrere, auf die Sie selbst gekommen sind.

Um sich über Ihre eigene Intelligenz klarzuwerden, sollten Sie sich zurückerinnern, welche Tätigkeiten Sie als Kind besonders mochten. Draußen in der Natur herumtollen? Geschichten erfinden? Lesen? Mit Tieren spielen? Sich verkleiden? Dinge auseinandernehmen, um zu sehen, wie sie funktionieren? Sport? Musik? Oder etwas anderes?

Nehmen Sie sich einen Moment Zeit, Dinge aufzuschreiben, die Sie gut können oder wirklich gerne tun. Haben diese Tätigkeiten etwas gemeinsam? Finden Sie

---

heraus, was es ist. Es wird Sie zu Ihrer einzigartigen Form der Intelligenz führen.

Wenn Sie Ihren besonderen Intelligenzbereich erkennen, wird Ihnen auch klarwerden, wie Sie auf diesem für Sie interessantesten Gebiet von andern belohnt und ermuntert oder aber entmutigt und herabgesetzt wurden. Falls Sie in dieser Hinsicht negative Erfahrungen gemacht haben, beginnen Sie am besten gleich jetzt damit, Ihre eigenen Fähigkeiten zu bejahen. Machen Sie sich bewußt, daß Ihre natürliche Begabung und einzigartige Intelligenz auf jenen Interessensgebieten liegen, zu denen Sie sich schon früh in Ihrem Leben hingezogen fühlten. Es gibt einen Grund dafür, daß Sie von diesen Dingen angezogen wurden, und der innere Kompaß der bei Ihnen in diese Richtung ausschlug, irrt sich, wenn überhaupt, nur sehr selten.

Wenn Sie glauben, daß auf dem betreffenden Gebiet Heilungsarbeit nötig ist, überlegen Sie, wie Sie diesen frühen Interessen heute Raum geben können. Sie können Kurse in dem betreffenden Bereich belegen oder Menschen kennenlernen, die auf Ihrem Interessensgebiet erfolgreich sind. Sie können mehr darüber lesen und – was wohl am wichtigsten ist – es selbst tun. Fangen Sie jetzt gleich damit an.

Vertrauen Sie darauf, daß Ihre frühen Interessen zuverlässige Indikatoren sind, die Ihre wahre Begabung verraten. Nehmen Sie sich die Zeit, diesen frühen Interessen mehr Beachtung zu schenken. Finden Sie einen Weg, praktische Erfahrungen zu sammeln: Wenn Ihr frühes Interesse dem Schreiben galt, dann führen Sie ab jetzt Tagebuch, oder melden Sie sich für einen Schreibkurs an. Wenn Sie sich für technische Dinge interessieren, könnten Sie irgendein kaputtes Gerät, das Sie fasziniert, auseinanderbauen. Wenn Sie leidenschaftlich gerne mit anderen Menschen arbeiten, können Sie als ehrenamtlicher Helfer in einer karitativen Organisation mitwirken. Solche konkreten Aktivitäten beleben und stärken Ihre »natürliche Intelligenz«, und sie helfen Ihnen, jene Aspekte Ihrer Persönlichkeit zu verwirklichen, die lange brachgelegen haben.

Heilung auf der emotionalen Ebene

Unsere Gefühle sind ein wichtiger Teil der Lebenskraft,
die uns ständig durchströmt. Wir blockieren den
natürlichen Fluß dieser Lebenskraft, wenn wir es uns
nicht gestatten, unsere Emotionen vollständig zu erleben.

Für die meisten von uns ist die Erkundung des spirituellen Bereichs überwiegend eine angenehme, bereichernde Erfahrung. Und weil unsere Kultur so intellektuell ist, liefert uns auch der geistige Aspekt unserer Reise recht positive Eindrücke. Doch in jenem Bereich, wo emotionale Heilung notwendig ist, kommen sehr viele Leute leider nicht voran. Die meisten Menschen haben Angst davor, sich auf eine tiefgehende emotionale Heilungsarbeit einzulassen.

Wir leben in einer Gesellschaft, die im allgemeinen Angst vor Gefühlen hat. Unsere patriarchalische Mentalität macht uns äußerst mißtrauisch gegenüber dem weiblichen Teil unserer Persönlichkeit – unserem empfindsamen, intuitiven Teil. Unsere rationale Hälfte bemüht sich, unsere Sicherheit in der physischen Welt zu gewährleisten und fürchtet den Kontrollverlust, den heftige Emotionen bewirken können. In unserer Kultur wird die männliche, rationale Art, das Leben zu bewältigen, bewundert und unsere weibliche, gefühlvolle Hälfte eher geringgeschätzt. Daher haben wir alle gelernt, unsere Gefühle mehr oder weniger zu leugnen und zu verbergen – sogar vor uns selbst. Wir haben gelernt, die meisten unserer Gefühle tief in uns zu vergraben, und wir zeigen der Welt nur, was uns harmlos erscheint – und das ist in der Regel nicht allzu viel.

Den meisten von uns sind jene Gefühle besonders unangenehm, die man allgemein als »negativ« betrachtet, wie Angst, Verletzlichkeit, Traurigkeit, Schmerz und Wut. Wir bezeichnen Dinge als negativ, weil wir sie nicht verstehen und uns deshalb vor ihnen fürchten. Alle diese Gefühle sind natürlich und wichtig. Sie alle erfüllen in unserem menschlichen Erfahrungsbereich eine wichtige Funktion. Statt sie abzulehnen und ihnen auszuweichen, sollten wir sie erforschen und das Geschenk erkennen, das in jedem von ihnen verborgen liegt. Und wir müssen begreifen, daß wir ein Gefühl nur dann wirklich erfahren können, wenn wir auch bereit sind, sein Gegenteil voll zu erleben. Um uns zum Beispiel wirklich freuen zu können, müssen wir auch in der Lage sein, uns für die Traurigkeit zu öffnen. Wir können nur offen für die Liebe sein, wenn wir auch Angst als Teil unserer Erfahrung akzeptieren. Interessanterweise fürchten wir uns vor einem Zuviel an »positiven« Gefühlen oft ebenso wie vor den sogenannten »negativen«. Wir wollen nicht zu viel Liebe, Freude oder Leidenschaft erleben. Wir ziehen die laue Mitte vor, wo wir alles unter Kontrolle haben.

Während die meisten von uns gelernt haben, ihre Gefühle zu unterdrücken, haben manche Menschen das gegenteilige Problem; sie lassen sich zu schnell von ihren Emotionen überwältigen, und es fällt ihnen schwer, ein emotionales Gleichgewicht zu wahren. Oft tragen sie die unterdrückten Emotionen anderer Menschen mit sich herum, so daß sie zusätzlich zu ihren eigenen Gefühlen auch noch die der anderen spüren und ausdrücken. Und dann gibt es Menschen, die in einer bestimmten emotionalen Haltung erstarrt sind und ständig aus dieser Emotion – Wut etwa oder Angst – heraus reagieren. Alles das sind Symptome für ein emotionales Ungleichgewicht, das es zu heilen gilt.

Was die Heilung der emotionalen Ebene angeht, gibt es eine Menge Unkenntnis und Fehlinformationen, woran zumindest teilweise unsere Angst vor Gefühlen schuld ist. Tatsächlich erkennen viele Leute noch nicht einmal die Existenz von Gefühlen an! Haben Sie nicht auch schon oft genug von den *drei* Ebenen der Existenz gelesen oder gehört – Körper, Geist und Seele? Der emotionale Bereich wird gar nicht zur Kenntnis genommen, sondern einfach mit der geistigen Ebene in einen Topf geworfen. Die Ursache dafür liegt im traditionellen transzendenten Denken, wo der menschlichen Erfahrung keine große Bedeutung beigemessen wird und Emotionen, die bei dieser menschlichen Erfahrung eine so große Rolle spielen, als Selbsttäuschungen des Geistes abgetan werden.

Viele Lehrer und Heiler verwechseln die geistige und die emotionale Ebene oder halten sie für identisch. Sie sprechen davon, daß unsere Gedanken sich auf unsere körperliche Gesundheit auswirken, lassen aber den Einfluß unserer Gefühle auf die Gesundheit völlig außer acht. Doch nach meinen Erfahrungen sind blockierte Emotionen einer der Hauptgründe für körperliche Erkrankungen.

So wie alle unsere Seinsebenen sind natürlich auch unsere geistigen und emotionalen Ebenen stark miteinander verwoben. Man kann sie nicht völlig voneinander trennen. Dennoch sind Gedanken und Gefühle sehr verschieden, auch wenn sie zueinander in Beziehung stehen und sich gegenseitig beeinflussen. Für die Heilung der emotionalen Ebene ist es wichtig, daß wir zwischen Denken und Fühlen zu unterscheiden lernen. Wenn ein Teilnehmer zu Beginn eines Seminars gefragt wird, wie er sich *fühlt*, wenn ihm zum Beispiel von seinem Chef unerwartet gekündigt wird, lautet die Antwort oft in etwa so: »Also, er hatte keinen Grund, das zu tun. Ich habe meine Arbeit immer wirklich gut gemacht!« Das ist eine gedankliche Reaktion. Eine gefühlsmäßige Reaktion wäre: »Ich bin wütend! Und ich habe Angst!«

Unsere Gedanken sind eng mit unserem bewußten Verstand und unserem Willen verknüpft, während unsere Gefühle aus einer tieferen, weniger rationalen Ebene stammen. Unsere Gedanken können wir uns bis zu einem gewissen Grad aussuchen, doch bei unseren Gefühlen haben wir nur die Wahl, wie wir mit ihnen umgehen. Der Angestellte, dem gekündigt wurde, könnte sich zum Beispiel dafür entscheiden, Rachegedanken gegen seinen Chef zu hegen, oder er könnte beschließen, sich wegen eines neuen Arbeitsplatzes Gedanken zu machen. Die unterschwelligen Gefühle der Wut und Angst sind jedoch immer da, egal worauf er sich gedanklich konzentriert. Er kann nur wählen, wie er mit diesen Gefühlen umgeht. Er kann deprimiert zu Hause sitzen, ins Büro gehen und seinen Chef anschreien oder mit einem Freund oder einem Therapeuten über seine Gefühle sprechen und sich dann nach einem neuen Job umschauen. Mit anderen Worten, er kann seine Gefühle unterdrücken, sie ausagieren, oder aber sie erforschen, ausdrücken und akzeptieren und dann auf angemessene Weise für sich selbst sorgen.

Es ist manchmal ziemlich erschreckend zu sehen, wie wenig Menschen den Vorgang der emotionalen Heilung wirklich verstehen – selbst unter Therapeuten und Heilern, von denen man doch eigentlich erwarten müßte, daß sie den Menschen bei diesem Prozeß helfen. Viele professionelle Therapeuten, die in der Lage sind, ihren Klienten bis zu einem bestimmten Punkt zu helfen, wissen nicht, wie man sie durch tiefere Ebenen der emotionalen Heilung führt. Das liegt zum Teil daran, daß viele von ihnen nur wenig oder gar nicht an ihren eigenen emotionalen Problemen gearbeitet haben, was aber unbedingt nötig ist, um andere erfolgreich durch eine Therapie begleiten zu können. Zum Glück ändern sich all diese Dinge allmählich; jeden Tag lernen wir mehr über das emotionale Heilen, und immer mehr Menschen haben den Mut, sich auf diesen Prozeß einzulassen. Ich halte mich selbst in dieser Hinsicht gewiß nicht für eine Expertin, aber ich habe aus der Arbeit mit einigen ausgezeichneten Lehrern eine Menge gelernt. Ich lernte, indem ich durch meinen eigenen tiefen emotionalen Heilungsprozeß hindurchging und indem ich viele andere Menschen durch den ihren führte.

Als Kinder hatten wir viele starke Gefühle. Damals brauchten wir Menschen, die unsere Gefühle beachteten und in angemessener Weise auf sie reagierten. Es war wichtig, daß wir Sätze hörten wie: »Ich kann verstehen, daß du wütend bist, weil dein Bruder nach draußen durfte und du nicht.« Oder: »Du bist sehr traurig, weil Großpapa krank ist, nicht wahr?«

Als Kinder sind wir darauf angewiesen, daß unsere Eltern, Verwandten, Lehrer und unsere sonstige Umwelt uns die Gültigkeit unserer Gefühle bestätigen. Wir brauchen die Gewißheit, daß wir ein Recht auf unsere Gefühle haben und daß sie nicht schlecht oder böse sind. Es ist wichtig für uns, daß die anderen uns verstehen und mit uns mitfühlen, wenn wir starke Gefühle durchleben.

Daß man die Gefühle von Kindern respektiert, bedeutet natürlich nicht, daß sie tun und lassen können, was sie wollen. Kinder brauchen klare Grenzen ebenso sehr wie die Gewißheit, daß ihre Gefühle in Ordnung sind. Wenn ein Vater oder eine Mutter einem Kind sagt: »Du kannst jetzt nicht draußen spielen«, sollte er oder sie dabei auch die Gefühle des Kindes anerkennen: »Ich weiß, daß du jetzt enttäuscht bist. Ich kann verstehen, daß du wütend bist, weil du gerne draußen radfahren würdest!«

Weil unsere Eltern und sonstigen Verwandten als Kinder keine Unterstützung bei ihren eigenen emotionalen Erfahrungen erhielten, wußten sie auch nicht, wie sie uns in dieser Hinsicht helfen sollten. Oft reagierten sie so, daß bei uns der Eindruck entstand, unsere Gefühle seien falsch, unangemessen oder inakzeptabel: »Es gibt keinen Grund, sich so zu benehmen.« Oder: »Hör auf zu weinen! So schlimm ist es doch gar nicht!« Oder, klassisch: »Große Jungen (oder Mädchen) weinen nicht.« So lernten die meisten von uns, die eigenen Gefühle zu verbergen und anderen gegenüber das zur Schau zu stellen, was allgemein akzeptiert wird.

Als Eltern behandeln wir unsere Kinder dann oft so, wie wir selbst früher behandelt wurden. Wir neigen dazu, die gleichen Ansichten und Verhaltensweisen an sie weiterzugeben, die uns von unseren Eltern beigebracht wurden. Wenn unsere Eltern uns beibrachten, daß Wut und Angst »inakzeptable« Gefühle sind, und wir uns nie von diesem Glauben befreiten, werden wir diese Botschaft auch unseren Kindern vermitteln. Und dann werden sie wegen ihrer Gefühle genauso verwirrt sein wie wir wegen den unseren.

Sosehr Eltern sich auch bemühen mögen – und sie tun im Rahmen ihrer Möglichkeiten immer ihr Bestes –, Kinder erleben stets ein gewisses Maß an unvermeidlichem emotionalem Schmerz und Einsamkeit. Weil wir als Kinder so verwundbar sind, werden wir von solchen Erfahrungen tief verletzt und tragen diese Wunden für den Rest unseres Lebens in uns – es sei denn, wir entschließen uns zu bewußter emotionaler Heilungsarbeit.

Bei emotionaler Heilungsarbeit lernen wir, uns selbst zu geben und uns von anderen geben zu lassen, was wir als Kinder nicht bekamen. Wir lernen, unsere Gefühle zu akzeptieren und zuzulassen und diese Gefühle anderen auf eine Weise mitzuteilen, daß sie uns verstehen. Emotionale Heilung wird möglich, wenn wir die Erfahrung machen, daß es einen anderen Menschen gibt, mit dem wir über unsere Gefühle sprechen können, der uns versteht und sich mitfühlend verhält.

Wenn wir Gefühle sehr stark unterdrückt oder geleugnet haben, brauchen wir oft eine sichere Umgebung und einen erfahrenen Therapeuten, der uns hilft, mit ihnen in Kontakt zu kommen, sie zu erleben und loszulassen. Dann müssen wir Wege finden, den Kontakt zu unseren Gefühlen aufrechtzuerhalten und sie zuzulassen, wenn sie auftreten. Es ist wichtig, die Bedürfnisse zu erkennen, die hinter den Gefühlen stehen, und dann zu lernen, diese Bedürfnisse anderen Menschen gegenüber angemessen zu äußern. Hinter den meisten Emotionen stehen unsere grundlegenden Bedürfnisse nach Liebe, Anerkennung, Sicherheit und Selbstachtung. Wir müssen erkennen, daß tief in uns immer noch ein verwundbares Kind existiert, und für dieses innere Kind liebevoll Mutter oder Vater sein.

Wenn wir in diesem Leben unser Menschsein in seiner ganzen Fülle erfahren möchten, müssen wir zunächst die Wunden aus unserer Kindheit und Jugend heilen. Diese tiefgreifende emotionale Heilung braucht ihre Zeit. Sie läßt sich nicht überstürzen oder herbeizwingen. Sie entfaltet sich auf ihre eigene Weise, und manchmal dauert es mehrere Jahre, bis auch die tieferen Persönlichkeitsebenen geheilt sind. Zum Glück wird unser Leben mit jeder geheilten Ebene erfüllter und reicher.

Unsere Gefühle sind ein wichtiger Teil der Lebenskraft, die uns ständig durchströmt. Wir blockieren den natürlichen Fluß dieser Lebenskraft, wenn wir es uns nicht gestatten, unsere Emotionen vollständig zu erleben. Die Energie staut sich in unserem Körper, und wenn sie nicht wieder zum Fließen gebracht wird, bestehen diese Staus jahre- oder gar lebenslang. Das führt zu emotionalen und körperlichen Schmerzen und Erkrankungen. Unterdrückte Gefühle = blockierte Energie = emotionale und körperliche Leiden.

Wenn wir unsere Emotionen akzeptieren, sie spüren und anderen auf konstruktive, angemessene Art mitteilen, können sie frei in uns fließen. Dann bewegt sich der Strom der Lebenskraft frei und ungehindert durch unseren physischen Körper, was emotionale und körperliche Heilung bewirkt. Zugelassene Gefühle = frei fließende Energie = emotionales und körperliches Wohlbefinden.

Ich benutze gerne die Analogie, daß unsere Emotionen so wechselhaft wie das Wetter sind – manchmal dunkel, manchmal hell, einmal wild und intensiv, dann wieder ruhig und friedlich. Kontrolle über die eigenen Gefühle zu erlangen ist ein ebenso vergebliches und sinnloses Unterfangen wie der Versuch, das Wetter zu kontrollieren! Außerdem wäre das Leben ziemlich langweilig, wenn wir immer Sonnenschein und exakt einundzwanzig Grad hätten. Wenn wir die Schönheit des Regens, des Windes und des Schnees ebenso zu schätzen wissen wie die Sonne, sind wir frei, das Leben in seiner ganzen Fülle zu genießen.

ÜBUNG

Heilung auf der emotionalen Ebene

Wenn Sie während des Tages spüren, daß Sie sich nicht wohl fühlen, probieren Sie folgende einfache Übung aus:

Legen oder setzen Sie sich bequem hin, und konzentrieren Sie sich für einen Moment auf die Stelle Ihres Körpers, wo Sie Beschwerden haben. Denken Sie daran, daß aufgestaute Emotionen im Körper Spannungen, Schmerzen oder andere Mißempfindungen verursachen. Für gewöhnlich werden Sie diese Beschwerden irgendwo im Rumpf spüren. Wenden Sie sich ihnen mit liebevoller, mitfühlender Aufmerksamkeit zu. Spüren Sie den Empfindungen nach, die Sie in diesem Körperbereich fühlen. Wenn Ihre Gedanken zwischendurch abschweifen, konzentrieren Sie sich immer wieder auf Ihre körperlichen Empfindungen. Erlauben Sie Ihrer intuitiven Führung, Ihnen Einsichten über Ihre Beschwerden zu vermitteln. Das erreichen Sie, indem Sie fragen: »Gibt es etwas, das ich wissen sollte?« Bleiben Sie dann mit Ihrer Aufmerksamkeit bei den körperlichen Beschwerden. Versuchen Sie, einen Eindruck davon zu bekommen, was dort in Ihrem Körper geschieht. Auch wenn sich keine besonderen Erfahrungen einstellen, wird der Umstand, daß Sie sich auf die betreffende Stelle konzentrieren und sich in sie hineinfühlen, helfen, die gestaute Energie wieder in Fluß zu bringen.

Heilung auf der körperlichen Ebene

*Heilung auf der körperlichen Ebene wird möglich, wenn
wir wieder lernen, unseren Körper zu spüren, auf ihn zu
hören und ihm zu vertrauen. Unser Körper ... teilt sich
uns klar und genau mit, wenn wir bereit sind,
ihm zuzuhören.*

Da der physische Körper unsere spirituellen, geistigen und
emotionalen Wesensteile beherbergt, spiegelt sich jede Heilungsarbeit, die wir auf den anderen drei Ebenen leisten, in unserem körperlichen Wohlbefinden wider. In unserem Körper integrieren wir alle vier Existenzebenen und bringen sie zum
Ausdruck. Je bewußter wir auf den anderen Ebenen werden,
desto lebendiger fühlen wir uns im Alltag. Durch die Heilung auf
den anderen Ebenen werden wir frei, unsere Aufmerksamkeit
stärker auf den gegenwärtigen Augenblick zu richten. Wir
spüren, daß wir besser in Kontakt mit unserem Körper sind und
mehr in ihm leben.

In der modernen Kultur werden wir im allgemeinen nicht
dazu ermutigt, respektvoll und einfühlsam mit unserem Körper
umzugehen. Viele von uns sind sich ihrer wirklichen körperlichen Bedürfnisse kaum noch bewußt. Ein klarer Beweis dafür
ist die sitzende, unkörperliche Lebensweise vieler modernen
Stadtmenschen. Man sieht es an den Betondschungeln, den häß-
lichen Städten und Vororten, die wir Menschen überall bauen.
Millionen Menschen leben und arbeiten Tag für Tag in Gebäu-
den, in denen sie völlig von allem Natürlichen abgeschnitten
sind. In vielen dieser Gebäude lassen sich die Fenster nicht öffnen, und es gibt kein natürliches Licht. Und, was das schlimmste
ist, wir verschmutzen unsere Luft und unser Wasser und verseu-
chen die Böden, auf denen wir unsere Nahrung erzeugen, mit
giftigen Chemikalien.

So wie unser physischer Körper die physische Manifestation
und der Träger unseres individuellen Bewußtseins ist, handelt
es sich bei der Erde um die physische Manifestation und das

120

Heim unseres kollektiven Bewußtseins. Unser Wissen und unsere Einstellung bezüglich der physischen Ebene zeigt sich daher an der Art, wie wir mit unserem eigenen Körper und mit dem Erd-Körper umgehen.

Ein Grund dafür, daß wir so abgetrennt von unserer Körperlichkeit sind, liegt in der wachsenden Betonung des Intellektuellen während der letzten Jahrhunderte und besonders im 20. Jahrhundert. Unser Ehrgeiz, den geistigen Bereich zu erforschen, und das daraus resultierende technologische Zeitalter entfremdeten uns von unserem natürlichen körperlichen Dasein.

Auch die traditionelle spirituelle Sicht, wie sie von den meisten Weltreligionen vertreten wurde, trug zu unserer Abgetrenntheit vom körperlichen Bereich bei. Der Körper wird als Feind des Geistes betrachtet, als Sitz der menschlichen Wünsche, Emotionen, Bindungen und Leidenschaften. Und das Ziel dieser Religionen besteht darin, diese menschlichen Neigungen zu überwinden und sich darüber zu erheben. Der Körper wird deshalb verachtet – man hält ihn gegenüber Geist und Seele für minderwertig oder sogar für schlichtweg böse. Also wird der Körper entweder ignoriert oder verunglimpft.

Wir alle werden mit einem natürlichen Sinn für die Bedürfnisse und Empfindungen unseres Körpers geboren, aber wir haben gelernt, den Körper buchstäblich auszublenden. Mit Ausnahme von extremen Belastungssituationen ignorieren wir ihn völlig. So lernt der Körper schnell, daß er krank werden oder einen Unfall erleiden muß, um Aufmerksamkeit zu erhalten. Und selbst dann besteht diese Aufmerksamkeit oft nur darin, die Symptome so schnell wie möglich zu unterdrücken oder loszuwerden, damit wir unsere unbewußte Lebensweise weiter fortsetzen können. Wir lernen, der Suche nach den tieferliegenden Ursachen für unsere körperlichen Probleme auszuweichen – der Botschaft, die der Körper uns in Wahrheit mitzuteilen versucht.

Zwar glauben viele von uns, sie würden ihrer körperlichen Gesundheit eine Menge positive Aufmerksamkeit widmen, weil sie sich für Ernährung, Sport und Entspannungstraining interessieren. Doch allzuoft zwingen wir unseren Körper zu Dingen, die wir vom intellektuellen Standpunkt her für gut halten – etwa eine strikte Diät oder ein anstrengendes Trainingsprogramm. Besser wäre es, auf die Botschaften zu hören, die der Körper uns mitteilen möchte. Selbst Entspannungstechniken, die dazu dienen sollen, Streß abzubauen, können dazu mißbraucht werden, die Botschaften des Körpers abzublocken, statt für größere körperliche Bewußtheit zu sorgen.

Besonders stark werden die Signale des Körpers durch den Gebrauch von Drogen unterdrückt. Wir leiden gegenwärtig unter einer epidemischen Ausbreitung von Drogen-, Alkohol-, Nikotin-, Freß- und anderen Süchten, weil die Menschen verzweifelt versuchen, so ihrem emotionalen und spirituellen Schmerz zu entkommen. Glücklicherweise erkennen immer mehr Menschen, wie sinnlos und zerstörerisch dieser Umgang mit ihren Problemen ist, und beginnen, nach Heilung zu suchen. Vermutlich ist bei der Mehrheit der Menschen ein solches Suchtproblem der Grund, sich auf einen Wandlungsprozeß einzulassen – durch Zwölf-Stufen-Programme wie die Anonymen Alkoholiker und andere Therapieformen.

Trotzdem sind wir immer noch eine suchtorientierte Gesellschaft. Wir neigen dazu, die Kommunikation mit unserem Körper abzublocken, indem wir Pillen schlucken oder Drogen konsumieren. Eine der heimtückischsten, weil kaum als Problem wahrgenommenen Süchte ist der Kaffeekonsum. Kaffee ist überall erhältlich. Eine sehr große Zahl von Menschen trinkt ihn, und er reizt ständig das Nervensystem, so daß wir unsere natürliche Energie nicht mehr richtig spüren und ihr nicht mehr folgen.

Da wir keine Verantwortung mehr für unser körperliches Wohlergehen übernehmen wollen, sind wir in Fragen der körperlichen Gesundheit übermäßig von äußeren Autoritäten abhängig geworden. Natürlich ist es ratsam, Ärzte oder andere geschulte Fachleute zu konsultieren, wenn wir medizinische Hilfe benötigen. Aber es muß ein Gleichgewicht bestehen zwischen fremder Hilfe auf der einen und Selbstbewußtheit und Selbstvertrauen auf der anderen Seite. Wir sollten Ärzte und andere professionelle Helfer nicht als absolute Autoritäten betrachten, sondern als »Sachverständige«, die uns auf unserem Weg zur Gesundheit assistieren.

Eine meiner Freundinnen ging wegen einer Geschwulst am Fuß zu einem Arzt, der ihr sehr empfohlen worden war. Der Arzt riet zur Operation. Meine Freundin ließ sich operieren, was jedoch nicht den gewünschten Erfolg hatte. Längere Zeit litt sie danach unter starken Schmerzen. Sie konsultierte einen anderen Arzt, der ihr sagte, daß die Operation nach seiner Auffassung nicht nötig gewesen wäre. Meiner Freundin wurde klar, daß sie, als der erste Arzt ihr zur Operation riet, überhaupt nicht auf ihr eigenes Gefühl geachtet hatte. Der Gedanke, zumindest noch eine zweite Meinung einzuholen, ehe sie dem Rat des ersten Arztes folgte, war ihr gar nicht gekommen. Damit will ich keineswegs behaupten, daß es immer ratsam ist, eine zweite Meinung einzuholen; eher möchte ich dazu anregen, nicht nur auf die Meinung eines Experten, sondern auch auf den eigenen Menschenverstand zu hören.

Heilung auf körperlicher Ebene wird möglich, wenn wir wieder lernen, unseren Körper zu spüren, auf ihn zu hören und ihm zu vertrauen. Unser Körper weiß oft genau, was er braucht. Er teilt sich uns klar und genau mit, wenn wir bereit sind, ihm zuzuhören. Wir müssen die Fähigkeit kultivieren, die Signale unseres Körpers richtig zu verstehen und zu deuten.

Unser Körper teilt uns seine physischen Bedürfnisse mit – wann er essen möchte, wann und wie er ruhen, sich bewegen oder von anderen Menschen berührt werden möchte. Wenn wir künstliches, suchthaftes Verlangen – nach Alkohol, Drogen, Koffein, Zucker, zuviel Essen, zuviel Training, usw. – überwunden haben und die echten Wünsche und Reaktionen unseres Körpers erkennen können, verfügen wir dadurch über einen verläßlichen Wegweiser für unsere physischen Bedürfnisse. Wenn wir lernen, auf unseren Körper zu hören und seine Botschaften zu beachten, sind wir auf dem Weg zur Gesundung.

Denken Sie daran, daß Ihr Körper Ihnen wichtige Hinweise auf Ihre spirituellen, geistigen und emotionalen Bedürfnisse geben kann. Wenn Sie auf einer der anderen Ebenen ein Bedürfnis ignoriert haben – sagen wir, Sie haben einem Wunsch nach spiritueller Energie keine Beachtung geschenkt –, wird sich dieses Bedürfnis irgendwann im Körper manifestieren, vielleicht in Form von Kopfschmerzen oder einer Infektion der oberen Atemwege. Das gilt besonders für verdrängte Gefühle, wahrscheinlich weil dieser Bereich von uns besonders stark unterdrückt oder vernachlässigt wird; wenn wir uns nicht um unsere Gefühle und emotionalen Bedürfnisse kümmern, werden sie irgendwann durch körperliche Beschwerden und Erkrankungen auf sich aufmerksam machen. Ich bin davon überzeugt, daß die meisten, wenn nicht alle körperlichen Krankheiten spirituelle, geistige und emotionale Ursachen haben.

Generell ist eine Erkrankung oder ein Unfall ein Zeichen, daß wir uns intensiver mit unseren Bedürfnissen und Gefühlen beschäftigen und unserer inneren Führung mehr Aufmerksamkeit schenken sollten. Krankheit oder Unfall können Symptom für einen inneren Konflikt sein, mit dem wir uns bewußt auseinandersetzen sollten. Meine Freundin und Managerin Kathy Altman ist ein wunderbar fürsorglicher und verantwortungsbewußter Mensch. Wenn es darum geht, sich um die Bedürfnisse anderer zu kümmern, macht sie ihre Sache großartig. Doch selbst die Hilfe anderer in Anspruch zu nehmen, fällt ihr nicht leicht. Einmal, als wir ein großes Retreat auf Hawaii organisierten, verletzte sie sich den Knöchel und konnte sich dadurch nicht mehr selbst um die Logistik kümmern. Sie war gezwungen, andere um Hilfe und Unterstützung zu bitten. Das fiel ihr schwer, war aber, natürlich, eine heilsame Erfahrung für sie. Und alle anderen waren froh, einmal etwas für Kathy tun zu können.

Die Tatsache, daß es eine Beziehung zwischen körperlichen Erkrankungen und emotionalen oder anderen Ursachen gibt, *heißt nicht, daß wir versagt haben, wenn wir krank werden!* Nur zu oft machen sich Menschen, die die Idee akzeptiert haben, daß es spirituelle, geistige und emotionale Ursachen für körperliche Krankheiten gibt, schwere Selbstvorwürfe. Sie glauben, sie hätten ihre Erkrankung verhindern können, wenn sie nur ihre innere Arbeit gut genug gemacht hätten.

Leider fördern viele Lehrer und Heiler ungewollt solche

Schuld- und Schamgefühle, indem sie behaupten, man könne sich durch die richtigen Affirmationen, die richtige Ernährung oder was auch immer perfekt gesund erhalten. Natürlich sind die Dinge in Wahrheit komplizierter. Auch wenn wir eine strikte Diät einhalten, täglich meditieren, unseren Körper trainieren, oft ausdrücken, was wir fühlen, und Affirmationen und Visualisierungen einsetzen, können wir trotzdem noch krank werden! Das Bewußtsein arbeitet auf komplexe, oft rätselhafte Weise. Wir können nicht immer genau ergründen, warum etwas geschieht. Denken Sie daran, daß unsere Seele jeden verfügbaren Weg nutzt, um uns zu erziehen und zu erleuchten.

Eine körperliche Erkrankung ist nicht notwendigerweise etwas Negatives. Sie ist immer eine Gelegenheit zu lernen, zu wachsen und auf allen Ebenen heiler zu werden – nicht nur für die erkrankte Person selbst, sondern auch für ihre Angehörigen. Das gilt für geringfügige und für schwere Krankheiten oder Unfälle, wobei natürlich die Lernintensität mit der Schwere des Problems zunimmt. Auch wenn das nur schwer zu akzeptieren ist, jedes körperliche Leiden kann als Geschenk betrachtet werden, als eine Gelegenheit, mehr über uns selbst und unser Leben herauszufinden. Die Chance für echten Wandel und Fortschritt ist dabei immer gegeben.

Am konstruktivsten und wirkungsvollsten geht man mit einer Krankheit um, indem man sich klarmacht, daß man sie hat, daß man deswegen nicht »schuldig« ist und daß sie eine Chance darstellt, das eigene Bewußtsein zu erweitern und zu vertiefen.

Natürlich empfindet man eine akute Erkrankung für gewöhnlich nicht als Chance für Wachstum und Wandel. Statt dessen hat man Schmerzen, ist verängstigt, verwirrt und entmutigt. Zum Heilungsprozeß gehört dazu, daß wir solche Gefühle zulassen. Es kann hilfreich sein, wenn man die Erfahrung in einen größeren Rahmen einordnet, etwa so: »Obwohl meine Beschwerden sehr schlimm sind und ich das alles nicht verstehe, weiß ich doch, daß es dabei für mich etwas zu lernen gibt und ich so heiler werden kann. Ich bin offen dafür, dieses Geschenk anzunehmen. Wenn die Zeit dafür reif ist, werde ich die Zusammenhänge verstehen.« Dadurch ermächtigen wir unsere innere

Führung, uns zu zeigen, was wir aus dieser Erfahrung lernen sollen.

Vor kurzem erkrankte ich an einer schweren Grippe – an einem wahrhaft höllischen Virus! Seit Monaten hatte ich unter großem Streß gestanden, was unter anderem mit dem Schreiben dieses Buches zusammenhing. Als die Grippe mich erwischte, hatte ich immer noch genausoviel Streß wie sonst, aber es ging mir so schlecht, daß ich nichts tun konnte außer im Bett liegen. Es war unangenehm, plötzlich meinen Pflichten nicht nachkommen zu können. Ich hatte für nichts Energie – ein seltsames Gefühl, denn ich bin sonst immer gesund und energiegeladen.

Die Symptome wollten fast zwei Wochen lang nicht weichen. Ich verfiel in tiefe Depression, wobei einige sehr düstere Gefühle der Hoffnungslosigkeit und Sinnlosigkeit in mir zum Vorschein kamen. Mit Hilfe eines befreundeten Therapeuten gelang es mir schließlich, die zugrundeliegenden Emotionen aufzuspüren. Ich hatte mich selbst zwei oder drei Monate lang unter Druck gesetzt, hatte so viel auf einmal tun wollen (ein Verhaltensmuster, zu dem ich neige), daß mein inneres Kind ganz mutlos geworden war. Es glaubte, es würde nie wieder Ruhe, Zuwendung und Spaß erleben! Nachdem ich diese Gefühle herausgelassen hatte, ging es mir seelisch viel besser, und am nächsten Tag verschwanden auch meine körperlichen Symptome.

Seither sorge ich in meinem Leben für ein ausgewogeneres Verhältnis von harter Arbeit zu Ruhe und Vergnügen. Dieses Problem machte mir schon seit Jahren zu schaffen, und die Krankheit hat mich hier offenbar auf eine neue Ebene der Heilung geführt. Außerdem kann ich mich jetzt viel besser in Menschen hineinfühlen, die unter Depressionen leiden. Dieses Gefühl, dem Leben nicht gewachsen zu sein, war ziemlich neu für mich, und ich weiß nun, wie sehr es einen verängstigen und schwächen kann. So kann ich Menschen, die unter ähnlichen Symptomen leiden, heute viel einfühlsamer und kompetenter Beistand leisten.

Meine Erkrankung war ganz klar eine Kombination aus physischen (es grassierte gerade ein sehr ansteckender Virus) und emotionalen Faktoren (ich war gestreßt und brauchte eine Pause). Ich weiß nicht, was zuerst da war, der Virus oder die Überarbeitung, aber sie wirkten zusammen. Und das Resultat war für mich ein Geschenk. Jetzt fühle ich mich großartig! Das war also keine Erfahrung, die ich hätte vermeiden sollen oder können. Sie war ein perfekter Schritt auf meiner Reise.

Natürlich steht bei lebensbedrohenden Krankheiten oder Unfällen weit mehr auf dem Spiel, und deshalb sind die Gefühle dabei viel intensiver. Doch um so größer ist dann auch die Chance für persönliches Wachstum. Viele Menschen machen die Erfahrung, daß eine gefährliche Krankheit ihnen zu wesentlichen neuen Einsichten verhilft, die ihr ganzes Leben verändern.

Um es erneut zu betonen: Wir sollten es vermeiden, uns selbst oder andere Menschen wegen einer schweren Krankheit und deren möglichen Folgen zu verurteilen. Wir müssen begreifen, daß der Tod eine legitime und positive Wahl sein kann. Wer sind wir, daß wir die Reise unserer eigenen oder der Seele eines anderen Menschen beurteilen könnten? Eine lebensbedrohende Krankheit kann einen Menschen veranlassen, sich für das Leben zu entscheiden und jene Änderungen herbeizuführen, die eine Heilung ermöglichen.

Ebenso mag sich ein anderer Mensch bewußt oder unbewußt für den Tod entscheiden. Vielleicht hat diese Person ihre Aufgabe in diesem Leben erfüllt. Oder sie hat das Gefühl, die nächsten Schritte besser auf einer anderen Existenzebene oder in einem anderen Leben tun zu können.

Ein Freund erzählte mir kürzlich vom Tod seiner Mutter. Er berichtete, wie er während ihrer letzten Lebenswochen an ihrem Bett gesessen hatte. Zuerst weigerte sie sich, ihre tödliche Erkrankung zu akzeptieren, doch schließlich gelangte sie zu einem friedlichen und bewußten Sterben. Sie war Mitte Achtzig und hatte das Gefühl, sich alle ihre Träume erfüllt zu haben. Sie war sehr zufrieden mit ihrem Leben. Sie hatte einen sehr großen Tumor in der Bauchspeicheldrüse. Als ihr Arzt eines Tages den Tumor berührte und sie fragte, ob ihr das Schmerzen bereite, erwiderte sie lächelnd: »Oh, nein. Ich bin dankbar, daß ich ihn habe. Er ermöglicht es mir, dieses Leben zu verlassen und weiterzugehen.«

Wenn Sie an einer lebensbedrohenden Krankheit leiden, ist es sehr wichtig, daß Sie mit jenem Teil in Ihnen Verbindung aufnehmen, der sterben möchte und sich für den Tod entschieden hat. Finden Sie heraus, warum er diese Entscheidung gefällt hat. Geben Sie diesem Gefühl freien Ausdruck. Sie sollten sich auch jenen Teil in Ihnen bewußtmachen, der leben möchte. Finden Sie heraus, warum dieser Teil sich für das Leben entscheidet. Machen Sie sich den Konflikt zwischen diesen beiden Teilen bewußt; meditieren Sie so lange wie nötig über diesen ungelösten Konflikt, bis sich auf irgendeine Weise eine Lösung abzeichnet. Dazu brauchen Sie möglicherweise die Hilfe eines auf diesem Gebiet erfahrenen Therapeuten oder Beraters.

Der Gedanke, daß es in Ihnen einen Teil gibt, der sterben *will*, mag Sie schockieren. Es kann sein, daß Ihnen dieser Teil in keiner Weise bewußt ist. Das ist bei den meisten von uns der Fall. Dennoch habe ich die Erfahrung gemacht, daß bei jedem lebensgefährlich erkrankten Menschen ein Teil seiner Psyche den Tod herbeiwünscht, bewußt oder unbewußt. Oft ist der Grund für diesen Todeswunsch bei dem verletzlichen Kind in uns zu suchen, dessen Bedürfnisse ungestillt bleiben. Manchmal steckt auch ein sehr ausgeprägter innerer Kritiker oder Tyrann dahinter, der ein Gefühl des Selbsthasses erzeugt.

In manchen Fällen ist es der Körper, der sich abgelehnt und vernachlässigt fühlt, vielleicht weil die betreffende Person eine transzendente spirituelle Philosophie hat und den Körper deshalb als unwichtig, irreal oder sogar als verdorben betrachtet. Oder es gibt einen spirituellen Wesensanteil, der ganz einfach weitergehen möchte, wie bei der zuvor erwähnten Mutter meines Freundes. Indem wir Verbindung mit den Teilen unserer Persönlichkeit aufnehmen, die sterben wollen, und mit denen, die weiterleben wollen, können wir erreichen, daß diese Wahl auf einer bewußteren Ebene getroffen wird.

Eine der besten Methoden für diese Arbeit ist der Stimmendialog, den ich im Kapitel »Die vielen Teile unseres Selbst entdecken« beschreibe. Sie können auch Tagebuch führen oder mit

Ihrer nichtdominanten Hand schreiben. (Beachten Sie dazu bitte die Bücher von Deena Metzger und Lucia Capacchione, die bei den Literaturempfehlungen am Ende des Buches aufgeführt sind.) Natürlich können diese Techniken nur eine Ergänzung zu den erforderlichen medizinischen und/oder therapeutischen Maßnahmen sein.

Was können wir tun, um die physische Ebene unseres Seins zu heilen? Der erste Schritt, besonders wenn wir unter einer akuten oder ernsten Erkrankung leiden, besteht darin, daß wir uns unverzüglich einer wirkungsvollen Behandlung unterziehen. (Siehe unten.) Der zweite Schritt ist, sich darüber zu informieren, wie man seine Gesundheit dauerhaft erhalten und kräftigen kann. Das kann Behandlung und Unterstützung durch Schulmediziner und/oder alternative Therapeuten beinhalten. Der dritte Schritt, den man gleichzeitig mit dem ersten und zweiten tun kann, besteht in der Suche nach den emotionalen, geistigen und spirituellen Faktoren, die zu dem körperlichen Problem beitragen. Auch hierbei sollte man sachkundige Hilfe in Anspruch nehmen.

Nach einer geeigneten Behandlung für ein körperliches Problem zu suchen kann sehr verwirrend sein. Heutzutage gibt es hier eine große Auswahl: westliche Medizin, klassische chinesische Medizin, Ayurveda, Homöopathie, Pflanzen- und Naturheilkunde, Akupunktur, Chiropraktik, Massage und Körperarbeit, Bewegungstherapien sowie Diät und Ernährung.

Ich meine, daß alle diese Therapieformen und andere, die ich zu erwähnen vergessen habe, ihren Wert besitzen und in bestimmten Situationen sinnvoll sind. Ich habe im Laufe meines Lebens von beinahe allen profitiert. Viele von ihnen, darunter Hatha Yoga, Körpertraining, Massage, Chiropraktik, Akupunktur und gute Ernährung, sind fester Bestandteil meines Fitneß-Programms.

Inzwischen arbeiten immer mehr Ärzte und Kliniken mit einer Kombination aus Schulmedizin und alternativen Methoden. Solche Ärzte und Krankenhäuser können von unschätzbarem Wert sein, wenn wir von einer ernsten Erkrankung betroffen sind. Sie können Ihnen jene Informationen liefern, die Sie benötigen, um sich für die richtige Form der Behandlung zu entscheiden.

Es ist wichtig, daß Sie selbst herausfinden, was Ihnen am besten hilft, egal ob es darum geht, sich eine gute Gesundheit zu erhalten, ein akutes Problem zu behandeln oder nach einer radikalen Behandlung, etwa einer Operation, Kraft und Gesundheit zurückzugewinnen. Nach meiner Erfahrung wird man bei einem besonders akuten Problem eher auf die westliche Medizin zurückgreifen, weil sie bei akuten Symptomen und normalen körperlichen Störungen im allgemeinen die wirkungsvollste und schnellste Hilfe anzubieten hat. Bei subtileren Problemen sind einige der sogenannten alternativen Methoden oft effektiver. Zum Beispiel kann die westliche Medizin bei Rückenproblemen oft nicht helfen. Hier kann die Arbeit mit einem Chiropraktiker, einem Masseur oder Körpertherapeuten für eine allmähliche Heilung des Körpers sorgen, so daß sich schließlich Beschwerdefreiheit einstellt. In vielen Fällen ist das Können und die Weisheit desjenigen, der die Behandlung vornimmt, von größerer Bedeutung als die verwendete Methode.

Finden Sie soviel wie möglich über die Ihnen zur Wahl stehenden Behandlungsformen heraus, und vertrauen Sie dann darauf, daß Ihre innere Führung Ihnen sagt, welche für Sie am besten ist. Lassen Sie sich von den entsprechenden Fachleuten beraten, und hören Sie wirklich auf das, was sie Ihnen zu sagen haben. Besprechen Sie sich mit Freunden und Angehörigen. Gehorchen Sie dann Ihrem inneren Wahrheitssinn, und entscheiden Sie selbst, was für Sie das beste ist.

Wenn Sie sichergestellt haben, daß Ihr Körper die Hilfe bekommt, die nötig ist, sollten Sie Ihre Aufmerksamkeit den anderen Ebenen Ihres Seins zuwenden. Finden Sie heraus, welche emotionalen, geistigen und spirituellen Bedürfnisse Sie haben. Unternehmen Sie dann die nötigen Schritte, um diese Bedürfnisse zu befriedigen.

Denken Sie daran, daß unsere Körper auf wunderbare Weise kommunikativ sind. Sie teilen uns mit, was sie brauchen. Üben Sie sich in der Kunst, zu spüren und darauf zu lauschen, was Ihr Körper Ihnen sagen möchte. Wenn wir lernen, auf die Bedürfnisse unseres Körpers Rücksicht zu nehmen, stimmen wir uns dadurch wieder auf unsere natürlichen Rhythmen und auf die Erde ein.

Mutter Erde ist unsere größte Lehrerin. Wenn wir aufmerksam sind, können wir von ihr alles lernen, was wir über das Leben auf der physischen Ebene wissen müssen. Täglich, auf jede erdenkliche Weise, lehrt sie uns ihre natürlichen Rhythmen und Zyklen und alle natürlichen Gesetze des Lebens.

Die meisten Naturvölker besaßen ein tiefes Verständnis für die Verbundenheit zwischen Mensch und Erde. Ihre religiösen Vorstellungen basierten auf einem grundlegenden Bezug zwischen unserer »Mutter Erde« und dem körperlichen, emotionalen, geistigen und spirituellen Wohlergehen des einzelnen und der Gemeinschaft. In unserem wiedererwachten Interesse an der Weisheit der Naturvölker offenbart sich die Erkenntnis, daß wir von ihnen eine Menge darüber lernen können, wie man auf gesunde Art mit sich selbst, seinen Mitmenschen und der Erde umgeht.

Durch die Zwänge des modernen Lebens entfernen wir uns immer mehr von den natürlichen Zyklen und Rhythmen der Erde. Wir stehen auf, wenn der Wecker klingelt; wir gehen ins Bett, wenn die Elf-Uhr-Nachrichten vorbei sind. Wir richten unser Leben nach Dingen, die wir vom *Verstand* her für nötig halten, nicht nach unserem Gefühl für einen natürlichen Rhythmus. Doch sosehr wir uns auch von der Erde entfernt haben mögen, wir sind immer noch ein Teil von ihr. Dessen müssen wir uns bewußt werden. Wir müssen die Rhythmen der Erde respektieren und im Einklang mit ihnen leben.

Wir sind keine Maschinen, die Tag für Tag ohne Ende die gleiche Leistung erbringen können. Unser geistiger und emotionaler Zustand ist an sonnigen Sommertagen anders als an bewölkten Wintertagen. Und während eines Tages wirkt eine Vielzahl von subtilen Veränderungen auf uns ein. Wenn wir diese täglichen Unterschiede erkennen und verstehen, können wir uns besser auf den Fluß der Lebensenergie einstimmen.

Damit unser Kontakt zur Erde sich verbessert, sollten wir unbedingt täglich etwas Zeit im Freien verbringen, selbst wenn es nur ein paar kurze Augenblicke sind. Nur wenn wir diesen direkten Kontakt zur natürlichen Welt haben, können wir uns der feinen Veränderungen bewußt werden, die im Laufe des Jahres auftreten. Wenn Sie in der Stadt leben, ist es ein bißchen schwieriger, mit der Natur auf Tuchfühlung zu bleiben. Aber beinahe jeder kann draußen spazierengehen, den Himmel beobachten und Sonne und Luft spüren.

Tägliche körperliche Bewegung ist wichtig, um Körper und Seele gesund und glücklich zu erhalten. Wenn wir uns bewegen, kann uns die Lebenskraft frei durchströmen, unseren Körper heilen und regenerieren und uns Vergnügen und Freude schenken.

Ich bin überzeugt, daß das Leben in einem physischen Körper dazu bestimmt ist, eine ekstatische Erfahrung zu sein. Indem wir uns unserer Heilung und unserem Weg der Wandlung widmen, öffnen wir uns mehr und mehr für die vielen Segnungen des Lebens.

ÜBUNG

Bewegungsmeditation

Sorgen Sie dafür, daß Sie eine Zeitlang nicht gestört werden. (Schon allein das dürfte für die meisten Leute eine schwierige Übung sein!) Schieben Sie, falls nötig, die Möbel zur Seite, um genug Bewegungsfreiheit zu haben. Außerdem brauchen Sie einen Kassettenrecorder. Probieren Sie dann diese Bewegungsmeditation aus:

Tun Sie so, als sei Ihr Körper ein Musikinstrument, das für das Spiel in einem Orchester gestimmt werden muß. Lassen Sie Musik laufen, die Sie gern hören, und bewegen Sie sich sanft dazu.

Wenden Sie Ihre Aufmerksamkeit nun in natürlicher

Reihenfolge den Teilen Ihres Körpers zu. Beginnen Sie, indem Sie Ihren Kopf ein bis zwei Minuten im Rhythmus der Musik bewegen.

Bewegen Sie dann die Schultern für ein paar Minuten so, wie Sie möchten.

Widmen Sie sich jedem Ihrer Körperteile einige Minuten, bis der betreffende Teil warm wird und sich locker bewegt – Arme, Hände, Brust, Hüften, Schenkel, Knie und Füße.

Wenn sie bei den Füßen angelangt sind, können Sie, um sich weiter aufzuwärmen, die Übung in umgekehrter Reihenfolge wiederholen – Füße, Knie, Schenkel, Hüften und so weiter. Wenn Sie spüren, daß »Ihr Instrument gestimmt ist«, können Sie damit beginnen, Ihren ganzen Körper spontan zur Musik zu bewegen. Stellen Sie sich vor, daß die Klänge Sie regelrecht durchströmen, daß die Musik auf Ihrem Körper »spielt« wie auf einem Instrument.

Üben Sie diese Meditation eine Woche lang täglich mindestens zwanzig Minuten, und beobachten Sie, wie sich das auf Ihr Wohlbefinden auswirkt. Achten Sie darauf, welche Körperteile sich ausdrucksvoll bewegen. Welche fühlen sich steif an? Wenn Sie jedem Körperteil Zeit geben, sich auszudrücken, werden Sie schon bald Veränderungen bemerken.*

ÜBUNG

Kommunikation mit dem eigenen Körper

Nehmen wir einmal an, Sie haben Schmerzen im unteren Rückenbereich. Setzen Sie sich ruhig hin, und stel-

---

* Diese Übung habe ich von Gabrielle Roth übernommen, der Autorin des Buches *Das befreite Herz*. Sie hat dafür auch einige ausgezeichnete Musikkassetten produziert. (Siehe die Literaturempfehlungen im Anhang.)

len Sie sich vor, daß Sie mit diesem Teil Ihres Körpers ein Gespräch führen. Fragen Sie ihn, was er braucht oder sich wünscht. Fragen Sie ihn, ob er eine Botschaft für Sie hat. Die Antwort kann als Idee, als innere Stimme oder in Form eines Traumes oder Tagtraumes kommen. Sie können auch Tagebuch führen, wobei Sie mit Ihrer nichtdominanten (also bei Rechtshändern der linken) Hand aufschreiben können, was Ihr Körper oder ein Körperteil Ihnen zu sagen hat.

Das ist eine der besten Übungen, die ich kenne, um einen guten Kontakt zum eigenen Körper zu entwickeln. Je mehr Sie ein Gespür dafür entwickeln, was Ihr Körper Ihnen sagen möchte, desto mehr werden Sie nicht nur Ihre körperlichen Bedürfnisse erkennen, sondern auch die wahre Ursache ihrer Symptome. Und das ist der erste Schritt zu dauerhafter, stabiler Gesundheit.

Integration

Es gibt ein einfaches, allgemeingültiges Prinzip:
Alles im Universum möchte akzeptiert werden.
Alle Teile der Schöpfung möchten geliebt,
anerkannt und integriert
werden.

Ein Schlüsselwort auf dem Weg der Wandlung ist »Integration«. Das bedeutet, einfach ausgedrückt: »sich zu einem funktionierenden Ganzen verbinden.« In unserer gegenwärtigen Situation heißt das, daß wir in unserem Alltag Gott/das Universum/das Leben in allen Bereichen so weitgehend wie möglich entwickeln und verkörpern. Erfolgreich auf der Erde zu leben heißt, unsere animalischen (physischen), menschlichen (emotionalen und geistigen) und göttlichen (spirituellen) Wesensteile zu akzeptieren und zu integrieren.

In der physischen Welt herrscht Dualität. Es gibt eine unendliche Zahl von Polaritäten, das heißt, zu jeder Wahrheit scheint eine gleichwertige gegenteilige Wahrheit zu existieren. Da unsere Weltsicht stark vom technologischen, linearen Denken des späten 20. Jahrhunderts beeinflußt ist, erscheint uns die Existenz von Dualitäten – wonach jede Wahrheit ein polares Gegenstück hat – paradox und schwer verständlich. Um das Ganze zu verstehen und uns nicht von der dualistischen Welt, die wir geschaffen haben, verwirren zu lassen, müssen wir auf unsere intuitiveren, ganzheitlicheren Persönlichkeitsanteile zurückgreifen. Diese der rechten Gehirnhälfte zugeordneten Wesensteile haben keine Probleme damit, daß die Wahrheit paradox scheinen kann. Polaritäten zu erkunden ist ihnen nicht unangenehm.

Zu jeder wichtigen Energie in uns gibt es eine entgegengesetzte Energie, durch die sie ausgeglichen werden kann – zum Beispiel Tun und Sein, Geben und Empfangen, Stärke und Verletzlichkeit. Je mehr es uns gelingt, uns für diese Gegensätze in uns zu öffnen und sie zu akzeptieren, desto bewußter, integrierter und ausgeglichener werden wir. Das Leben bringt uns immer in Situationen, in denen wir besonders gut jene Fähigkeiten entwickeln können, die wir am meisten brauchen.

Wir können eine Energie nur dann voll leben, wenn wir auch ihr Gegenteil in unser Leben integrieren. Man kann sogar sagen, daß der Weg zu einer bestimmten Eigenschaft über ihr Gegenteil führt. Zum Beispiel können Sie nur wirklich stark sein, wenn Sie auch das Gegenteil dieser Eigenschaft akzeptieren – Ihre Schwäche und Verletzlichkeit. So wie nur unsere Bereitschaft zu lernen uns zu guten Lehrern macht, müssen wir unsere Torheit akzeptieren, um wirklich weise sein zu können.

Die meisten von uns sind sehr gut darin, die eine Seite einer bestehenden Polarität zu akzeptieren und auszudrücken. Auch die andere Seite zu akzeptieren und auszudrücken fällt uns jedoch nicht so leicht. Jemand gefällt sich vielleicht in einer Führungsrolle, ist aber unfähig, eine untergeordnete Position zu akzeptieren; ein anderer fühlt sich als Untergebener wohl, nicht jedoch als Vorgesetzter. Wieder ein anderer bleibt lieber auf sicherem neutralem Boden, weil er sich vor den Extremen fürchtet – d. h., er ist unfähig, zu führen und zu gehorchen. Wenn wir uns nur mit einer von zwei Polaritäten identifizieren, konfrontiert uns das Leben häufig mit dem Gegenteil. Fühlen wir uns dagegen nur in der Mitte wohl, führt es uns oft erst in das eine und dann in das andere Extrem.

Wenn wir unsere inneren Polaritäten integrieren möchten, dürfen wir keinen Teil von uns ablehnen, auch nicht jene Teile, die uns noch unangenehm sind. Wir halten einige unserer Gefühle, Gedanken und Energien für negativ, während wir andere Aspekte unserer selbst und des Lebens allgemein als positiv einordnen. Die negativen Dinge wollen wir nicht erleben und versuchen sie loszuwerden. Doch als negativ bezeichnen wir das, vor dem wir Angst haben und was wir nicht wirklich verstehen. Wir können es nicht loswerden, denn es ist ein Teil von uns und ein Teil des Lebens.

Das zu unterdrücken, was wir als »negative« Aspekte unserer Person betrachten, erfordert eine große Menge Energie. Wir berauben uns dadurch unseres Kraftpotentials. Indem wir immer mehr Energie dafür aufwenden, unsere »negativen« Wesensteile abzublocken, erschöpfen wir unsere Lebenskraft. Diese gegenseitige Blockade unserer Energien kann lebensgefährlich für uns werden!

Das Leben möchte uns lehren, die Tür zu öffnen und uns jene Teile unserer Person anzuschauen, die wir fürchten oder hassen, die wir für böse, häßlich und abstoßend halten. Das Leben hilft uns, jene verborgenen Aspekte in uns zu entdecken, die wir brauchen, nach denen wir uns sehnen und ohne die wir in Wahrheit nicht leben können.

Es gibt ein einfaches, allgemeingültiges Prinzip: Alles im Universum möchte akzeptiert werden. Alle Teile der Schöpfung möchten geliebt, anerkannt und integriert werden. Daher wird jede Eigenschaft oder Energie, gegen die Sie sich sperren, sich so lange immer wieder Ihrem inneren und äußeren Erleben aufdrängen, bis Sie sie akzeptieren und in Ihre Persönlichkeit und Ihr Leben integrieren.

Wenn man Ihnen beispielsweise beigebracht hat, daß es schlecht ist, Wut herauszulassen, und Sie Ihrer Wut deshalb nie Luft machen, wird sie sich mit der Zeit gewaltig in Ihnen aufstauen.

Schließlich könnte es zu einer regelrechten Explosion kommen, oder die unterdrückte Wut verwandelt sich in eine Depression, oder sie verursacht eine körperliche Erkrankung. Auch könnte es sein, daß Sie ständig wütende Leute anziehen oder daß Ihr Partner oder eines Ihrer Kinder sehr wütend ist. Wenn Sie jedoch lernen, Ihre Wut auf angemessene, konstruktive Weise auszudrücken, kann sie Ihnen Stärke verleihen und Ihr Leben bereichern. Wahrscheinlich wären dann auch die Menschen in Ihrer Umgebung nicht mehr so wütend.

Alles, was wir nicht mögen, was wir ablehnen und wovor wir davonzulaufen versuchen, wird uns ständig heimsuchen. Es wird uns auf die Nerven gehen. Es wird uns bis in unsere Träume hinein verfolgen. Es wird uns so lange zwischenmenschliche, gesundheitliche, finanzielle Probleme verursachen, bis wir bereit und fähig sind, es anzuschauen und es als Teil von uns zu akzeptieren. Wenn wir das tun, ist die betreffende Sache nicht länger ein Problem für uns. Dann wird unser

Leben nicht länger davon beherrscht, und es tun sich uns viele neue Möglichkeiten auf.

Wie läßt sich nun der Integrationsprozeß bewerkstelligen, den ich hier beschreibe? Damit werden sich die folgenden Kapitel befassen.

Die vielen Teile unseres Selbst entdecken

Es ist eine Tatsache, daß es in jeder Persönlichkeit viele verschiedene Unterpersönlichkeiten gibt. Wir müssen uns dieser Unterpersönlichkeiten bewußt werden, um unsere inneren Konflikte und unsere Inkonsequenz besser verstehen zu können.

Als moderne, zivilisierte Erwachsene erwarten wir von uns, daß wir die meiste Zeit auf eine rationale, folgerichtige Art denken und uns verhalten. Tatsächlich ist es aber so, daß unsere Gefühle und unser Verhalten oft von Stunde zu Stunde oder von einem Tag zum nächsten ziemlich inkonsequent sind. Beispielsweise sind wir zu einem bestimmten Zeitpunkt sehr sicher und vertrauensvoll, um dann kurze Zeit später das genaue Gegenteil zu empfinden – Unsicherheit, Verwirrung, Angst. Darüber hinaus erleben wir oft innere Konflikte, bewußt oder unbewußt. Ein Teil von uns möchte vielleicht in unserem Leben eine radikale Veränderung herbeiführen, etwa eine Anstellung kündigen oder eine Beziehung beenden, während ein anderer Teil den Status quo bewahren möchte. Oder aber ein Teil von uns möchte hart arbeiten und Erfolg haben, steht jedoch mit einem anderen Teil in Konflikt, der es sich bequem machen und das Leben leichtnehmen möchte.

Es ist eine Tatsache, daß es in jeder Persönlichkeit viele verschiedene Unterpersönlichkeiten gibt. Wir müssen uns dieser Unterpersönlichkeiten bewußt werden, um unsere inneren Konflikte und unsere Inkonsequenz besser verstehen zu können. Das Bewußtseinswachstum erfordert es, daß wir unsere vielen Unterpersönlichkeiten kennenlernen und in unserer Psyche einen Zustand der Ausgewogenheit und Integration anstreben.

Das Universum besteht aus einer unendlichen Anzahl von wesentlichen Eigenschaften, Energien und Archetypen. Als spirituelles Wesen ist jeder von uns ein Abbild des Makrokosmos im kleinen – ein Stück von allem, was im Universum existiert, ist auch in jedem von uns vorhanden. Wenn wir als körperliche

Wesen auf die Welt kommen, haben wir das Potential, alle diese Energien in unserer menschlichen Persönlichkeit zu entwickeln und zum Ausdruck zu bringen.

Die Schichten der Persönlichkeit kann man sich ein bißchen wie die Häute einer Zwiebel vorstellen. Im Zentrum befindet sich unser fundamentales spirituelles Sein. Während wir in der Welt unsere Erfahrungen machen und Überlebensstrategien entwickeln, bilden sich um dieses Zentrum herum zusätzliche Schichten. Die erste Persönlichkeitsschicht, die sich um den zentralen Kern bildet, ist die des Kleinkindes. Das Kleinkind ist noch sehr eng mit dem spirituellen Selbst verbunden, so daß es äußerst bewußt und sensitiv ist, mit einer sehr starken und magnetischen Ausstrahlung.

Auf der physischen Ebene ist das Kleinkind völlig hilflos, verwundbar und abhängig. Um zu überleben, ist es auf die Liebe und Fürsorge seiner Mutter, der Familie und/oder anderer Personen in seiner Umgebung angewiesen. Also beginnt es, mit verschiedenen Formen des Selbstausdrucks zu experimentieren. Rasch findet es heraus, mit welchem Verhalten es die besten Resultate erzeugt. Es entdeckt, daß es Liebe und Zärtlichkeit erhält, wenn es lächelt und gluckst, und daß es schreien muß, wenn es sich unwohl fühlt, weil auch das ihm die nötige Beachtung einbringt. Vielleicht macht es aber auch die Erfahrung, daß man es ignoriert oder gar bestraft, wenn es schreit.

Während das Kind größer wird, experimentiert es weiterhin mit einer Vielzahl von Energien und Verhaltensweisen. Es beobachtet seine Eltern und andere Menschen und ahmt ihr Verhalten nach. Jene Verhaltensweisen, die von den anderen gebilligt und belohnt werden oder mit denen es einer Bestrafung oder schmerzlicher Ablehnung entgehen kann, werden Bestandteil der Persönlichkeit und bilden eine weitere Haut der »Zwiebel«. Energien und Verhaltensweisen, die Mißbilligung hervorrufen oder von der Umwelt nicht belohnt werden oder für die das Kind ausgelacht oder bestraft wird, werden schließlich über Bord geworfen oder unterdrückt. Sie werden nicht zu einem offensichtlichen Teil der äußeren Persönlichkeit. Doch daß diese Ausdrucksweisen aus dem alltäglichen Verhalten verschwinden, bedeutet nicht notwendigerweise, daß sie damit völlig eliminiert sind. Sie verharren oft unentwickelt im Unterbewußtsein, oder sie können in unbedachten Momenten plötzlich zum Vorschein kommen.

Dieser Vorgang, daß wir bestimmte Aspekte unserer Psyche entwickeln und zum Ausdruck bringen, während andere unterdrückt oder geleugnet werden, setzt sich bis ins Erwachsenenalter hinein fort. Jene Energien, bei deren Ausdruck wir uns wohl fühlen, werden zu unseren primären Unterpersönlichkeiten – den dominierenden Teilen unserer Persönlichkeit. Mit ihnen identifizieren wir uns und glauben, daß sie unsere Person ausmachen. Unser Leben wird so lange völlig von ihnen bestimmt, bis wir uns bewußt mit der Entwicklung unserer Persönlichkeit auseinandersetzen.

In meiner Familie wurde zum Beispiel der Einsatz des Intellekts sehr geschätzt und mit positiver Aufmerksamkeit belohnt, daher entwickelte ich primäre Unterpersönlichkeiten, die rational sind und sich gut ausdrücken können. Meine Mutter war ein Vorbild für mich, denn sie war eine starke, abenteuerlustige und erfolgreiche Karrierefrau. Daher entwickelte ich Unterpersönlichkeiten, die ihr ähnelten – stark, kompetent, fleißig und risikobereit. Meine Eltern ließen sich scheiden, als ich drei Jahre alt war, so daß meine Mutter arbeiten gehen mußte und ich sehr früh Verantwortungsbewußtsein und Selbständigkeit entwickelte. Als sensibles Kind spürte ich die emotionalen Schmerzen meiner Eltern (und anderer Menschen), und ich versuchte, ihnen zu helfen. So entwickelte ich schon als junges Mädchen einen sehr ausgeprägten mütterlichen Instinkt als eines meiner primären Persönlichkeitsmerkmale.

Wie wir uns selbst beschreiben oder wie wir von jemandem beschrieben werden, der uns gut kennt, zeigt in der Regel deutlich, welche Unterpersönlichkeiten bei uns dominieren. Wenn man mich als junge Erwachsene gebeten hätte, mich selbst zu beschreiben, hätte ich vermutlich gesagt: »Ich bin intelligent, verantwortungsbewußt, ernsthaft, extrovertiert und fürsorglich.«

Unsere primären Unterpersönlichkeiten sind sehr starke,

reale Energien. Sie sind wie richtige Personen, die in uns leben und fast alle unsere Entscheidungen treffen. Ihre unterschwellige Absicht besteht darin, das verletzliche Kind zu beschützen und zu verteidigen, das immer noch tief in uns lebt – die innerste Haut der »Zwiebel«. Normalerweise sind wir uns gar nicht bewußt, daß in uns ein verletzliches Kind lebt und daß ein großer Teil unseres Verhaltens sich aus dem Wunsch erklärt, die Bedürfnisse dieses Kindes zu erfüllen und es zu beschützen. Wir nehmen unsere primären Unterpersönlichkeiten meist nicht als voneinander unterscheidbare Energien wahr. Wir identifizieren uns vollständig mit ihnen und glauben, daß sie allein unsere Person ausmachen.

Es kann sein, daß unsere primären Unterpersönlichkeiten neunzig oder mehr Prozent unserer Psyche und unserer Zeit für sich beanspruchen; trotzdem sind sie nur ein Teil unserer wahren Natur. Unsere primären Unterpersönlichkeiten entwickelten sich, weil wir mit ihrer Hilfe am besten in unserer Familie und kulturellen Umgebung überleben und erfolgreich sein konnten. Es sind jene Energien, die am erfolgreichsten unsere frühen Bedürfnisse befriedigten.

Wir besitzen noch viele andere Energien, die sehr verschieden oder das scheinbare Gegenteil von unseren primären Unterpersönlichkeiten sind. Diese anderen Energien haben wir unterdrückt oder verleugnet, weil sie uns nicht die Aufmerksamkeit und Anerkennung einbrachten, die wir uns wünschten, oder weil wir ihretwegen sogar von unserer Familie, Lehrern oder der Gesellschaft abgelehnt oder bestraft wurden. Dennoch sind diese Energien ein natürlicher Teil von uns. Daher verschwinden sie nicht einfach, nur weil wir sie nicht leben wollen. Sie schlummern tief in uns, oder sie kommen plötzlich zum Vorschein, wenn unsere primären Unterpersönlichkeiten einmal nicht aufpassen. Diese unterdrückten oder unentwickelten Energien sind unsere verleugneten Unterpersönlichkeiten.

Ich selbst habe ernsthafte, verantwortungsbewußte, fleißige primäre Unterpersönlichkeiten, daher sind einige meiner verleugneten Energien unbekümmert, fröhlich und verspielt. Weil ich so sehr »Macherin« bin, ist meine Fähigkeit, mich zu entspannen und einfach nur zu »sein«, weniger stark entwickelt. Unsere verleugneten Unterpersönlichkeiten sind genauso wichtig für uns wie die primären. Sie stehen für unsere Möglichkeit, zu wachsen, uns weiterzuentwickeln und neue Formen des Selbstausdrucks zu entdecken. Sie sind nicht negativ, auch wenn es uns anfangs so erscheinen mag. Möglicherweise sind sie durch die lange Unterdrückung entstellt. Wenn wir uns dann einer bisher verleugneten Unterpersönlichkeit bewußtwerden, kann das anfangs eine sehr negative oder erschreckende Erfahrung sein. Doch wenn sich unser Kontakt zu dieser Energie verbessert und wir sie besser verstehen, erkennen wir, daß es sich letztlich um eine positive, natürliche Eigenschaft handelt, die für unser Wohlbefinden unverzichtbar ist.

Nehmen wir an, Sie sind jemand, der sich sehr stark mit einer freundlichen, umsichtigen, liebevollen primären Unterpersönlichkeit identifiziert. Dann werden Sie wahrscheinlich in sich auf eine verleugnete Unterpersönlichkeit stoßen, die das genaue Gegenteil ist – egoistisch und scheinbar gleichgültig gegenüber anderen. Natürlich sind das in Ihren Augen sehr negative Eigenschaften, und Sie fragen sich: »Wozu soll ich diesen Teil von mir entwickeln und akzeptieren? Ich will nicht egoistisch und rücksichtslos sein. Am liebsten möchte ich mich ganz von diesem Persönlichkeitsteil befreien!«

Doch es ist unmöglich, sich von einem Teil seines Selbst zu befreien. Sie können diesen Teil verleugnen und unterdrücken, womit Sie in Ihrem Leben Probleme heraufbeschwören. Oder Sie akzeptieren ihn als natürlichen Teil Ihres Wesens, dann wird er Ihnen nicht mehr so viele Schwierigkeiten machen. Und bedenken Sie: Wenn Ihre primäre Unterpersönlichkeit fürsorglich und umsichtig ist und neunzig Prozent Ihrer Zeit anderen Menschen widmet, ist das wahrscheinlich zuviel des Guten. Irgendwann wird es Sie so erschöpfen, daß Sie dann gar nichts mehr geben können.

Zuviel zu geben ist weder gut für Sie noch für andere, weil Sie dann nicht im Gleichgewicht sind. Wenn Sie auch die entgegengesetzte Eigenschaft, den Egoismus, integrieren – also die Fähigkeit, für die *eigenen* Bedürfnisse zu sorgen –, würde Ihnen das zu der nötigen Ausgeglichenheit verhelfen. Und wenn Sie lernen, besser für sich selbst zu sorgen, werden Sie letztlich auch anderen Menschen mehr geben können.

Sich für seine verleugneten Unterpersönlichkeiten zu öffnen bedeutet nicht, daß man sich völlig mit ihnen identifiziert und die bisherigen primären Unterpersönlichkeiten durch sie ersetzt. Vielmehr geht es darum, ein ausgewogenes Verhältnis zwischen beiden zu schaffen, so daß Ihr Leben besser funktioniert und Sie sich heiler fühlen.

Die verleugneten Unterpersönlichkeiten bezeichnet man auch als den »Schatten«. Die Schattenanteile unserer Persönlichkeit beinhalten alles, was wir nicht bewußt wahrnehmen und akzeptieren. Wir können diese Teile nicht von uns abspalten, auch wenn wir sie noch so sehr ablehnen. Wie unser Schatten folgen sie uns überallhin, bis wir ihnen Beachtung schenken und sie akzeptieren.

Besonders stark verleugnen die meisten von uns ihre triebhaften Energien – jene Energien, die mit Sexualität und Aggression in Zusammenhang stehen. Wir lernen schon sehr früh, daß die Gesellschaft diese Triebe fürchtet und ihnen mißtraut und daß sie von der traditionellen Religion häufig verdammt werden. Diese Energien sind dynamische Ausdrucksformen der Lebenskraft selbst. Wenn wir sie verleugnen, unterdrücken wir damit einen großen Teil unserer natürlichen Vitalität. Die Unterdrückung dieser Kräfte – ein Hauptgrund für chronischen Streß – kann Depressionen und körperliche Krankheiten verursachen. Sich diesen Energien zu öffnen bedeutet nicht, daß wir unser Leben zum Spielball für sie werden lassen. Es bedeutet, daß wir uns in ausgewogener Weise an unseren triebhaften Unterpersönlichkeiten erfreuen, ohne dabei die Rücksichtnahme auf andere, das Ziehen von Grenzen und die Angemessenheit unseres Verhaltens außer acht zu lassen.

Weil unsere Kultur einen so großen Wert auf Stärke und Unabhängigkeit legt, leugnen viele von uns eigene Bedürfnisse. Zuzugeben, daß wir Hilfe und Unterstützung von anderen brauchen, fällt uns schwer. Das Gefühl, andere Menschen zu brauchen oder von ihnen abhängig zu sein, erzeugt große

Scham. Doch wenn wir nicht fähig sind, unsere Bedürftigkeit und Verletzlichkeit zu akzeptieren, können wir uns nicht helfen lassen, wenn wir Hilfe brauchen, können wir keine Liebe empfangen, können wir nicht wirklich Mensch sein. Statt dessen entwickeln wir primäre Unterpersönlichkeiten, die überkompetent, unabhängig und anderen gegenüber mißtrauisch sind. Diese Zwickmühle ist typisch für die traditionelle Männerrolle, doch in den letzten Jahrzehnten macht sie auch zunehmend den Frauen zu schaffen.

Im Gegensatz dazu identifizieren sich manche Menschen völlig mit Hilfsbedürftigkeit und Verletzlichkeit. Wenn diese Eigenschaften zur primären Unterpersönlichkeit eines Menschen werden, verliert er jeden Sinn für Stärke und Unabhängigkeit. Diese Persönlichkeitsstruktur entwickelt sich, wenn ein Mensch früh in seinem Leben erfährt, daß es gefährlich ist oder Kritik hervorruft, wenn man seine persönliche Macht zeigt, und daß es sicherer ist, verletzlich, abhängig, passiv zu sein. Da diese sehr unselbständigen Menschen keinen Zugang zu ihrer persönlichen Macht haben und sich daher nicht behaupten und nicht für sich selbst sorgen können, werden sie häufig von anderen tyrannisiert und schikaniert. Traditionell trifft das vor allem auf Frauen zu, doch heutzutage, wo so vieles im Umbruch ist, haben auch viele Männer mit diesem Problem zu kämpfen.

Wie können wir eine ausgewogene Integration der primären und der verleugneten Unterpersönlichkeiten erreichen? Der erste und wichtigste Schritt besteht darin, unsere primären Unterpersönlichkeiten zu erkennen. Wenn wir uns dieser Teile unserer Psyche bewußt werden, identifizieren wir uns nicht mehr so vollständig mit ihnen, daß wir buchstäblich von ihnen verschluckt werden. Dieser Schritt mag klein erscheinen, ist aber äußerst wichtig. Denken Sie daran, daß bewußtes Erkennen die größten Veränderungen bewirkt.

Wenn wir uns unserer primären Unterpersönlichkeiten bewußter geworden sind, entwickelt sich bei uns, als bewußter Persönlichkeitsanteil, ein erkennendes Ego, das um die verschiedenen Unterpersönlichkeiten weiß und mithilft, zwischen ihnen ein harmonisches Gleichgewicht zu erzeugen. Je besser wir unsere primären Unterpersönlichkeiten erkennen, desto mehr Wahlmöglichkeiten haben wir in unserem Leben. Als ich in der Lage war, die arbeitsamen, intellektuellen Energien in mir als primäre Unterpersönlichkeiten zu identifizieren, erkannte ich zugleich, daß es auch andere Möglichkeiten für mich gab. Das Leben brauchte nicht nur aus harter Arbeit zu bestehen. Doch solange ich ganz auf meinen intellektuellen Fleiß fixiert gewesen war und es für mich nichts anderes im Leben gegeben hatte, ignorierte ich die Aspekte in mir, die in eine andere Richtung wiesen.

Wenn wir ein erkennendes Ego entwickeln, das unsere primären Unterpersönlichkeiten mit größerer Objektivität und Distanz beobachtet, tun sich uns immer mehr Möglichkeiten auf. Wenn wir uns nicht mehr völlig mit diesen Primärpersönlichkeiten identifizieren, beginnen unsere bislang verleugneten Energien den so entstandenen Raum zu füllen. Das geschieht allmählich und auf natürliche Weise, so daß wir uns einfach immer harmonischer und ausgeglichener fühlen. Ist einmal ein erkennendes Ego etabliert, werden wir entspannter und offener. Jene Teile unseres Wesens, die wir zuvor leugneten oder unterdrückten, sind uns dann nicht länger unangenehm.

Das heißt nicht, daß wir versuchen sollten, uns von unseren primären Unterpersönlichkeiten zu befreien. Ganz im Gegenteil, sie sind lebenswichtige und unverzichtbare Teile unserer Psyche! Sie haben es uns ermöglicht zu überleben, und wir werden sie auch weiterhin brauchen. Das erkennende Ego verleiht uns ganz einfach eine größere Bewußtheit, so daß mehr Wahlmöglichkeiten für uns sichtbar werden. Statt meine schwer arbeitende, pflichtbewußte Unterpersönlichkeit fünfundneunzig Prozent meines Lebens beherrschen zu lassen, ziehe ich es heute vor, sie nur als vertrauenswürdigen Ratgeber zu betrachten. So kann ich mich dafür entscheiden, ein bißchen weniger schwer und pflichtbewußt zu arbeiten und dafür mein Leben durch die früher verleugneten Aspekte Entspannung, Unbekümmertheit und Spiel zu bereichern.

Dabei ist es wichtig, daß wir anerkennen und zu würdigen wissen, was die primären Unterpersönlichkeiten alles zu unserem

Wohl beigetragen haben. Wir müssen sie wissen lassen, daß sie nach wie vor erwünscht sind. Das mag seltsam klingen, aber Unterpersönlichkeiten sind wie richtige Menschen, die geliebt, verstanden, akzeptiert und einbezogen werden möchten. Sie haben eine Aufgabe zu erfüllen und wünschen sich Anerkennung. Wenn sie das Gefühl bekommen, daß wir sie loswerden oder ihre Position schwächen wollen, werden sie sich heftig dagegen wehren. Das kann auf sehr hinterhältige Weise geschehen, indem sie unsere Bemühungen, zu wachsen und uns zu ändern, sabotieren.

Jeder Teil von uns ist wichtig und muß die Gewißheit haben, daß wir ihm seinen rechtmäßigen Platz in unserer Psyche und in unserem Leben einräumen.*

Unter der komplexen Struktur unserer Persönlichkeit, mit all ihren primären oder verleugneten Teilpersönlichkeiten, befindet sich die Energie des ursprünglichen, verletzlichen Kindes, das wir einst waren. Wenn wir keinen bewußten Kontakt zu diesem Kind haben, heißt das nicht, daß es erwachsen geworden oder verschwunden ist. Es bleibt während unseres ganzen Lebens ein wesentlicher Teil von uns. Im Grunde ist unsere ganze Persönlichkeit entstanden, um für die Bedürfnisse des Kindes zu sorgen und es zu beschützen. Paradoxerweise wird das Kind dann für gewöhnlich unter den vielfältigen Schichten unserer Persönlichkeit begraben und vergessen. Unbewußt versuchen aber die meisten anderen Unterpersönlichkeiten auf unter-

---

* Die Leser fragen sich vielleicht, welche Zusammenhänge zwischen dem hier geschilderten Konzept der vielen Unterpersönlichkeiten und der multiplen Persönlichkeitsstörung bestehen. Vereinfacht ausgedrückt, tragen wir alle viele verschiedene Unter- oder Teilpersönlichkeiten in uns. Wenn ein Mensch in der frühen Kindheit sexuell mißbraucht wird oder ein anderes Trauma erleidet, können seine Unterpersönlichkeiten sich in viele einzelne Fragmente aufspalten, die nur noch sehr lose zusammengehalten werden und wenig oder nichts voneinander wissen. Während bei relativ gesunden Personen die verschiedenen Teilpersönlichkeiten ein mehr oder weniger harmonisches Ganzes bilden, wird ein Mensch mit einer multiplen Persönlichkeitsstörung phasenweise völlig von einem einzigen seiner Persönlichkeitsfragmente kontrolliert, wobei die einzelnen Fragmente sich in der Kontrolle abwechseln. Glücklicherweise kann vielen Menschen, die unter einer multiplen Persönlichkeitsstörung leiden, auf therapeutischem Wege geholfen werden.

schiedliche (oft widersprüchliche) Weise für das Kind zu sorgen.

Wenn wir bewußter werden, erkennen wir, daß viele von den Wegen, auf denen wir versucht haben, für unser inneres Kind zu sorgen, inzwischen unangemessen, einschränkend oder gar selbstzerstörerisch sind. Wenn wir zum Beispiel in einer dysfunktionalen Familie aufwuchsen, haben wir vielleicht eine defensive Haltung entwickelt, damit das Kind in uns nicht verletzt wird. Wir lassen dann keine emotionale Nähe zu anderen Menschen zu. Später wird uns klar, daß dieses Verhalten uns – und besonders unser inneres Kind – daran hindert, menschliche Nähe und Zuwendung zu erleben. Als Erwachsene mit einem erkennenden Ego können wir uns dann bewußt entscheiden, dieses Muster zu ändern, damit unser inneres Kind wieder Zuwendung von anderen Menschen erhält.

So haben wir an diesem Punkt die bewußte Verantwortung für unsere Entwicklung übernommen. Doch dazu müssen wir zunächst einmal Bekanntschaft mit unserem inneren Kind schließen, herausfinden, wie es sich fühlt und was es braucht. Wir müssen lernen, auf sinnvolle Weise bewußt für es zu sorgen. In gewisser Weise müssen wir für unser kindliches Selbst aufmerksam und liebevoll die Elternrolle übernehmen.

Die Heilung unserer Beziehung zum inneren Kind ist einer der wichtigsten Schritte auf unserer Bewußtseinsreise. Das Kind ist der Schlüssel zu unserem emotionalen Wohlbefinden, denn es ist der tiefste Teil unserer Persönlichkeit. Solange wir keinen bewußten Zugang zu dem sensiblen, verletzlichen Kind in uns haben und seine Wünsche und Empfindungen nicht artikulieren können, ist es uns unmöglich, wirkliche Nähe zu anderen Menschen herzustellen. Das Kind ist nicht nur unser empfindsamster Teil, es weiß auch, wie man spielt, Spaß hat und das Leben genießt. Ohne die Energie unseres verspielten Kindes wird das Leben zu ernst und trist.

Da das Kind die erste Persönlichkeitsschicht bildet, ist es eng mit unserem spirituellen Wesenskern verbunden. Wenn wir unser inneres Kind entdecken und es in die Arme schließen, öffnen wir damit die Tür zu unserer Seele. So ist unsere Beziehung zum inneren Kind die Quelle für Kreativität, natürliche Weisheit und spirituelles Wohlbefinden.

Mein Wissen um unsere vielen Teilpersönlichkeiten und um die Wichtigkeit der Entwicklung eines erkennenden Egos gewann ich vor allem aus der Zusammenarbeit mit Dr. Hal und Sidra Stone. Sie besitzen eine profunde Kenntnis der Psychologie unserer Teilpersönlichkeiten. Der Stimmendialog, ihre Methode zur Kontaktaufnahme mit unseren vielen Unterpersönlichkeiten, ist eines der wirkungsvollsten Hilfsmittel zur Bewußtseinsentwicklung, das ich je kennengelernt habe. Ihre Arbeit greift auf viele andere Disziplinen zurück – auf die Jungsche Analyse, die Gestalttherapie, die Psychosynthese, um nur einige zu nennen. Doch sie geht noch einige Schritte darüber hinaus. Ich habe diese Methode als außerordentlich hilfreich empfunden, sowohl bei meinem persönlichen Heilungsprozeß als auch bei meiner Arbeit mit anderen.

Hal und Sidra sind kluge und wunderbare Lehrer, die auf der ganzen Welt Seminare und Schulungen veranstalten. Sie haben mehrere ausgezeichnete Bücher verfaßt und zahlreiche Tonkassetten produziert. (Im Anhang finden Sie weitere Informationen über ihre Publikationen und Seminare.)

Der Stimmendialog ist eine sehr effektive Methode zur Heilung des inneren Kindes, doch es gibt noch viele andere. Zahlreiche Selbsthilfegruppen und Therapeuten haben sich darauf spezialisiert, Menschen bei der Arbeit mit dem inneren Kind zu helfen. Al-Anon bietet spezielle Gruppen für die erwachsenen Kinder von Alkoholikern und andere Menschen aus dysfunktionalen Familienverhältnissen an, wobei den Teilnehmern gezeigt wird, wie man für sein inneres Kind sorgt. Die Bücher, Seminare und Fernsehsendungen von John Bradshaw haben Millionen Menschen vermittelt, wie wichtig die Arbeit mit dem inneren Kind ist.

Die primären Unterpersönlichkeiten
kennenlernen

Erstellen Sie eine Liste Ihrer sechs bis zwölf ausge-
prägtesten und augenfälligsten persönlichen Eigenschaften, um ein Gespür für Ihre primären Unterpersönlichkeiten zu bekommen. Falls es Ihnen schwerfällt,
diese Eigenschaften herauszufinden, stellen Sie sich
vor, wie jemand, der Sie gut kennt, Sie beschreiben
würde. Notieren Sie die Worte, die er oder sie für diese
Beschreibung benutzen würde. Versuchen Sie nicht,
Ihre Eigenschaften zu beurteilen und positiv oder negativ zu gewichten. Seien Sie so objektiv wie möglich.

Wenn Sie diese Liste erstellt haben, prüfen Sie, ob die
hervorstechenden Merkmale Ihres Verhaltens darin zutreffend beschrieben werden. Bei genauerer Beobach-
tung wird Ihnen vielleicht auch klarwerden, daß diese
Unterpersönlichkeiten nicht notwendigerweise Ihre innersten Gefühle repräsentieren. Zum Beispiel könnten
einige Ihrer Primärpersönlichkeiten aggressiv, extrovertiert und lustig sein, während Sie sich tief in Ihrem
Inneren schüchtern, traurig und einsam fühlen.

Wenn Ihnen weitere Eigenschaften einfallen, die
noch nicht auf der Liste stehen, ergänzen Sie sie. Wie
wirken sich diese primären Persönlichkeitsteile in
Ihrem Leben aus? Sie könnten zum Beispiel eine »gute
Mutter« oder einen »guten Vater« als Primärpersönlich-
keit haben, die sich sehr um die Bedürfnisse anderer
kümmert, aber sich der Bedürfnisse ihres eigenen inneren Kindes kaum bewußt ist.

Gehen Sie nun Ihre Liste durch, und finden Sie zu
jeder primären Eigenschaft den entsprechenden Gegensatz. Machen Sie zwei Spalten, und schreiben Sie in

die linke Spalte untereinander Ihre primären Eigenschaften. Notieren Sie dann daneben in der zweiten
Spalte das jeweilige Gegenteil. Sie können zu einer
primären Eigenschaft auch mehrere gegenteilige Begriffe notieren. Wenn Ihnen bei einer Eigenschaft kein
Gegenbegriff einfällt, lassen Sie einfach eine Lücke.
hier ist ein Beispiel für eine solche Liste:

Primäre Eigenschaft	*gegenteilige Eigenschaft*
introvertiert	extrovertiert
intellektuell	gefühlsbetont; sinnlich
schüchtern	kühn
hilfsbereit	egoistisch
kontrolliert	spontan
humorvoll	ernst
arbeitsam	faul; entspannt
kreativ	unkreativ

Überlegen Sie, wenn sich in der zweiten Spalte viele negative, abwertende Wörter befinden, ob Sie die betreffende Eigenschaft nicht auch positiv umschreiben können. Die Person in unserem Beispiel notierte »faul« als
Gegenteil zu »arbeitsam«, was einen negativen Beige-
schmack hat. »Entspannt« – der zweite Begriff – hat
einen positiven Charakter. Wenn Ihnen kein positives
Synonym für die zweite Spalte einfällt, lassen Sie es
einstweilen auf sich beruhen.
　Überlegen Sie, ob einige der Begriffe in der zweiten
Spalte vielleicht verleugnete oder weniger entwickelte
Teilpersönlichkeiten beschreiben. Wenn ja, fragen Sie
sich, welche Vorteile es für Sie haben könnte, wenn Sie
diese gegenteiligen Eigenschaften entwickeln.
　Es kann sein, daß sich in der Spalte mit den primären
Eigenschaften gegensätzliche Begriffe befinden. Mögli-
cherweise haben Sie dann einige gegensätzliche

Primärpersönlichkeiten entwickelt, die miteinander in Konflikt liegen.

Die meisten Menschen sind am ausgeglichensten und leistungsfähigsten, wenn es ihnen gelingt, beide gegensätzlichen Seiten für sich zu nutzen. Wie könnten Sie lernen, Ihre inneren Gegensätze zu akzeptieren und ins Gleichgewicht zu bringen?

Eine einfache Technik kann Ihnen dabei helfen, innere Widersprüche zu akzeptieren und ausgeglichener zu werden: Benutzen Sie ein *Oxymoron*, um die beiden Polaritäten in Ihnen zu beschreiben. Ein Oxymoron ist ein Begriff, der Personen oder Dinge beschreibt, die durch scheinbar widersprüchliche Eigenschaften gekennzeichnet sind, zum Beispiel »extrovertierter Einsiedler«, »egoistischer Heiliger« oder »spontane Selbstbeherrschung«. Spielen Sie mit dieser Idee, bis Sie die richtige Bezeichnung für Ihre inneren Gegensätze finden. Das wird Ihnen helfen, Ihre besonderen Fähigkeiten besser zu verstehen und äußere Umstände zu schaffen, in denen Sie diese Fähigkeiten am besten nutzen können.

Einer meiner Bekannten zum Beispiel, der sich selbst als »extrovertierter Einsiedler« beschrieb, konnte am besten für sich allein arbeiten, allerdings nur, wenn diese Arbeit mit einer großen Gruppe von Menschen in Verbindung stand. Er war Ingenieur von Beruf und arbeitete in einem Team mit, das neue Produkte entwickelte. Den größten Teil seiner Arbeit erledigte er zu Hause. In die hundertsechzig Kilometer entfernte Firma fuhr er nur einmal in der Woche, um sich mit den anderen Mitgliedern seines Teams zu besprechen.

Es ist nicht nötig, daß Sie die inneren Widersprüche und Polaritäten, deren Sie sich bewußt werden, beseitigen und gleich zu perfekter Harmonie finden. Entscheidend ist, daß wir uns *bewußt* werden, was in uns abläuft, ohne daß wir es zu *kontrollieren* versuchen, auch wenn das unangenehm ist. Lernen Sie die verschiedenen Teile Ihrer Persönlichkeit besser kennen, und beobachten Sie, wie Ihr Leben von ihnen beeinflußt wird. Mit der Zeit werden sich dann größere Ausgeglichenheit und Integration einstellen.

Unsere zwischenmenschlichen Beziehungen als Spiegel

Wir sollten lernen, daß unsere zwischenmenschlichen Beziehungen wunderbar genaue Spiegel sind, die uns enthüllen, in welchen Bereichen wir uns weiterentwickeln müssen. Dann können wir durch sie viel über uns herausfinden, was wir auf andere Weise nur unter größten Schwierigkeiten lernen könnten.

Die Art und Weise, wie wir unsere zwischenmenschlichen Beziehungen betrachten, stellt einen der größten Unterschiede zwischen dem Weg der materiellen Welt, dem Weg der Transzendenz und dem Weg der Wandlung dar.

Auf dem materiellen Weg betrachten wir unsere Beziehung zu anderen Menschen als Selbstzweck. Wir knüpfen Beziehungen, um unser Bedürfnis zu stillen nach Liebe, Gesellschaft, Geborgenheit, Stimulation, sexueller Erfüllung, finanzieller Sicherheit und so weiter. Unsere Aufmerksamkeit richtet sich auf die äußerliche Form der Beziehung und auf das, was untereinander ausgetauscht wird, sei es Freundschaft, Arbeit, Zuneigung, Respekt, Geld oder Sicherheit. Da uns unsere sozialen Beziehungen in erster Linie zur Befriedigung unserer eigenen Bedürfnisse dienen, versuchen wir häufig, andere Menschen unseren Wünschen entsprechend zu manipulieren. Durch diese Kontrollversuche erschweren wir unsere zwischenmenschlichen Kontakte.

Auf dem Weg der Transzendenz werden zwischenmenschliche Beziehungen oft als Hindernisse angesehen, die uns davon abhalten, uns über die physische Form hinauszuentwickeln. Weil sie all unsere menschlichen Gefühle, Bedürfnisse und emotionalen Bindungen zum Vorschein bringen, werden Beziehungen als für unsere spirituelle Reise schädliche Ablenkungen betrachtet. Menschen, die sich ernsthaft dem transzendenten Weg widmen, versuchen sowenig Bindungen wie möglich einzugehen. Da die Sexualität eine so starke physische und emotionale

154

Kraft ist, in der unsere animalischen Instinkte und menschlichen Gefühle im Vordergrund stehen, gilt sie als das genaue Gegenteil von Spiritualität. Daher schwören viele Anhänger des transzendenten Weges dem Sex völlig ab. Oder sie versuchen, ihn in eine »höhere« Energie umzuwandeln, indem sie bestimmte heilige Praktiken ausüben, mit deren Hilfe sie sich ganz auf die spirituellen Aspekte der sexuellen Erfahrung konzentrieren.

Auf dem Weg der Wandlung akzeptieren wir unser Menschsein und unsere Spiritualität gleichermaßen. Wir feiern unser menschliches Bedürfnis nach Nähe, statt ihm zu entfliehen oder es zu ignorieren; wir lernen, unsere diesbezüglichen Wünsche anderen gegenüber zu äußern und uns gut um uns selbst und unsere Mitmenschen zu kümmern. Gleichzeitig erkennen wir an, daß wir spirituelle Geschöpfe sind, die nicht auf ihre menschliche Gestalt und ihre menschlichen Emotionen beschränkt, sondern Teil der grenzenlosen Einheit des Universums sind. Statt unsere Sexualität zu leugnen, erkennen wir sie als eine der wichtigsten Ausdrucksformen unserer Lebenskraft an.

Es gibt auf dem Weg der Wandlung noch einen weiteren entscheidenden Schritt. Dieser Schritt erlaubt es uns, unsere Beziehungen aus einem anderen Blickwinkel zu sehen, als uns das auf dem materiellen oder spirituellen Weg möglich gewesen wäre. Auf dem Weg der Wandlung erkennen wir, daß all unsere Beziehungen zu den anderen Menschen eindrucksvolle Spiegel sein können, die uns enthüllen, was wir noch lernen müssen. Wenn wir lernen, mit diesen Spiegeln zu arbeiten, können zwischenmenschliche Beziehungen zu einem der wichtigsten Hilfsmittel für unser Bewußtseinswachstum werden.

Unsere wichtigste Beziehung ist die zu uns selbst. Jeder von uns ist damit beschäftigt, alle Aspekte seines Wesens voll zu entwickeln und miteinander in Einklang zu bringen, also Ganzheit zu erreichen. Unsere Beziehungen zu anderen Menschen spiegeln stets genau wider, wo wir gegenwärtig in unserer Entwicklung stehen. Ich habe mich zum Beispiel jahrelang nach dem richtigen Lebensgefährten gesehnt. Immer wieder ließ ich mich auf Beziehungen zu Männern ein, die nicht die richtigen festen

Partner für mich waren. Schließlich wurde mir klar, daß sie meine eigene Ambivalenz in dieser Frage widerspiegelten und mir die Bereiche zeigten, wo ich mich selbst nicht wirklich liebte. Erst nach intensiver emotionaler Heilungsarbeit, bei der ich lernte, mich wirklich zu lieben und für mich zu sorgen, traf ich einen wunderbaren Mann, mit dem ich heute verheiratet bin.

Wir sollten lernen, daß unsere zwischenmenschlichen Beziehungen genaue Spiegel sind, die uns enthüllen, in welchen Bereichen wir uns weiterentwickeln müssen. Dann können wir durch sie viel über uns herausfinden, was wir auf andere Weise nur unter größten Schwierigkeiten lernen könnten. Alle unsere Beziehungen können ein solcher Spiegel für uns sein – unser Verhältnis zu Freunden, Kollegen, Nachbarn, Kindern und anderen Familienmitgliedern ebenso wie das zu unserem Partner. Sogar die Begegnung mit einem Fremden kann manchmal eine wichtige Lernerfahrung sein.

Es ist sehr schwierig für uns, nach innen zu blicken und zu erkennen, was in uns abläuft – besonders, wenn es sich um unbewußte Vorgänge handelt. Darum ist es so wichtig, unser Verhältnis zu anderen Menschen als Spiegel für unsere inneren Prozesse zu betrachten. Auf diese Weise können zwischenmenschliche Beziehungen in unserem Leben zu einer wertvollen Quelle der Heilung und des Lernens werden. Um diesen Vorgang zu begreifen, müssen wir uns bewußtmachen, daß wir unser Erleben der äußeren Wirklichkeit selbst, mit unserem individuellen Bewußtsein, erschaffen und gestalten. Das trifft auf unsere Beziehung zu anderen Menschen ebenso zu wie auf alle anderen Bereiche unseres Lebens, das heißt, in den von uns unterhaltenen zwischenmenschlichen Beziehungen spiegeln sich unsere Bewußtseinsinhalte wider. Wir ziehen Menschen an, die Aspekte von uns selbst reflektieren, und werden von ihnen angezogen.

Im allgemeinen finden wir, daß wir am besten mit Menschen zurechtkommen, die von uns als angenehm empfundene Aspekte unserer Person reflektieren – also Spiegelbilder unserer primären Unterpersönlichkeiten, die eine gute Ergänzung für uns sind. Das sind für gewöhnlich Leute, mit denen wir gerne unseren Alltag verbringen. Wenn Sie ein in erster Linie körperlich aktiver Mensch sind, der gern Sport treibt, fühlen Sie sich vermutlich mit Menschen am wohlsten, die ebenso sportlich sind. Auch genießen Sie vielleicht die Freundschaft mit einem eher intellektuellen, weniger körperorientierten Menschen, weil er Ihr Denken auf eine erfreuliche Weise anregt – ein weniger entwickelter Aspekt Ihrer Person wird von ihm auf eine angenehme, aggressionsfreie Weise stimuliert. In diesem Freund spiegelt sich jener Teil von Ihnen, der ein Bedürfnis nach intellektueller Entwicklung hat.

Jene Menschen in unserem Leben, in deren Gegenwart wir uns unwohl fühlen, die wir verurteilen und die uns wütend machen, reflektieren Aspekte in uns, die wir ablehnen – unsere verleugneten Unterpersönlichkeiten, die Schattenseiten unseres Wesens. Wenn Sie ein sanfter, freundlicher Mensch sind, ärgern Sie sich möglicherweise sehr über laute, aufdringliche Personen. Und wenn Sie selbst sehr offen und geradeheraus sind, kann es sein, daß Sie eine Abneigung gegen verschlossene, überängstliche Menschen haben. In beiden Fällen spiegeln sich die eigenen verleugneten Energien in der anderen Person. Dem stillen Menschen wird seine unterentwickelte forsche Seite vorgehalten, dem aggressiven seine unterentwickelte nachdenkliche Seite.

Oft fühlen wir uns von Gegensätzen angezogen – von Menschen, die gegensätzliche Qualitäten zu denen entwickelt haben, mit denen wir selbst uns am stärksten identifizieren. In solchen Beziehungen suchen wir unbewußt nach dem, was uns ganz werden läßt, nach Menschen, die jenen Energien Ausdruck verleihen, die in unserer eigenen Persönlichkeit unterentwickelt sind. Unbewußt spüren wir, daß sie uns dabei helfen können, stärker ins Gleichgewicht zu kommen.

Menschen, die zu unseren hervorstechenden Merkmalen im Gegensatz Stehendes verkörpern, können ausgezeichnete Lehrer für uns sein, falls wir uns darauf einlassen. Doch zuerst müssen wir anerkennen, daß sie das zum Ausdruck bringen, was wir in uns selbst gerne entwickeln möchten. Zu Beginn einer Beziehung haben wir oft das Gefühl, daß der andere uns genau das gibt, was wir brauchen. Gerade seine Verschiedenheit ist es, die ihn so anziehend für uns macht. Doch solange wir uns nicht klarmachen, daß er damit Spiegel für etwas ist, das wir in uns selbst finden müssen, kann die ursprünglich so reizvolle Verschiedenheit zu einer Quelle für Konflikte werden. Oft beginnen wir nach einiger Zeit einen Groll gegen das Anderssein des betreffenden Menschen zu hegen und versuchen, ihn dazu zu bringen, uns ähnlicher zu werden!

Natürlich ist es für jede Beziehung wichtig, daß wir lernen, unsere Wünsche, unsere Vorlieben und Abneigungen dem anderen aufrichtig mitzuteilen. Auch sollten wir ihm ehrlich sagen, wenn wir uns eine Änderung seines Verhaltens wünschen. Doch darüber sollten wir nicht vergessen, daß wir die Beziehung eingegangen sind, weil der andere uns dazu inspirierte, neue Aspekte unserer Persönlichkeit zu entfalten. Die Herausforderung besteht darin, daß wir uns jenen Aspekten unseres Wesens öffnen, die sich in anderen Menschen spiegeln. Dann können wir lernen, diese Aspekte in unserem eigenen Leben besser zum Ausdruck zu bringen. Joanne war zum Beispiel ganz begeistert davon, daß ihre Freundin Tina ein so ungezwungener, spontaner Mensch war. Doch irgendwann fing sie an, sich über Tinas Unpünktlichkeit zu ärgern. Jeanne mußte Tina also klarmachen, daß sie sich verletzt fühlte, wenn man sie warten ließ. Darüber durfte sie aber nicht vergessen, daß Tina in ihr Leben getreten war, um ihr zu helfen, besser in Kontakt mit ihrer eigenen Spontanität zu kommen.

Ein weitverbreitetes Problem im zwischenmenschlichen Bereich ist der Konflikt zwischen Ordnung und Spontanität. Auf diesem zentralen Thema beruhte vor einigen Jahren die Dynamik des sehr populären Theaterstücks und Kinofilms »Ein seltsames Paar« und der darauf basierenden Fernsehserie »Männerwirtschaft«. Fast immer, wenn zwei Menschen zusammen wohnen, baut sich zwischen ihnen diese Polarität auf – einer von ihnen ist ordentlich, der andere schlampig. Dann geraten sie darüber in Streit, daß der eine den anderen zu ändern versucht. Aus der Perspektive persönlichen Wachstums gesehen, spielt sich der wahre Konflikt zwischen dem sehr strukturierten, linearen Teil unseres Wesens und unseren eher spontanen, intuitiven und kreativen Aspekten ab. In der Außenwelt verkörpert dann jede der zwei Personen eine dieser beiden Seiten.

Sie werden endlose Konflikte mit der betreffenden Person haben, solange Sie nicht erkennen, daß sie Ihren eigenen inneren Konflikt widerspiegelt. Sie zeigt Ihnen jene Eigenschaften, die Sie selbst gerne hätten oder entwickeln sollten. Auf dem Weg der Wandlung streben Sie ein Gleichgewicht zwischen den beiden Extremen an, indem Sie in sich selbst jene »gegensätzlichen« Aspekte entwickeln und dadurch heiler werden. Interessanterweise wird, wenn Sie selbst innerlich ins Gleichgewicht kommen, oft auch die andere Person ausgeglichener, selbst wenn sie gar nichts von der Veränderung in Ihnen weiß! Das liegt an der starken gegenseitigen Beeinflussung und der energetischen Verbundenheit zwischen den Menschen.

Sehr häufig wünscht sich in einer Beziehung der eine Mensch größere Hingabe, Tiefe und Nähe, während der andere mehr Freiheit, mehr Raum will. In diesem äußeren Konflikt spiegelt sich eine wesentliche innere Polarität. Wir alle wünschen uns Nähe und Hingabe; zugleich fürchten wir aber, unsere Freiheit und Individualität zu verlieren. Wenn bei Ihnen in einer Beziehung zu einem anderen Menschen dieser Konflikt auftaucht, sollten Sie überlegen, was dadurch über diese Polarität in Ihnen ausgesagt wird.

Ein weiterer zwischen sich nahestehenden Menschen häufig auftretender Konflikt ist der zwischen einer eher rational ausgerichteten, gefühlsmäßig distanzierten Person auf der einen und einem sehr emotionalen Menschen auf der anderen Seite.

Wenn zum Beispiel ein sehr rationaler Mann mit einer sehr gefühlsbetonten Frau zusammenlebt, spiegelt sich darin für ihn die Botschaft, seine emotionale Seite stärker zu entwickeln und besser in Kontakt zu seinen Gefühlen zu kommen, um dadurch heiler zu werden. Und die Botschaft für die Frau lautet, daß sie heiler werden kann, indem sie eine losgelöstere, rationalere Haltung einnimmt und so mehr Gleichgewicht in ihr Leben bringt. Wenn die beiden ihre gegensätzlichen Energien nicht integrieren, sondern ständig versuchen, den Partner bzw. die Partnerin zu ändern, wird die Polarität zwischen ihnen sich weiter verschärfen. Der Mann wird noch rationaler werden und die Frau noch emotionaler.

Dabei werden dann die »Symptome« ihres inneren Bedürfnisses, in sich die Gefühlsqualitäten ihres Gegenübers zu entwickeln, zunehmend ausgeprägter und schmerzhafter. Es könnte sein, daß sich unser Paar völlig frustriert trennt und daß sie auch die Beziehung zu anderen Menschen abbrechen, die sie an verleugnete Aspekte ihrer selbst erinnern. Sie können ihre zwischenmenschlichen Beziehungen und ihr Leben heilen, wenn sie anfangen, ihre Konflikte als Spiegel zu betrachten. Jeder von beiden kann den toten Punkt überwinden, indem er sich über seine primären Unterpersönlichkeiten klar wird und die gegenteiligen inneren Eigenschaften entwickelt.

Vor kurzem arbeitete ich mit einer Frau, deren Beziehung zu ihrem Ehemann diesen Punkt verdeutlicht. Er war Computerfachmann und verbrachte seine Zeit fast nur am Arbeitsplatz, wo es auf sehr rationales, lineares Denken ankam. Sie war als Kindergärtnerin den ganzen Tag mit den Emotionen kleiner Kinder beschäftigt. Nancy beschrieb ihre ersten Ehejahre mit Ken als »wundervoll«. Nie hatte sie sich heiler und ausgeglichener gefühlt. Kens coole, distanzierte Art, mit Problemen umzugehen, vermittelte ihr eine Ruhe und Sicherheit, die zuvor in ihrem Leben gefehlt hatten.

Mit der Zeit bekam sie jedoch das Gefühl, daß Ken sie ihrer Energie beraubte. Immer wenn sie emotional wurde, zog er sich an seinen Computer zurück. Sie wurde immer beinahe hysterisch, wenn er wieder einmal versuchte, ihre Gefühle »wegzuerklären«. Die Kluft zwischen ihnen wurde so groß, daß sie es schließlich kaum noch ertragen konnte, mit ihm in einem Zimmer zu sein. Sie warf ihm vor, völlig unfähig zu sein, mit Gefühlen umzugehen; er beschuldigte sie, vollkommen irrational zu sein. Man könne einfach nicht »vernünftig mit ihr reden«.

Nancy lernte, Kens Verhalten als Spiegel zu nutzen, in dem sie sehen konnte, was sie in sich selbst entwickeln mußte. Statt ihren Mann als Feind zu betrachten – so weit war es, wie sie zugab, zwischen ihnen bereits gekommen –, begann sie nun, in ihm einen Lehrer zu sehen. Mit der Zeit legte sich die Spannung zwischen ihnen. Gerade jene Eigenschaften, die sie aneinander zu hassen begonnen hatten, wurden nun zu wertvollen Wegweisern. Sie verhalfen Nancy und Ken zu einer harmonischeren Beziehung und größerem innerem Gleichgewicht.

Oft fällt es uns schwer, zu erkennen und zu akzeptieren, daß Menschen, mit denen wir Probleme haben, für uns die verleugneten Teile unserer Persönlichkeit widerspiegeln. Um sich darüber klarzuwerden, sollten Sie auf Ihre Gefühle gegenüber der betreffenden Person achten; wenn Sie ihr gegenüber sehr kritisch sind, ist sie sehr wahrscheinlich ein Spiegelbild Ihrer eigenen Schattenseiten. Vielleicht sind Sie auch unterschwellig neidisch auf den Betreffenden, weil er eine Energie auslebt, die Sie bei sich selbst unterdrücken.

Es erscheint mir wichtig, daran zu erinnern, daß diese Form des Widerspiegelns, die ich hier beschreibe, nicht bedeutet, sich den anderen zum »Vorbild« zu nehmen. Ein Vorbild ist ein Mensch, den wir bewundern und dem wir nacheifern möchten. Wenn wir andere als Spiegel benutzen, sind Selbsterkenntnis und persönliche Entwicklung das Ziel; wir versuchen dabei nicht, dem anderen Menschen ähnlich zu werden. Das Ziel ist, mehr wir selbst zu werden. Tatsächlich ist die Person, die unsere eigenen Bedürfnisse widerspiegelt, oft noch viel mehr aus dem Gleichgewicht als wir selbst. Es braucht jedenfalls gewiß kein Mensch zu sein, zu dem wir aufblicken, wie das bei einem Vorbild der Fall sein kann. Wir brauchen nicht so wie dieser Mensch zu werden und völlig ins andere Extrem zu verfallen, um unsere Mitte zu finden. Dennoch sollten wir ein bißchen mehr von jener Energie in uns entfalten, die der andere für uns spiegelt.

Wenn Sie ein stiller, zurückhaltender und allzu bescheidener Mensch sind, erregt es vielleicht Ihr Mißfallen, wenn andere sich ständig in den Mittelpunkt drängen. Diese Leute spiegeln für Sie jenen Teil in Ihnen, der gerne mehr Aufmerksamkeit auf sich ziehen würde, sich aber nicht traut. Es ist nicht nötig, daß Sie nun diesen extrem extrovertierten Leuten nacheifern. Lassen Sie sie statt dessen zum Katalysator für Ihr persönliches

Wachstum werden. Erkennen Sie die *Essenz* jener Eigenschaft, die eine andere Person für Sie widerspiegelt – in diesem Fall wäre das der Wunsch nach Liebe und Anerkennung –, und finden Sie heraus, wie Sie diesen Teil Ihres Wesens *auf Ihre Weise* nähren und ausdrücken können.

Wir gehen Dingen aus dem Weg, vor denen wir Angst haben, weil wir glauben, es hätte schlimme Konsequenzen, wenn wir uns ihnen stellen. Die wirklich schlimmen Konsequenzen stellen sich im Leben aber dann ein, wenn wir glauben, wir könnten uns vor unseren Lernaufgaben drücken. Statt dessen müssen wir lernen, uns für die Dinge zu öffnen, vor denen wir Angst haben, ganz gleich, ob es sich darum handelt, sich mit den eigenen Emotionen auseinanderzusetzen oder endlich seine Schulden abzubezahlen! Offen zu sein heißt, daß man bereit ist, etwas genau anzusehen und zu verstehen, statt es wegzuschieben.

Das bedeutet nicht, daß wir Dinge in unser Leben lassen sollen, die nicht gut für uns sind. Wenn wir Ängste in bezug auf Kriminalität haben, wäre es wohl kaum ratsam, ein Verbrechen zu begehen, um uns diesen Ängsten zu stellen. Wir können nur heil werden, wenn wir lernen, Grenzen zu ziehen und zu entscheiden, was für uns angemessen ist und was nicht.

Daß wir bereit sind, aus unseren zwischenmenschlichen Beziehungen zu lernen, heißt nicht, daß wir in Situationen ausharren sollten, die nicht gut für uns sind. Wenn wir von einem Menschen körperlich oder seelisch mißbraucht werden, müssen wir daraus lernen, uns abzugrenzen und zu schützen. Das könnte bedeuten, eine Partnerschaftsberatung aufzusuchen, um zu einer reellen und dauerhaften Lösung zu finden. Es könnte aber auch heißen, uns von unserem Partner zu trennen, wenn ein weiteres Zusammenleben für uns nicht mehr zumutbar ist.

Menschen können uns nur in dem Maße kritisieren oder mißbrauchen, wie wir selbst das hinnehmen und zulassen. Als erstes müssen wir die geeigneten äußeren Maßnahmen ergreifen, um diesen Zustand zu beenden. Dann müssen wir uns nach innen wenden und herausfinden, auf welche Weise wir uns selbst kritisieren oder mißbrauchen; mit diesem Wissen können wir lernen, uns selbst statt dessen Liebe und Unterstützung zu geben.

Eine meiner Bekannten wurde von ihrem Vater seelisch und körperlich mißhandelt. Sie entwickelte eincn inneren »grausamen Vater«, der ihr ständig sagte, wie wertlos und schlecht sie war. Sie heiratete einen Mann, der genau dieses innere Muster widerspiegelte, indem er sie ständig kritisierte und gelegentlich schlug. Sie ertrug diesen Zustand jahrelang, weil es ihr normal erschien; sie glaubte, sie verdiene diese Mißhandlung. Als sie sich auf eine Therapie einließ, erkannte sie, daß ihr Mann das widerspiegelte, was sie über sich selbst dachte. Allmählich entwickelte sie die Fähigkeit, für sich selbst einzustehen, und schließlich trennte sie sich von ihrem Mann. Nach einem tiefgreifenden emotionalen Heilungsprozeß heiratete sie erneut. Ihr neuer Mann war freundlich und liebevoll und entsprach damit genau ihrer gewandelten Einstellung zu sich selbst.

Viele von uns haben in ihren Beziehungen so schmerzhafte Erfahrungen gemacht, daß sie sich kaum vorstellen können, je an einen Punkt zu gelangen, wo ihre Kontakte zu anderen Menschen in erster Linie liebevoll und befriedigend sind. Und doch, wenn wir bereit sind, wirklich an unseren Emotionen zu arbeiten, können unsere Beziehungen zu anderen Menschen jede Verbesserung reflektieren, die wir in der Beziehung zu uns selbst erreichen. Je integrierter wir werden, desto mehr werden unsere zwischenmenschlichen Beziehungen zum Spiegel für unsere Lebendigkeit, unsere Selbstliebe und unseren Selbstausdruck.

Die Kunst, unsere Beziehungen als Spiegelbilder unserer Bewußtseinsentwicklung zu nutzen, ist faszinierend und komplex. In diesem Kapitel habe ich lediglich einige grundlegende Ideen angeschnitten. Ich habe vor, mein nächstes Buch über dieses Thema zu schreiben. Einstweilen empfehle ich Ihnen das Buch *Wenn zwei sich zu sehr trennen* von Hal und Sidra Stone.

Zwischenmenschliche Beziehungen als Spiegel

In den Schwierigkeiten, die wir mit anderen Menschen haben, spiegeln sich oft Teile von uns selbst, die der Heilung bedürfen. Solche Schwierigkeiten können mit nahen Verwandten auftreten, einem engen Freund, einem Arbeitskollegen, aber auch mit Leuten, die uns nur kurz begegnen – etwa einer Verkäuferin in einem Geschäft. Wenn Sie zur Zeit Schwierigkeiten mit einem nahestehenden Menschen haben oder Ihnen häufig schwierige Leute begegnen – zum Beispiel Leute, die sich herausfordernd benehmen oder Ihnen zu nahe treten –, dann nehmen Sie sich einen Moment Zeit, um darüber nachzudenken, was sich in diesen Menschen spiegelt.

Entspannen Sie sich zunächst. Wenn Sie möchten, können Sie auch ein wenig meditieren. Konzentrieren Sie sich dann auf einen Menschen, zu dem Sie ein schwieriges Verhältnis haben.

Tun Sie für die nächsten Minuten so, als existiere diese Person nur in Ihrer Phantasie oder als sei sie Ihnen im Traum erschienen. Im wirklichen Leben erzeugt diese Person vielleicht Schmerz, Wut und Ablehnung. Doch während dieser Übung sollten Sie sich darüber im klaren sein, daß Sie alles unter Kontrolle haben, da die Person im Moment nur in Ihrer Phantasie anwesend ist.

Fragen Sie diesen Menschen nun, da Sie ihn vor Ihrem inneren Auge sehen, was genau er für Sie spiegelt. Sie könnten zum Beispiel zu ihm sagen: »Ich weiß, du bist in meinem Leben, um mir zu helfen, bewußter zu werden. Mir ist noch nicht klar, was genau du mir beibringen möchtest. Erkläre es mir bitte noch einmal auf eine Weise, die ich besser verstehe.«

Verwandeln Sie diese Person dann in den besten, liebevollsten Lehrer, den Sie je hatten. Beginnen Sie einen inneren Dialog mit ihr, als hätten Sie es mit einem äußerst freundlichen, hilfsbereiten, aufrichtigen und sich klar ausdrückenden Menschen zu tun. Hier sind ein paar Vorschläge, was Sie fragen oder ansprechen könnten:

»Wenn ich sehe, welche meiner Eigenschaften du für mich reflektierst, empfinde ich ...« (Nehmen Sie Verbindung auf zu Gefühlen wie Wut, Angst, Verwirrung usw.)

»Welcher Teil von mir spiegelt sich in dir?«

»Hat das Problem, das ich mit diesem Spiegelbild habe, etwas mit traumatischen Erlebnissen in meiner Vergangenheit zu tun? Wenn ja, was waren das für Erlebnisse?«

Denken Sie daran, daß die Lektionen, die wir von anderen Menschen zu lernen haben, letztlich immer positiv sind. Das heißt, sie weisen uns den Weg, wie wir uns selbst mehr lieben und annehmen oder wie wir mehr von unserem Wesen zum Ausdruck bringen können. Wenn Sie bei dieser Übung sehr negative Eindrücke empfangen, mischt sich vermutlich Ihr »innerer Kritiker« störend ein. Konzentrieren Sie sich erneut, und fragen Sie, welche positiven Resultate für Sie möglich sind.

Erinnern Sie sich zum Abschluß der Übung daran, daß auch Ihre schönsten, erfülltesten zwischenmenschlichen Beziehungen wertvolle Spiegel sind, in denen Ihre größten Gaben sichtbar werden. Lassen Sie also nun noch einen besonders guten und geschätzten Freund vor Ihrem inneren Auge erscheinen, und fragen Sie, welche Ihrer Gaben von ihm widergespiegelt werden.

Die Welt als unser Spiegel

*Wir müssen den Mut haben, die sozialen und politischen
Kräfte in der Welt als Spiegelbilder jener Kräfte zu sehen,
die in uns selbst wirken. Dann können wir wirkungsvoller
nicht nur für unsere persönliche Heilung, sondern auch
für die Heilung des Planeten Verantwortung tragen.*

Auf dem Weg der Wandlung tragen wir nicht nur für unsere eigene Heilung und Integration Sorge, sondern auch für die Heilung der Welt. Wir erkennen die Wechselbeziehung zwischen
unserer individuellen Bewußtseinsreise und der Evolution des
Bewußtseins der Menschheit.

So, wie sich die Unausgewogenheit unseres individuellen Bewußtseins in unseren persönlichen Beziehungen und den Vorkommnissen unseres Alltags widerspiegelt, spiegelt sich die Unausgewogenheit des kollektiven Bewußtseins in unseren
Städten, unserer Nation, in unserem Verhältnis zu anderen Ländern und zur Erde selbst. Da jeder von uns Anteil am Massenbewußtsein hat, es beeinflußt und von ihm beeinflußt wird, ist
die ganze Welt für uns ein Spiegel, der uns hilft, unser eigenes
Wesen besser zu verstehen. Wir müssen den Mut haben, die sozialen und politischen Kräfte in der Welt als Spiegelbilder jener
Kräfte zu sehen, die in uns selbst wirken. Dann können wir wirkungsvoller nicht nur für unsere persönliche Heilung, sondern
auch für die Heilung des Planeten Verantwortung tragen.

Dabei möchte ich aber erneut daran erinnern, daß die Übernahme von Verantwortung für unseren Anteil an der Erschaffung der Welt nicht bedeutet, uns selbst oder anderen die Schuld
für irgend etwas zu geben. Ganz offenkundig ist niemand von
uns, als einzelner, schuld an den Problemen, die es auf der Welt
gibt. Wir sind auch nicht schuld an unseren persönlichen Lebensumständen und Schwierigkeiten. Als spirituelle Wesen
haben wir uns dafür entschieden, eine wichtige Rolle in dem faszinierenden Evolutionsprozeß zu spielen, der sich auf diesem
Planeten ereignet. Wir tun das, um zu lernen und unsere Kräfte

zu entwickeln und weil jeder von uns besondere Gaben hat, die in dieser Welt gebraucht werden.

Wie bereits in den vergangenen Kapiteln dargelegt, trägt jeder Mensch unterschiedliche Aspekte in sich, und wir alle sind damit beschäftigt, diese Energien in unserem Körper, unserer Persönlichkeit und unserem Leben auszubalancieren und zu integrieren. Wie wir gesehen haben, spiegeln sich unsere inneren Konflikte häufig in den Konflikten wider, die wir mit anderen Menschen haben. Wir projizieren buchstäblich unsere unbewußten inneren Konflikte in unsere Umwelt. Dort spiegeln sie sich in unseren Schwierigkeiten mit anderen Menschen oder unserem Problem, im Leben die Dinge zu erreichen, die wir uns wünschen. Auf diese Weise geben wir uns selbst die Möglichkeit, uns dieser inneren Konflikte bewußt zu werden und sie zu heilen. Die Menschen, mit denen wir Konflikte haben, reflektieren für gewöhnlich Teile unseres Wesens, die uns unangenehm sind und die wir noch nicht integriert haben.

Ray, einer meiner Klienten, hatte eine lange Reihe negativer Begegnungen mit Autoritätspersonen hinter sich, bis hin zu Polizei und Justiz. Während unserer gemeinsamen Arbeit erkannte er, daß er seinen eigenen strengen, autoritären Persönlichkeitsanteil abgelehnt und geleugnet hatte. Der Grund dafür war eine negative, konfliktreiche Beziehung zu seinem Vater, der sich selbst sehr stark mit solchen Energien identifiziert hatte. Ray zog nun in seinem Leben ständig solche Menschen und äußeren Umstände an, die ihn zwangen, sich jenen Aspekten seiner selbst zu stellen, denen er bislang immer ausgewichen war – seiner autoritären Schattenseite. Beachtenswert ist hierbei auch, daß Rays Vater in seinem Sohn einen ausgezeichneten Spiegel für sich selbst geschaffen hatte. Ray war buchstäblich ein Spiegel für den Schatten seines Vaters, für jene Energien des alten Mannes, die gegen alle Regeln und starren Strukturen rebellieren wollten!

Als Ray einsah, daß ein gewisses Maß an »Recht und Ordnung« im Leben durchaus sinnvoll ist, konnte er die eher strengen, autoritären Aspekte seines Charakters akzeptieren. Dadurch entwickelte er ein größeres Verständnis für seinen Vater, und so kam es vor dem Tod des alten Mannes zu einer Aussöhnung zwischen den beiden.

Ebenso wie die zwischenmenschlichen Dramen in unserem Leben in unserer individuellen Psyche entstehen, haben die weltweiten sozialen und politischen Ereignisse ihren Ursprung im spirituellen und psychologischen Wirken des Massenbewußtseins, an dem wir alle beteiligt sind. Örtliche, nationale und internationale Konflikte sind eine Massenprojektion individueller innerer Konflikte und jener inneren Konflikte, an denen die Gesellschaft beteiligt ist. Diese inneren Konflikte werden projiziert auf andere Menschen, andere Rassen, andere Kulturen, andere Religionen. Und dann verlagert man sie nach außen in Form von Streitigkeiten, Kriegen, Revolutionen, Aufständen und anderen Versuchen, diejenigen oder dasjenige, worin unsere verleugneten Energien sich spiegeln, zu schwächen oder zu beseitigen.

Genau wie jeder von uns seinen persönlichen Schatten hat, besitzen auch Gruppen einen kollektiven Schatten. Er setzt sich aus jenen Eigenschaften und Energien zusammen, die von der betreffenden Gruppe gemeinsam geleugnet oder unterdrückt werden. Dieser kollektive Schatten ist am Werk, wenn eine Gruppe oder Nation ihre verleugneten Energien auf eine andere Rasse, auf eine ethnische Gruppe oder ein Land projiziert und diese Menschen oder das jeweilige Land zum gefährlichen Feind erklärt. Wenn man keine Feinde hat, hat man niemanden, auf den man seinen Schatten projizieren kann. Dann ist man gezwungen, sich mit sich selbst zu konfrontieren. Das kann schmerzhaft und schwierig sein. Einen Rassenkonflikt oder einen Krieg anzuzetteln, fällt uns offenbar immer viel leichter – oder jedenfalls deutet der Zustand der Welt darauf hin, daß die meisten von uns immer noch auf diese Weise mit ihrem Schatten umgehen.

Wenn wir soziale und politische Konflikte betrachten, können wir oft genau sehen, was jede Konfliktpartei bei sich selbst zu leugnen versucht. Von der jeweils anderen Gruppe werden dann diese verleugneten Eigenschaften widergespiegelt. In einer traditionellen patriarchalischen Gesellschaft wird beispielsweise das maskuline Prinzip von Vernunft und Ordnung gefeiert, während man das intuitive, gefühlvolle weibliche Prinzip unterdrückt. Das spiegelt sich in der Tatsache, daß Männer eine dominierende Rolle einnehmen, während von Frauen verlangt wird, sich unterzuordnen und zu gehorchen. Das ist ein äußeres Spiegelbild für das, was innerlich in jedem Menschen abläuft. In diesem Fall kontrolliert und unterdrückt der maskuline Aspekt in den Männern ihre innere weibliche Seite, oft weil sie etwas »Geheimnisvolles« hat, das ihnen unheimlich ist.

Ebenso haben die Frauen eine patriarchalische, maskuline Energie verinnerlicht, von der die weibliche Kraft der Frauen unterdrückt und herabgesetzt wird. Die meisten Männer und Frauen in einer ausgeprägt patriarchalischen Gesellschaft unterstützen bewußt oder unbewußt diesen Zustand.

In dem Maße, wie wir – Männer und Frauen – die männlichen und weiblichen Energien in uns ins Gleichgewicht brachten, haben sich auch die gesellschaftlichen Rollen von Mann und Frau gewandelt. Und die größere Gleichberechtigung im Äußeren fördert ihrerseits die innere Ausgewogenheit der Menschen. Die innere und die äußere Entwicklung spiegeln einander wider und unterstützen sich gegenseitig. Doch gibt es gegenwärtig, wo wir uns von unserer alten, patriarchalischen Mentalität lösen und die Frauen Selbstbestimmung beanspruchen, bei vielen Frauen eine Neigung, ihre eigene verleugnete oder unterdrückte patriarchalische Energie auf die Männer insgesamt zu projizieren und ihnen die Schuld an der Unterdrückung der Frauen zu geben. Und viele Männer reagieren auf ihre Angst vor der eigenen weiblichen Energie, indem sie weiterhin versuchen, Frauen zu beherrschen, und sie nur in untergeordneten Positionen dulden. Doch die Entwicklung geht weiter, und inzwischen erlangen immer mehr Angehörige beider Geschlechter die Fähigkeit, Verantwortung für ihre eigene innere Wandlung zu übernehmen.

Vor ein paar Jahren veröffentlichte Sam Keen ein sehr interessantes Buch mit dem Titel *Gesichter des Bösen.** Darin zeigte er eine Sammlung von Kriegsplakaten und politischen Karikatu-

---

* Sam Keen: *Gesichter des Bösen.* Heyne Sachbuch Nr. 254.

ren, die die *Gesichter des Feindes* auf stark verzerrte und überzeichnete Weise darstellten. Keen wies darauf hin, daß während eines Krieges oder einer Revolution der Gegner auf eine stereotype Weise bildlich dargestellt wird, die kaum noch etwas mit den tatsächlichen Merkmalen der betreffenden Volksgruppe zu tun hat. In den Karikaturen und auf den Plakaten wurde der Eindruck erweckt, die Menschen dieser Gruppe oder Nation seien alle gleich. Meistens wurde behauptet, es handele sich um Untermenschen, die zu allem fähig seien.

Das heißt natürlich keineswegs, daß in den Leuten, die unsere Eigenschaften, die uns an uns selbst mißfallen, in der Außenwelt ausagieren, diese Eigenschaften gar nicht wirklich existieren. Im Gegenteil, in den meisten Fällen sind diese Eigenschaften in ihnen äußerst real. Adolf Hitler zum Beispiel beging die abscheulichsten Verbrechen. Doch der entscheidende Punkt hierbei ist: Solange wir nicht lernen, die Verantwortung für unseren eigenen Schatten zu übernehmen, werden wir immer weiter damit fortfahren, die verleugneten Aspekte unserer Persönlichkeit nach außen zu projizieren – und damit verleihen wir jenen Personen und Institutionen Macht, die diese Aspekte widerspiegeln.

Manchmal wird die ganze Welt zur Bühne für einen besonders dramatischen, intensiven und oft tragischen inneren menschlichen Konflikt. So leidvoll, zerstörerisch und entsetzlich solche Ereignisse sein mögen, sie können bei den Beteiligten eine dramatische innere Wandlung bewirken. Auf einer bestimmten Ebene inszeniert das Massenbewußtsein sie, um uns wachzurütteln. Das extremste Beispiel dafür in der jüngeren Geschichte – so abscheulich, daß man zögert, diese Kriterien darauf anzuwenden – ist der Holocaust. Hitler und die Nazis demonstrierten in unglaublicher Radikalität die menschliche Neigung, andere zu beschuldigen, sie zu Sündenböcken zu machen und zu quälen. Die Tatsache, daß das deutsche Volk dies zuließ und daß sogar in Amerika anfangs ein öffentliches Anprangern von Hitlers Taten vermieden wurde, zeugt von einer Neigung, die in uns allen vorhanden ist: Wir verschließen gerne vor unliebsamen Realitäten die Augen und fügen uns eher äußeren Autoritäten, statt es auf eine Konfrontation ankommen zu lassen und gemäß unserer inneren Wahrheit zu sprechen und zu handeln. Und jene, die verfolgt wurden, zeigten uns allen, welche schrecklichen Erlebnisse es nach sich ziehen kann, wenn man sich innerlich mit der Rolle des Opfers identifiziert.

Natürlich ist hier nicht genug Raum, um alle Aspekte dieses Themas ausführlich zu erörtern. Wichtig ist, daß wir lernen sollten, all diese schrecklichen Blutbäder als etwas zu begreifen, das aus Bereichen des kollektiven Bewußtseins kommt, die dringend Heilung brauchen. Aus menschlicher Sicht sind solche Ereignisse entsetzlich und ergeben überhaupt keinen Sinn. Doch aus einer größeren Perspektive können wir sie vielleicht als einen Weg des kollektiven Bewußtseins begreifen, unbewußte Kräfte in dramatischer Weise ans Licht treten zu lassen, damit wir sie erkennen, annehmen und heilen. Durch die ungeheure Intensität solcher Ereignisse wird das Massenbewußtsein gezwungen, in seiner Evolution einen großen Sprung nach vorn zu machen. Natürlich braucht es seine Zeit, bis alle Kulturen und Individuen die entsprechenden Lektionen gelernt haben; daher erleben wir immer noch eine Vielzahl schrecklicher Konflikte, von denen einige dem Holocaust nur zu ähnlich sind, wie etwa die sogenannten »ethnischen Säuberungen« im ehemaligen Jugoslawien.

Ein sehr interessantes Beispiel für das Ausagieren innerer Polaritäten auf der Weltbühne war die Konfrontation zwischen den Vereinigten Staaten unter Führung von George Bush und dem Irak unter Führung von Saddam Hussein. Die Vereinigten Staaten stehen, wenigstens in den Augen der meisten Amerikaner und unserer Verbündeten, sehr stark für »das Gute«. Sie werden als jene Macht betrachtet, die ihren enormen Einfluß weltweit für Gerechtigkeit und Frieden einsetzt. George Bush galt für viele als Held, der für das Gute kämpft, als politischer Führer, der seine Macht nicht mißbraucht, sondern zur Wahrung von Recht und Ordnung nutzt.

Aber es gibt in den USA viele politisch und wirtschaftlich Mächtige, die *nicht im geringsten* von Güte, Gerechtigkeit und Wahrheit motiviert sind, sondern von Gier und Machthunger. Sie sind die Schattenseite unseres Landes, die von Saddam Hussein perfekt widergespiegelt wird. Er steht für Gewaltanwendung aus niederen Motiven und hemmungslosen Machtmißbrauch. Möglicherweise war der Krieg mit ihm für uns unvermeidlich, wenn man die beteiligten Energien in Betracht zieht. Aber haben wir darüber nicht versäumt, das Spiegelbild unseres eigenen Schattens zu erkennen und die Verantwortung dafür zu übernehmen?

Daß wir unsere eigenen verleugneten Energien auf andere Menschen projizieren und dann zu unterdrücken versuchen, indem wir die Menschen unterdrücken, die diese Energien für uns repräsentieren, wird bei Rassenkonflikten besonders offensichtlich. Es ist interessant, daß Menschen mit heller Haut überall auf der Welt dazu neigen, Menschen mit dunklerer Hautfarbe zu unterdrücken – also jene Menschen, die gewissermaßen die Schattenseite der Weißen repräsentieren. Dunkelhäutige Menschen haben anscheinend im Laufe der Geschichte auf einer gewissen Ebene den Glaubenssatz verinnerlicht, daß sie irgendwie minderwertig sind; ihre hellhäutigen Unterdrücker in der Außenwelt sind für ihr Unterbewußtsein dann letztlich der »Beweis« für die Richtigkeit jener verinnerlichten Glaubenssätze, mit denen sie sich selbst unterdrücken. Wenn sie beginnen, gegen die äußeren Machtverhältnisse zu rebellieren und für Selbstbestimmung und Würde zu kämpfen, bekämpfen sie damit gleichzeitig (bewußt oder unbewußt) ihre Selbstzweifel und ihren Selbsthaß. Ich denke, das zeigt sich in dem Slogan »Black is beautiful«, der aus den Siegen der Bürgerrechtsbewegung in den sechziger und siebziger Jahren geboren wurde. Er weist auf einen Heilungsprozeß bei den Unterdrückten hin.

Deena Metzger, die zu faszinierenden Erkenntnissen über die »politischen Vorgänge« innerhalb ihrer Psyche gelangte, erwähnte ich bereits (s. Kapitel »Bewußtes Handeln«). Der folgende Textauszug stammt aus ihrem ausgezeichneten Artikel *Personal Disarmament: Negotiation with the Inner Government* (dt. Übers. d. Titels: Persönliche Abrüstung: Verhandlungen mit der inneren Regierung.).*

* Veröffentlicht in: *Revision*, vol. 12, no. 4.

»In einem kleinen, isolierten Land namens Zebra haben die Sonnenmenschen die Schattenmenschen, die zahlenmäßig in der Mehrheit sind, in entlegene Reservate verbannt, weit entfernt von den großen Städten und den Zentren der Macht. Einige Schattenmenschen arbeiten für die Sonnenmenschen oder werden in Naturparks zur Belustigung von Touristen zur Schau gestellt. Das Regierungssystem ist theokratisch, mit einem Diktator, dem die Oligarchie und die Priester treu ergeben sind.

Der Diktator und die herrschende Elite wissen nichts von der Kultur, den Sitten, Werten und spirituellen Neigungen der Schattenmenschen; dennoch steht die Furcht vor den Schattenmenschen und der Wunsch, sie unter Kontrolle zu halten, hinter jeder Entscheidung der Regierung. Es herrscht die Auffassung, daß größere Freiheiten für die Schattenmenschen oder gar deren Machtübernahme den Staat vollkommen verändern würde. Die Minderheit fürchtet nicht den Tod; sie fürchtet um ihren Lebensstil. Eine Änderung ihres Lebensstil wäre schlimmer als der Tod.

Eines Tages gibt es einen ernsten Stromausfall. Die Stromverbindungen wurden unterbrochen. Energie ist der Hauptexportartikel dieses Landes. Nun ist das Land wie gelähmt. Die Schattenmenschen geben freimütig zu, daß sie die Stromversorgung unterbrochen haben, machen jedoch geltend, daß die erzeugte Energie immer schon ihnen gehört habe ... «

Deena fährt fort:

»Dieses Szenario könnte die Zustände in zahlreichen Ländern der Erde beschreiben. In Wahrheit ist es eine Beschreibung meines eigenen seelischen Zustandes, eine politische Beschreibung des Nationalstaates meiner eigenen Psyche. Ich bin zu der Überzeugung gelangt, daß ein menschliches Individuum wie ein Land ist, daß ein Mensch viele Teilpersönlichkeiten enthält, die eine Regierung besitzen, so wie ein Land regiert wird, und daß der einzelne Mensch mit den gleichen Problemen zu kämpfen hat wie eine Nation. Den größten Teil meines Lebens war ich mir der wahren Regierungsform und des Zustandes der Gesellschaft in meinem Staatsgebiet überhaupt nicht bewußt ...

173

Daher begann ich, wenn auch widerstrebend, langsam und unter Schmerzen, die Vorherrschaft der Minderheit abzuschaffen. Das tat ich, obwohl die Sonnenmenschen darauf beharrten, daß dadurch Wachstum und Fortschritt zum Stillstand kommen und eine Katastrophe die Folge sein würde. [...] Ich begriff, daß das Regierungssystem, von dem ich innerlich beherrscht wurde, den Regierungssystemen draußen in der Welt ähnelte. [...] Es brach mir fast das Herz, als ich erkannte, daß all meine Arbeit in der Außenwelt von gegensätzlichen Werten untergraben wurde, die ständig aus meiner inneren Welt nach draußen sickerten. Ich konnte nicht in der äußeren Welt Demokratin sein und für die Demokratie eintreten, während ich innerlich eine Tyrannin war. [...] Ich konnte nur darauf hoffen, in der äußeren Welt eine Änderung herbeizuführen, wenn ich zuvor meine Innenwelt änderte. [...]

Im Juli 1985 hielt ich einen Vortrag über Persönliche Abrüstung im Friedenszelt der Nichtstaatlichen Organisationen auf der Frauenkonferenz der Vereinten Nationen in Nairobi. Ich fragte die anwesenden Frauen aus Afrika, Amerika und Europa, von wem ihre inneren Staaten regiert würden.

Die Mehrheit der Frauen mußte schmerzlich berührt eingestehen, daß in ihrem Inneren Tyrannei herrschte. Sie stimmten mit mir überein, daß sich in der Außenwelt nichts verändern konnte, solange sie nicht auch die Zustände in ihren Innenwelten änderten. [...] Es ging nicht darum, die öffentliche politische Arbeit einzustellen, sondern gleichzeitig die dringend notwendige Arbeit auf der inneren Ebene zu tun.«

Durch soziale, politische, juristische und andere äußere Arbeit lassen sich wichtige Fortschritte erzielen in Problemfeldern wie Rassismus, Sexismus, religiöser Intoleranz, Armut, Gewalt und anderen Geißeln der Menschheit. Doch ich bezweifle, daß wir für diese Probleme wirklich tiefgehende und dauerhafte Lösungen finden werden, solange wir nicht als einzelne fähig sind, diese krankhaften Zustände dort zu heilen, wo sie ihren Ursprung haben – in unserer eigenen Psyche. Dort befinden sich die Wurzeln unseres eigenen Rassismus, Sexismus, unserer

174

Fremdenfeindlichkeit, unserer Vorurteile, unserer Gier und inneren Armut und unserem Hunger nach Befriedigung. Wenn wir wirklich damit aufhören wollen, andere zu tyrannisieren oder uns von ihnen in eine Opferrolle drängen zu lassen, müssen wir lernen, jene inneren Kräfte zu erkennen und zu heilen, die uns dazu veranlassen, uns selbst zu tyrannisieren. Wir müssen lernen, alle Aspekte unserer Person zu lieben und zu achten. Indem wir in uns ein Fundament aus Selbstliebe und Selbstachtung errichten und alle Aspekte unserer Persönlichkeit integrieren, werden wir fähig, all unseren Mitgeschöpfen zu vergeben und ihnen aufrichtig Achtung und Mitgefühl entgegenzubringen. Nur so finden wir den Schlüssel zur dauerhaften Verbesserung der Lebensqualität auf unserem Planeten.

Eines der gefährlichsten Spiegelbilder, mit dem wir alle uns auseinanderzusetzen haben, ist die Art und Weise, wie wir Menschen unsere natürliche Umwelt, die Erde, auf der wir leben, ausbeuten und verschmutzen. Für mich ist das ein Spiegel unserer spirituellen Entfremdung und der daraus resultierenden mangelnden Bewußtheit für unsere Verbundenheit mit allen Dingen. In unserer Gleichgültigkeit und Brutalität gegenüber der natürlichen Welt spiegelt sich die Leugnung unserer inneren Natur. Wie sehr wir den Kontakt zu den Rhythmen und Zyklen des Lebens verloren haben, zeigt sich an unserer erstaunlichen Ignoranz gegenüber den langfristigen Folgen unseres Handelns.

Wenn wir an unserer inneren Heilung arbeiten und wieder in Kontakt mit unseren natürlichen Gefühlen und Energien kommen, reagieren wir ganz automatisch bewußter auf die Energien der uns umgebenden Welt. Wenn wir wieder in Kontakt mit unserem spirituellen Sein stehen und ihm Achtung entgegenbringen, erkennen wir den Geist in allem, was ist. Wir lernen, eingestimmt auf diesen Geist zu leben, in Harmonie mit der Erde.

Die Bilder im Spiegel verstehen

Denken Sie an ein gesellschaftliches Problem, das Sie besonders beschäftigt. Fragen Sie sich, ob sich darin etwas aus Ihrem Innenleben widerspiegelt. Stellen Sie sich vor, daß alle Beteiligten des betreffenden Dramas Teile Ihrer eigenen Persönlichkeit repräsentieren. Was müßte geschehen, damit das betreffende Problem gelöst werden kann? Hier sind einige Beispiele:

Ein Mann war besorgt wegen der unmenschlichen Zustände in den Gefängnissen und der Tatsache, daß Häftlinge einfach nur eingesperrt und bestraft, nicht jedoch resozialisiert wurden. Er fragte sich, welcher Teil von ihm selbst sich eingesperrt fühlte. Welche Teilpersönlichkeiten in ihm waren die Gefangenen, und welche repräsentierten die Gesellschaft, die nur Verachtung für die Gefangenen übrig hatte? Und dann fragte er sich, wie er seinen eigenen »inneren Gefangenen« resozialisieren konnte.

Eine Frau fand Armut und Obdachlosigkeit sehr besorgniserregend. Sie fragte sich, ob es nicht in ihr einen Persönlichkeitsteil gab, der heimatlos und arm war. Und dann überlegte sie, wie sie besser für die Bedürfnisse dieses Teils ihrer Persönlichkeit sorgen konnte.

Ein anderer Mann ärgerte sich darüber, daß die Industrieländer den größten Teil der natürlichen Ressourcen verbrauchen, während die unterentwickelten Nationen in Armut leben. Er überlegte, welche Aspekte in ihm selbst hoch entwickelt waren und den größten Teil seiner verfügbaren Ressourcen verbrauchten, während andere Teile seiner selbst dahinsiechten. Und dann fragte er sich, wie er ein inneres Gleichgewicht erreichen konnte.

Eine Frau war wütend, weil Kriminelle oft ungeschoren davonkommen und ihre Opfer in ihrem Leid allein gelassen werden. Sie überlegte, welche ihrer Teilpersönlichkeiten »ungestraft mordete«, während ein anderer Teil von ihr sich als Opfer fühlte. Und dann fragte sie sich, was sie tun konnte, um dem inneren Morden Einhalt zu gebieten und die eigene Opferrolle aufzugeben.

Die meisten von uns machen sich Sorgen wegen sämtlicher gerade angeführter Probleme. Die Dinge in der äußeren Welt, auf die wir besonders emotional reagieren, stehen für gewöhnlich in engem Zusammenhang zu unseren persönlichen Problemen.

Denken Sie bei dieser Übung stets daran, daß wir nicht *schuldig* sind, falls es einen Zusammenhang oder eine Synchronizität zwischen unseren persönlichen und den Weltproblemen gibt. Doch wenn wir unsere persönlichen Konflikte heilen, tragen wir damit zur Heilung der weltweiten Probleme bei.

Wenn Sie keinen Zusammenhang zwischen gesellschaftlichen Problemen und ihren eigenen entdecken können, oder wenn diese Übung Sie verwirrt, dann lassen Sie die Sache einstweilen auf sich beruhen. Bleiben Sie offen dafür, vielleicht in Zukunft zu neuen Erkenntnissen auf diesem Gebiet zu gelangen.

Bewußtheit und Spiritualität

Bedingungslose Liebe entwickelt sich ganz natürlich,
wenn wir alle unsere Gefühle akzeptieren und alle Teile
unserer Person lieben, auch jene Teile, die selbst noch
nicht zu bedingungsloser Liebe fähig sind.

Es war außerordentlich hilfreich für mich, den Unterschied zwischen Bewußtheit und Spiritualität zu begreifen. Spiritualität ist eine Form von Energie – jene Energie, die uns mit unserem tiefsten Wesenskern und der universalen Quelle verbindet. Bewußtheit ist das Offensein für alle Energien in uns. Demnach ist ein spiritueller Weg nicht unbedingt ein Weg zu größerer Bewußtheit. Wir können daran arbeiten, die spirituelle Dimension unseres Seins zu entwickeln, ohne damit gleichzeitig auch die anderen Aspekte zu entwickeln. Wir können uns spirituell entwickeln und uns dabei völlig mit unserem »spirituellen Selbst« identifizieren. In diesem Fall werden meistens viele andere Energien abgelehnt, besonders die körperlichen und emotionalen Energien. Deswegen trifft man so viele auf hohe spirituelle Ebenen eingestimmte Menschen, deren körperliches und emotionales Leben völlig aus dem Gleichgewicht ist.

Bewußtheit dagegen bedeutet die Entwicklung und Integration aller Aspekte unseres Seins – und nicht nur einseitig des spirituellen Bereiches. Der Weg der Transzendenz ist ein spiritueller Weg, während der Weg der Wandlung ein Weg der Bewußtseinsentwicklung ist. Unsere spirituelle Natur kennenzulernen und zu entwickeln ist ein wichtiger Teil der Bewußtseinsreise, aber es gibt noch viele andere ebenso wichtige Teile. Der Weg der Wandlung bedeutet engagierte Arbeit auf allen Ebenen des Wachstums.

Zu den Dingen, die mir bei der New-Age-Bewegung Sorgen machen, gehört ihre Fixierung auf Transzendenz statt auf Wandlung/Transformation. Viele Menschen glauben, wenn sie sich spirituell entwickelten, könnten sie sich über ihre Probleme erheben und bräuchten sich nicht mehr mit der Schwierigkeit aus-

178

einanderzusetzen, wie man ein Gleichgewicht zwischen seiner spirituellen und seiner menschlichen Natur erreicht. Sie finden es angenehm und ungefährlich, die spirituellen und geistigen Bereiche zu erkunden, und hoffen, auf diese Weise der schmerzlichen und schwierigen emotionalen Heilungsarbeit aus dem Weg gehen zu können. Natürlich ist es völlig legitim, einen transzendenten Weg einzuschlagen, doch Heilwerdung und Ganzheit für den einzelnen Menschen oder für die Welt lassen sich so nicht verwirklichen. Und ironischerweise läßt sich der geistige Frieden, nach dem so viele Menschen auf dem transzendenten Weg streben, gar nicht erreichen, wenn man sich ausschließlich auf den spirituellen Bereich konzentriert.

Glücklicherweise hat die Bewegung zur Entfaltung des menschlichen Potentials (engl.: human potential movement, Anm. d. Übers.) seit den sechziger Jahren eine Vielzahl von Therapieformen, Körperübungen und spirituellen Praktiken integriert. Das Angebot in den Zentren dieser Bewegung, wie dem Esalen Institute in Kalifornien oder dem Open Center in New York, umfaßt heute Körperarbeit, Meditation, Yoga, Intuitions-Training, Gymnastik und psychotherapeutische Techniken. Und die Selbsthilfe-Bewegung, angeführt von den Anonymen Alkoholikern, hat heute einen immer größeren Einfluß auf die weltweite Bewußtseinsentwicklung, wobei inzwischen Zwölf-Stufen-Programme für eine Vielzahl von Alltagsproblemen angeboten werden, von Eheproblemen bis zur Drogensucht.

Was hält Menschen davon ab, sich auf den Weg der Wandlung zu wagen? Bei vielen liegt es einfach am mangelnden Wissen. Sie sind sich gar nicht bewußt, daß eine solche Möglichkeit existiert, oder wissen nicht, wie sie für sich selbst diesen Weg finden sollen. Zum Glück kann dieses Buch als Landkarte für diese Reise dienen.

Doch mangelndes Wissen ist nicht das einzige Hindernis auf dem Bewußtseinsweg. Ein anderes ist die Angst. Wir alle fürchten uns vor dem Unbekannten, und diese Reise führt uns tief in unbekannte Gebiete hinein. Deshalb ist es so wichtig, eine persönliche Beziehung zur eigenen inneren Führung herzustellen. Wenn wir nicht spüren, daß eine höhere Macht in uns wirkt, ängstigt uns die Vorstellung, unser vertrautes Territorium zu verlassen, zu sehr.

Viele Menschen fürchten sich vor emotionaler Heilungsarbeit. Über Psychotherapie existieren viel zu viele Klischees und Mißverständnisse. Leider existieren aber auch viele unqualifizierte oder geradezu schädliche Therapeuten und Heiler, mit denen viele Menschen negative, enttäuschende oder gar traumatische Erfahrungen machten. Daher ist es äußerst wichtig, klug und sorgfältig abzuwägen, welchen Helfern man sich anvertraut.

Viele Leute fürchten, daß sie, wenn sie tief in ihr Gefühlsleben eindringen, sich für immer darin verstricken. Wenn Gefühle unterdrückt und geleugnet wurden, erscheinen sie uns sehr intensiv und mächtig. Dann bekommen wir leicht den Eindruck, sie könnten uns vollkommen überwältigen, wenn wir ihnen Gelegenheit dazu geben.

Doch die Wirklichkeit sieht ganz anders aus. Wenn wir uns mit dem uns gemäßen Tempo auf den Heilungsprozeß einlassen, ohne uns selbst zu sehr zu drängen und mit der richtigen Unterstützung, ist die Sache viel leichter, als wir glauben. Jeder von uns besitzt einen inneren Mechanismus, der über das Tempo unserer Reise wacht. Wenn wir eine Emotion wirklich zulassen, entdecken wir, daß sie uns nicht völlig überwältigt; statt dessen ebbt die Gefühlswelle allmählich ab und hinterläßt ein wunderbares Gefühl inneren Friedens.

Aufgrund meines eigenen emotionalen Heilungsprozesses und meinen Erlebnissen mit Tausenden von Leuten, die ich während der letzten fünfzehn Jahre durch solche Prozesse begleitet habe, kann ich mit voller Überzeugung sagen, daß eine tiefgehende emotionale Heilung möglich ist. Sie ist für jeden erreichbar, der bereit ist, sich ernsthaft auf den Heilungsprozeß einzulassen.

In New-Age-Zirkeln ist viel von bedingungsloser Liebe die Rede. Viele Lehrer drängen ihre Anhänger, Vergebung zu praktizieren, nicht zu urteilen und frei von Bedingungen zu lieben. Und viele aufrichtig Suchende versuchen ernsthaft, diese Lehren zu befolgen. Ich habe mit der Art, wie diese Ideen oft präsentiert werden, meine Probleme. Natürlich ist strenges Urteilen für alle Beteiligten unangenehm und spaltet die Menschen. Vergebung ist außerordentlich heilsam für den, der vergibt, und für den, dem vergeben wird. Und es gibt nichts Herrlicheres, als bedingungslose Liebe zu geben und/oder zu empfangen. Doch es gibt in diesem Bereich viel Verwirrung und große Mißverständnisse, und es wird vieles gelehrt, was der transzendenten Philosophie entstammt.

Wichtig ist, sich den Unterschied zwischen unserem spirituellen Wesenskern und unserer menschlichen Persönlichkeit klarzumachen. Als spirituelle Wesen sind wir immer vereint mit der universalen Liebe, die immer bedingungslos ist und nie urteilt. Die Persönlichkeit hat aber das Ziel, in der physischen Welt leben zu lernen und unsere emotionalen Bedürfnisse zu erfüllen. Auf der Persönlichkeitsebene sind wir vor allem darum bemüht, das verletzliche Kind in uns zu beschützen und für seine Bedürfnisse zu sorgen; auf dieser Ebene ist unser Liebesgefühl mit dem Bedürfnis nach Sicherheit, Vertrauen und Nähe verknüpft. In unserer Persönlichkeit gibt es wirkungsvolle Schutzmechanismen, die unsere Liebe blockieren können, wenn wir uns nicht sicher fühlen.

Statt diese Gefühle und Reaktionen zu leugnen oder zu unterdrücken, sollten wir die Aufgaben unserer menschlichen Persönlichkeit respektieren und wertschätzen. Sie ist nicht von Natur aus unfähig zu bedingungsloser Liebe. Es kann sehr heilsam sein, wenn wir das als gegebene Tatsache anerkennen und unsere menschliche und spirituelle Natur gleichermaßen würdigen.

Wenn wir eine starke Ablehnung gegenüber einem anderen Menschen spüren, sollten wir dieses Gefühl nicht leugnen, sondern herausfinden, wodurch es entsteht. Im allgemeinen lehnen wir uns selbst oder andere ab, wenn wir unserer inneren Wahrheit nicht gefolgt sind oder wenn ein anderer Mensch eine unserer verleugneten Teilpersönlichkeiten widerspiegelt. Anstatt unsere ablehnenden Gefühle einfach zu unterdrücken, sollten wir sie als Hinweise betrachten, wonach wir in uns selbst suchen müssen; letztlich sind sie Geschenke, die der Heilung dienen.

Wenn wir versuchen, solche Gefühle zu unterdrücken oder zu ignorieren, versäumen wir die Gelegenheit, aus ihnen zu lernen und bewußter zu werden.

Was die Vergebung angeht, so versuchen viele Menschen, anderen sehr rasch zu vergeben, weil ihnen das die Möglichkeit gibt, Gefühlen auszuweichen, vor denen sie sich fürchten. Wenn wir emotional verletzt wurden, kann das in uns viele Gefühle auslösen. Dazu gehören Schmerz, Furcht, Abkapselung, Wut und sogar Rachegelüste. Akzeptieren wir alle diese Gefühle dann, wenn sie auftreten, und durchleben sie wirklich, wird sich am Ende auf natürliche Weise ein Gefühl der Vergebung einstellen.

Vergebung wird möglich, wenn wir die Lektion, die eine bestimmte Erfahrung für uns bereithielt, gelernt haben und bereit sind, loszulassen und weiterzugehen. Wenn wir übereilt zu vergeben versuchen, bevor wir wirklich bereit dazu sind, blockieren wir dadurch unseren Lernprozeß, unterdrücken unsere Gefühle und lassen eine Chance, heiler zu werden, ungenutzt. An einem bestimmten Punkt sind Vergebungsrituale gewiß sehr wichtig, aber nur wenn wir uns sicher sind, daß wir uns damit nicht vor unangenehmen Lektionen zu drücken versuchen.

Der Schlüssel zu bedingungsloser Liebe findet sich in jener Liebe, die unser Geist für unsere Persönlichkeit empfindet. Wenn wir uns auf unseren Geist, unsere Spiritualität einstimmen, werden wir fähig, uns selbst bedingungslos zu lieben – auch die Teile unserer Persönlichkeit, die wütend, ablehnend, bedürftig und selbstsüchtig sind. Dann entwickeln wir ein natürliches Mitgefühl gegenüber anderen Menschen. Wir erkennen in ihnen die gleichen menschlichen Eigenschaften, die wir bei uns selbst zu lieben gelernt haben. Indem wir unsere eigene Persönlichkeit auf diese Weise lieben und achten, bekommen wir einen klaren Blick für den persönlichen Entwicklungsstand anderer Menschen. Wir können uns auf angemessene Weise abgrenzen und in der Frage, welchen Menschen wir uns öffnen sollen, kluge Entscheidungen treffen. Gleichzeitig erkennen wir, durch unsere Verbundenheit mit unserem göttlichen Wesenskern, die spirituelle Natur jedes Menschen, auch jener Menschen, von denen wir wissen, daß es für uns besser ist, zu ihnen eine gewisse Distanz zu wahren.

In den letzten Jahren haben viele Menschen in Selbsthilfegruppen gelernt, daß es gerade auch für einen liebevollen Menschen mitunter notwendig ist, Grenzen zu ziehen gegenüber geliebten Menschen, die suchtkrank sind. Oft müssen sie lernen, daß besonders liebevolles und mitfühlendes Handeln darin bestehen kann, den Süchtigen schonungslos damit zu konfrontieren, was er anderen Menschen antut. Wenn Angehörige den Süchtigen in dieser Weise mit seiner Sucht konfrontieren und darauf bestehen, daß er sich einer Therapie unterzieht oder zu einer Selbsthilfegruppe geht, ist das für ihn oft der entscheidende Anstoß für eine dauerhafte Heilung, wie viele ehemalige Süchtige übereinstimmend berichten.

Hal Bennett erzählte mir kürzlich eine Geschichte, die vielleicht hilft, diesen Punkt zu verdeutlichen. Nach seinem ersten College-Abschluß arbeitete er als Lehrer für verhaltensgestörte Kinder. Nach der ersten Woche mit diesen Kindern war er nahe daran aufzugeben. Er sagte seinem Vorgesetzten, die Kinder seien einfach zu gewalttätig, um mit ihnen zu arbeiten. Immer wieder mußte im Erste-Hilfe-Zimmer alles mögliche verarztet werden, von blutenden Nasen bis zu gebrochenen Armen. Hals Vorgesetzter bat ihn, es noch zwei weitere Wochen zu versuchen und während dieser Zeit zwei Dinge nicht zu vergessen: Erstens könne er bei diesen Kindern nie etwas erreichen, wenn er nicht lerne, sie zu lieben.

Und zweitens würde er niemals lernen, sie zu lieben, solange er nicht die Tatsache akzeptiere, daß praktisch jeder von ihnen fähig war, ihm ein Messer in den Rücken zu stoßen, wenn er nicht achtgab.

Anfangs schien das ein Widerspruch zu sein. Doch als die zwei Wochen vorüber waren, erkannte Hal die Weisheit in dem, was sein Vorgesetzter gesagt hatte. Vor ihrer Unterredung hatte Hal das Verhalten der Kinder zutreffend als gewalttätig und potentiell gefährlich für ihn und für andere beurteilt. Doch diese Einstufung des Verhaltens der Kinder richtete eine große Wand zwischen Hal und ihnen auf. Er hatte sie wegen ihres Verhaltens innerlich abgelehnt und sich eingeredet, sie seien es nicht wert, daß man sich um sie kümmerte.

In den folgenden Tagen dachte er ständig über das nach, was sein Vorgesetzter ihm gesagt hatte. Er akzeptierte die Tatsache, daß die Kinder sich gewalttätig verhielten, aber er sah darin nicht länger einen Grund, sie abzulehnen. Er fing an, ein wenig hinter ihr äußerliches Verhalten zu blicken, und erkannte, daß jedes dieser Kinder trotz allem eine sehr sanfte, liebevolle Seele besaß. Um einen Kontakt zu diesen Seelen herzustellen, mußte er Wege finden, mit der Gewalttätigkeit der Kinder zurechtzukommen – sie nicht zu leugnen, sondern den Kindern zu zeigen, wie sie auf angemessenere Weise miteinander umgehen konnten.

Um das gewalttätige Verhalten der Kinder, das aus tiefen seelischen Verletzungen und mangelnder Zuwendung herrührte, zu verwandeln, mußte er sich auch seiner eigenen Wut und Aggressivität stellen und sie heilen. Er und die vier anderen Lehrer, die mit diesen Kindern arbeiteten, taten das gleichermaßen, um eine heilsame Umgebung für die Kinder zu schaffen und um sich ihren eigenen Gefühlen zu stellen. Hal blieb schließlich für drei Jahre an dieser Schule und half als Mitglied eines hochmotivierten Lehrer-Teams, das Leben von fast dreißig Kindern zu verwandeln.

Denken Sie daran, daß es nicht funktioniert, wenn man willentlich *versucht,* Liebe oder ein anderes Gefühl zu empfinden. Unsere Gefühle werden nicht vom Willen gesteuert. Und der Versuch, sie bewußt zu kontrollieren, führt dazu, daß wir Teile unserer Persönlichkeit verleugnen, unterdrücken und ablehnen, oder dazu, daß wir falsche Gefühle zur Schau stellen. Wenn wir jedes Gefühl – mag es nach unserer vorherigen Einschätzung auch noch so »unakzeptabel« sein – anerkennen und achten, schaffen wir damit Raum auch für sein Gegenteil. Der *Versuch,* bedingungslos zu lieben, ist also ein Widerspruch in sich. Bedingungslose Liebe entwickelt sich ganz natürlich, wenn wir alle unsere Gefühle akzeptieren und alle Teile unserer Person lieben, auch jene Teile, die selbst noch nicht zu bedingungsloser Liebe fähig sind.

Uns selbst und andere akzeptieren

Setzen oder legen Sie sich mit geradem, gut abgestütztem Rücken bequem hin. Atmen Sie einige Male langsam und tief durch, und lassen Sie Körper und Geist ganz ruhig werden. Bitten Sie darum, mit jenem Teil in Ihnen in Kontakt zu kommen, der Sie oder andere Menschen verurteilt. Fragen Sie ihn, wen und was er verurteilt. Fragen Sie, welche von Ihnen abgelehnten Teile Ihres Wesens sich in diesen Urteilen widerspiegeln.

Bitten Sie nun um Kontakt zu dem spirituellen Aspekt Ihres Wesens, der bedingungslos liebt. Bitten Sie diesen liebevollen Teil Ihrer selbst, Ihnen zu zeigen, wie Sie alle Aspekte Ihres Wesens akzeptieren können, einschließlich Ihres hart urteilenden Selbst und allen Persönlichkeitsteilen, die es ablehnt. Stellen Sie sich vor, daß Sie von einem schönen rosafarbenen Licht der Liebe und Akzeptanz umgeben sind. Stellen Sie sich nun vor, daß Sie andere Menschen mit jenem Mitgefühl betrachten, das in Ihnen entsteht, wenn Sie sich selbst akzeptieren.

Die Welt verändern

*Wenn wir uns von unseren spirituellen, geistigen,
emotionalen und physischen Blockaden und
Einschränkungen befreien, kann die kreative Lebenskraft
freier in uns fließen. Diese Lebensenergie bewirkt auf
natürliche Weise, daß unser Handeln in der Welt sinnvoll
und effektiv ist, gemäß unserer höheren Bestimmung und
im Einklang mit unserer Natur.*

Schon früh in meinem Leben nahm ich starken Anteil an politischen und gesellschaftlichen Fragen. Ich wuchs in einer politisch aktiven, liberalen Familie auf. Dort wurde ich ermutigt, meine Meinung zu sagen und mich aktiv für die Dinge einzusetzen, an die ich glaubte. Ich schrieb Leserbriefe an die Lokalzeitung; ich schrieb an die Abgeordneten meines Wahlbezirkes (obwohl ich selbst noch nicht alt genug war, um wählen zu gehen); ich half freiwillig bei politischen Schulungsprogrammen mit und nahm an vielen Demonstrationen teil. Während meines ersten Monats auf dem College verbrachte ich wegen einer Demonstration gegen den Vietnamkrieg eine Nacht im Gefängnis. Ich glaubte daran, etwas verändern zu können, und war entschlossen, alles in meiner Macht Stehende zu tun, um diese Welt lebenswerter zu machen.

Doch nach und nach erfaßte mich eine gewisse Desillusionierung. Die politischen Entwicklungen waren nicht ermutigend. Die Morde an den Kennedys und an King, die nicht vorhandenen politischen Mehrheiten für die Kandidaten und Ziele, an die ich glaubte, der sich immer weiter hinziehende Krieg …, das alles enttäuschte mich sehr. Als Nixon zum Präsidenten gewählt wurde, gab ich auf. Als ich endlich alt genug war, um selbst wählen zu dürfen, interessierte es mich plötzlich nicht mehr.

Noch viel mehr als die politischen Enttäuschungen machte mir eine tiefe existentielle Krise zu schaffen, die Sinn und Zweck meines Lebens völlig in Frage stellte. Ich fühlte mich leer, allein und unzufrieden; ich fragte mich, wer ich war und wozu ich existierte. Meine Suche nach Sinn und Erfüllung machte mich bereit für die ersten Schritte meiner Bewußtseinsreise.

Viele Jahre richtete ich meine Aufmerksamkeit vor allem nach innen, bemüht, mich selbst und die wahre Natur des Lebens zu verstehen. Intuitiv spürte ich, daß man im Leben nur wirklich etwas bewirken und Erfüllung finden konnte, wenn man sich mit diesen zentralen Fragen auseinandersetzte. Ich arbeitete hart daran, mich selbst auf allen Ebenen kennenzulernen und zu entfalten – spirituell, geistig, emotional und körperlich. Ich durchlief einen umfassenden Heilungsprozeß, der zwar manchmal schmerzhaft und schwierig, doch auch faszinierend und aufregend war. Von Anfang an teilte ich, während ich nützliche Ideen und Hilfsmittel entdeckte und allmählich klüger wurde, mein neu erworbenes Wissen mit anderen, indem ich Beratungen und Seminare durchführte und Bücher schrieb.*

Während dieser ganzen Zeit interessierte ich mich nur sehr wenig für die äußere Wirklichkeit. Ich las selten Zeitung und sah kaum fern, so daß ich nur wenig über aktuelle Ereignisse informiert war. Ich versuchte nicht bewußt, diesen Dingen aus dem Weg zu gehen. Ich hatte zu dieser Zeit einfach keinen Bezug zu ihnen. Obgleich ich wußte, daß ich ein Teil des Massenbewußtseins war, das diese Welt erschuf, konzentrierte ich mich mehr auf eine andere Wirklichkeit. Ich hatte das Gefühl, daß wir, die wir uns mit der Entwicklung unseres Bewußtseins beschäftigten, dabei waren, in uns selbst eine ganz neue Welt zu erschaffen. Ich war völlig damit beschäftigt, mein eigenes Bewußtsein zu transformieren und eine neue Realität zu erschaffen, so daß ich für die gute, alte Welt um mich herum nur wenig Energie übrig hatte.

Meine persönliche Entwicklung ist, wie ich glaube, ziemlich typisch für viele Menschen aus meiner Generation. Es ist eine Entwicklung, die in hohem Maße mißverstanden und fehlinterpretiert wurde, besonders von den Medien. Ich habe viele Artikel in Zeitungen und Zeitschriften gelesen, in denen das Verschwinden des Idealismus und Aktivismus der sechziger und

---

* Falls Sie gerne mehr über mein Leben erfahren möchten, können Sie meine persönliche Geschichte in *Im Garten der Seele* nachlesen.

frühen siebziger Jahre beklagt wurde. Wenn man diesen Artikeln Glauben schenkt, hat sich dieser Idealismus und Aktivismus praktisch in nichts aufgelöst. Zweifelsohne haben tatsächlich einige Leute ihre Überzeugungen aufgegeben, doch bei vielen von uns ist der Prozeß der radikalen Veränderung lediglich mehr in die Tiefe gegangen. Er hörte nicht auf, sondern wurde innerlicher, stiller und persönlicher.

In den Massenmedien und sogar in politisch orientierten alternativen Medien ist es Mode geworden, jede Form der Beschäftigung mit persönlichem Wachstum als »narzißtisch und selbstbezogen« zu kritisieren. Diese Kritik mag zwar in Einzelfällen zutreffen, doch bei den meisten von uns Bewußtseinsreisenden ist sie völlig fehl am Platz. Statt vor der äußeren Welt zu fliehen, haben wir das innere Fundament für äußeren Wandel gelegt.

Hier ist meine Sicht der Bewußtseinsevolution in diesem Jahrhundert:

Während der ersten Hälfte des Jahrhunderts wurde fast die ganze Welt von gewaltigen Umwälzungen erschüttert – zwei Weltkriege, eine schwere Wirtschaftskrise, Völkermord. Diese Ereignisse bewirkten eine rasante Beschleunigung der menschlichen Entwicklung, weil sie uns zwangen, unseren dunkelsten Schatten und verborgensten Ängsten ins Auge zu sehen. Sie drängten uns dazu, die Welt und die Menschheit als ein großes, zusammenhängendes System zu begreifen.

Die fünfziger Jahre waren von dem Bemühen gekennzeichnet, zu neuer Stabilität und einer gewissen »Normalität« zu finden. Die späten fünfziger und frühen sechziger Jahre brachten eine große Öffnung für die irrationalen Kräfte des Lebens – Instinkte, Emotionen, Intuition und Spiritualität –, zuerst durch Rhythm and Blues, dann durch den Rock 'n' Roll und später durch die psychedelischen Drogen. Es fand eine große Rebellion gegen die Beschränktheit des übermäßig linearen, logischen und kontrollierten westlichen Denkens und der entsprechenden gesellschaftlichen, politischen und militärischen Machtstrukturen statt.

In den siebziger Jahren erlebte zum erstenmal in der Geschichte des Westens eine relativ große Zahl von Menschen nichtlineare, transpersonale und sogar mystische Bewußtseinszustände. Damit erhielten viele Menschen Zugang zu spirituellen Einsichten und zu alternativen Heilmethoden und Lebensformen. Viele westliche Menschen waren fasziniert von der Weisheit Asiens und/oder der erdorientierten Spiritualität indigener Völker, etwa der nordamerikanischen Indianer.

In den achtziger Jahren beschäftigten sich viele von uns weiterhin mit der Entwicklung und Erweiterung ihres Bewußtseins. Viele neue Lernmöglichkeiten entstanden, als wir unseren Entwicklungsprozeß stärker in die Welt der Form einbrachten, indem wir uns wieder mehr um unsere Karrieren und Familien kümmerten. Das war oft schmerzhaft und schwierig. In der Vergangenheit lebte die überwiegende Mehrzahl der Menschen ständig am selben Ort, Ehen dauerten das ganze Leben, und man wechselte fast nie den einmal erlernten Beruf. Als wir spürten, daß wir diesen alten Lebensstil nicht länger fortsetzen konnten, suchten wir nach einer neuen Art zu leben, wobei es nur wenige Vorbilder gab, denen wir hätten folgen können. Wenn wir dabei auch oft sehr verwirrt waren und das Gefühl hatten, daß alle unsere Versuche fehlschlugen, hatten wir doch immer den Mut weiterzumachen.

Jetzt, in den neunziger Jahren, wo wir uns rapide auf das nächste Jahrtausend zubewegen, schreitet die Evolution immer rascher und intensiver fort. Die neue Welt, die wir in uns erschufen, wird jetzt geboren, und es ist keine leichte Geburt. Die Wehen sind äußerst schmerzhaft! Doch allmählich nimmt das Neue Gestalt an. Das sehen wir an der wachsenden Zahl von Menschen, die sich für soziale und politische Reformen einsetzen, und an den vielen, die sich um die Entwicklung ihres Bewußtseins bemühen, nicht um vor den Problemen der heutigen Welt zu fliehen, sondern um bei der Heilung der Welt mitzuhelfen.

Jetzt wo die neue Welt Form annimmt, stirbt die alte Welt und zerbricht überall in Stücke. Alte Verhaltensweisen, Institutionen und Systeme funktionieren einfach nicht mehr. Insoweit wir noch mit jener Welt verbunden sind – und es ist schwer, das nicht mehr zu sein –, spüren wir Angst und Verwirrung. In dem Maße, wie wir bereits an der Erschaffung der neuen Welt beteiligt sind, fühlen wir Begeisterung und Aufregung.

Viele von uns stehen mit einem Fuß in beiden Welten und haben ein bißchen das Gefühl, zwischen den beiden Wirklichkeiten gefangen zu sein. Sie wissen nicht recht, woran sie glauben sollen. Leiden und Chaos in der Welt machen uns angst. Wir sind unsicher, wie wir die Herausforderungen in unserem persönlichen Leben bewältigen sollen. Die weltweiten Probleme wirken erdrückend. Wir würden gerne helfen, wissen aber nicht, was wir tun sollen.

Viele von denen, die sich in erster Linie auf eine innere Reise und/oder die Heilung und Entwicklung ihrer Persönlichkeit konzentriert hatten, spüren jetzt, daß sich ihre Energie wieder nach draußen wendet. Alle Dinge bewegen sich in Zyklen. Nachdem wir tief in unser Inneres vordrangen, ist es für viele von uns jetzt an der Zeit, in der Außenwelt aktiv zu werden. Dieser innere Wandel spiegelt sich synchron in vielem, was zur Zeit auf unserem Planeten geschieht. Zum einen scheint sich der Zustand unserer irdischen Umwelt rapide zu verschlechtern. Wir spüren immer deutlicher, daß wir uns rasch und effektiv um die Probleme kümmern müssen, weil es sonst zu spät sein könnte. Ein anderer Faktor ist das sich wandelnde politische Klima in der Welt und in unserem Land.

Als ich anfing, erste Ideen und Notizen für dieses Buch zu sammeln, wurde die Welt noch immer sichtbar von der alten, männlichen Mentalität des kalten Krieges beherrscht. Die Reagan-Bush-Ära war noch nicht zu Ende und die Sowjetunion noch intakt. Abgestumpftheit und Ablehnung gegenüber politischen Themen herrschten vor. Ich hatte jedoch das Gefühl, daß dicht unter der Oberfläche große Veränderungen stattfanden. Deshalb wollte ich ein Buch schreiben, das mithelfen konnte, die Leute auf diesen Wandel aufmerksam zu machen, damit sie jene unterstützten, die bereits an vorderster Front aktiv waren.

Während der Monate, in denen das Buch Gestalt annahm, hat sich das politische Klima weltweit verändert. Die Sowjetunion hat sich aufgelöst, und der kalte Krieg ist offiziell vorüber. In vielen Staaten gibt es massive Veränderungen und »Erschütterungen« der gesellschaftlichen und politischen Strukturen. In den Vereinigten Staaten wurde eine neue politische Führung gewählt, die eine neue Generation, ein verändertes Bewußtsein repräsentiert. Und ich glaube, diese Politiker haben den aufrichtigen Wunsch, unser Land und die Welt in eine neue Richtung zu führen. Ob die neue Regierung ihre Ziele rasch und umfassend verwirklichen kann, ist eine schwierige Frage. In Zeiten großer Veränderungen gibt es immer einen Kampf zwischen der alten und der neuen Mentalität, zwischen dem Status quo und den reformerischen Kräften. Das führt zu Angst, Frustration und Konflikten, gibt aber auch Anlaß zur Hoffnung.

Es ist interessant, die neuen politischen Führer einmal als Spiegelbilder unserer eigenen männlichen und weiblichen Energien zu betrachten. George und Barbara Bush standen für die alte, patriarchalische Ordnung, in der es eine deutliche Trennung zwischen männlichem und weiblichem Rollenverhalten gab. George Bush war der geborene Anführer, Entscheidungsträger und Inhaber äußerlicher Macht; Barbara Bush war ganz die stille, ihn unterstützende Gefährtin, die ihre Macht auf private, wohl eher indirekte Weise einsetzte. Im Gegensatz dazu stehen Bill und Hillary Clinton für einen deutlichen Wandel hin zu mehr Ausgewogenheit und Integration zwischen den inneren männlichen und weiblichen Energien. Er scheint eine gute Verbindung zu der femininen Seite in sich zu haben, sie zu achten und zu schätzen, denn er respektiert und achtet ganz offensichtlich die Stärke seiner Frau. Sie wiederum unterstützt ihre inneren weiblichen Energien durch eine ihr eigene stark entwickelte maskuline Energie. Sich führen zu lassen und selbst zu führen ist ihr offenbar beides gleichermaßen angenehm. Diese gleichberechtigtere männlich-weibliche Partnerschaft im Weißen Haus ist meines Erachtens ein Zeichen für eine größere Ausgewogenheit zwischen dem Männlichen und dem Weiblichen in uns selbst und unserer Gesellschaft.

Die innere Bewußtseinsarbeit, die wir geleistet haben, manifestiert sich nun sichtbar in dieser neuen weltweiten Atmosphäre des Wandels und der Transformation. Wir leben in einer aufregenden Zeit; die Ergebnisse unserer harten Arbeit werden jetzt allmählich sichtbar. Das ist erst der Anfang; es gibt noch sehr viel Chaos, Kampf und Frustration bei diesem Veränderungsprozeß. Aber es läßt sich nicht leugnen, daß der Wandel im Gange ist.

Bei vielen von uns Bewußtseinsreisenden wird durch diese Atmosphäre des Wandels unsere Hoffnung und unsere Vision neu belebt. Wir werden inspiriert, uns aktiv in der Welt zu engagieren. Doch solche Gefühle können auch zu neuen inneren Konflikten führen. Besonders bei jenen, die einem transzendenten spirituellen Weg gefolgt sind, kann ein heftiger Widerspruch entstehen zwischen dem Wunsch, sich von weltlichen Aktivitäten zurückzuziehen, und der Forderung, sich mitten ins Geschehen zu stürzen. Wie können wir uns in der äußeren Welt engagieren und gleichzeitig die innere spirituelle Verbundenheit aufrechterhalten, die wir uns so mühsam erarbeitet haben?

Genau wie die Welt steht auch die Bewußtseinsbewegung an einem Wendepunkt. Statt weiter einem transzendenten Weg zu folgen und uns von der Welt zurückzuziehen, müssen wir uns auf den Weg der Wandlung einlassen und Verantwortung für die Veränderung der Welt übernehmen.

Doch dürfen wir dabei nicht vergessen, daß der Versuch, die globalen Probleme auf rein äußerliche Weise zu lösen, gleichfalls nicht besonders effektiv ist. Die Welt ist voll von Leuten, die mit geringem Erfolg und viel Streit nach Lösungen für gesellschaftliche und planetare Probleme suchen, ohne sich den tieferen Ursachen dieser Probleme zu stellen. So wohlmeinend wir auch immer sein mögen, wenn wir Probleme in der Außenwelt zu »reparieren« versuchen – ohne unser Denken zu heilen, das die äußeren Probleme hervorbringt, tragen wir damit nur zu deren Fortbestehen bei.

In den letzten Jahren gab es zum Beispiel viele Zusammenkünfte, wo der Weltfrieden visualisiert wurde. Ich bin, was weithin bekannt ist, sehr von der Wirksamkeit der bildlichen Vorstellungskraft überzeugt. Schließlich schrieb ich vor vielen Jahren das Buch: *Stell Dir vor. Kreativ visualisieren.* Daher ermutige ich die Menschen, dieses wertvolle Hilfsmittel auch weiterhin einzusetzen, um persönliche und gesellschaftliche Ziele zu verwirklichen. Doch den Weltfrieden oder irgend etwas anderes zu visualisieren wird nur Erfolg haben, wenn wir bereit sind, auch die damit verbundene persönliche Bewußtseinsarbeit zu tun. Wenn wir uns mit Liebe, Licht und friedvollen Energien identifizieren und unsere verdrängten Aggressionen auf andere projizieren, sind unsere Versuche, den Weltfrieden – oder wenigstens ein friedliches Privatleben – zu verwirklichen, zum Scheitern verurteilt. Wenn wir dagegen auf gesunde Weise mit unserer natürlichen Aggressivität umgehen, unseren inneren Krieger als wichtigen Teil unserer Persönlichkeit anerkennen und in unser Leben integrieren, dann wird Aggression nicht zu einem Schatten werden, den wir auf andere Menschen projizieren. Die Meister der asiatischen Kampfkünste verstehen dieses Prinzip: Wenn man mit der Energie seines inneren Kriegers im reinen ist und sie anderen zu übermitteln versteht, wird man eine kraftvolle Ausstrahlung besitzen und so gut wie nie wirklich Gewalt einsetzen müssen.

Daß das Ablehnen von Aggressionen nicht zu dauerhaftem Frieden führt, zeigt sich am Tod von Mohandas Gandhi. Gandhi hatte sich völlig der Gewaltlosigkeit verschrieben und Großes geleistet. Tragischerweise starb er selbst einen gewaltsamen Tod; vielleicht spiegelte sein Mörder Gandhis verleugnete aggressive Schattenseite wider, die sich gegen ihn wandte. John Lennon ist ein weiteres Beispiel. Als junger Mann war er offenbar aggressiv und sogar gewalttätig. Später lehnte er diese Seite seines Charakters ab und setzte sich für den Weltfrieden ein. Auch er starb, als noch junger Mann, einen tragischen und gewaltsamen Tod. Und ich bin der Ansicht, daß Lennons Mörder, wie der Mörder Gandhis, Lennons eigene unerlöste Aggressivität widerspiegelte.

Letztendlich müssen wir, wenn wir in Frieden leben und eine friedliche Welt schaffen wollen, zunächst einmal in uns selbst eine Basis für diesen Frieden schaffen. Dazu ist es notwendig, jene Teile unserer selbst zu akzeptieren und zu integrieren, die fähig sind, Krieg zu führen.

Wie können wir also unseren Wunsch verwirklichen, die Welt

zu verändern? Wir müssen herausfinden, wie wir auf eine Weise
äußerlich handeln können, die eine natürliche Entsprechung unserer inneren Entwicklung ist. Diese äußeren Handlungen können nur effektiv sein, wenn sie fest im Boden unserer inneren
Heilungsarbeit verwurzelt sind – in jener Arbeit, die ich in diesem Buch beschrieben habe.

Als erstes müssen wir uns klarmachen, daß wir alle in Wirklichkeit Teil eines Ganzen sind, daß die gesamte Schöpfung auf
der innersten Ebene ein Bewußtsein, eine Intelligenz ist. Deshalb müssen wir uns daran erinnern, daß *alles*, was wir tun, wichtig und bedeutungsvoll ist; in gewisser Weise wirken sich *alle*
unsere Handlungen auf die ganze Menschheit aus. Wir müssen
unsere innere Arbeit in dem Wissen tun, daß wir, indem wir uns
selbst heilen, zur Heilung von allem, was ist, beitragen. Es ist
leicht einzusehen, daß wir jene Menschen beeinflussen, die uns
persönlich begegnen, und daß sie wiederum die Menschen beeinflussen, mit denen sie in persönlichem Kontakt stehen, und
daß wir auf diese Weise durch persönliche Kontakte die Welt beeinflussen. Viel schwerer fällt es uns zu begreifen, daß wir über
das kollektive Bewußtsein – an dem wir alle aktiv teilhaben –
auch Einfluß auf Menschen am anderen Ende der Welt nehmen.
Wir beeinflussen uns alle gegenseitig, auch wenn wir uns möglicherweise nie persönlich begegnen.

Ich glaube, daß jeder Mensch, der einen persönlichen Wachstumsprozeß durchmacht, zur »heilenden Generation« gehört. Es
ist unsere Bestimmung, eine große Menge innerer Arbeit zu bewältigen, damit die nachfolgenden Generationen nicht mehr so
viel innere Heilung benötigen und sich ganz den Aufgaben widmen können, für die sie auf die Erde kommen!

Es kann also sehr gut sein, daß die innere Arbeit, die viele von
uns tun, von außerordentlichem Wert für die gesamte Menschheit ist.

Wenn wir wollen, daß unser äußeres Engagement möglichst
wirkungsvoll ist, dürfen wir darüber nicht unsere stetig fort-
schreitende innere Bewußtseinsreise vernachlässigen. Wir sollten jede wichtige Beziehung zu anderen Menschen, jede bedeutsame Erfahrung als Spiegel nutzen, mit dessen Hilfe wir

lernen können, unser Potential besser zu verwirklichen und bewußter zu leben.

Alles, was wir denken, empfinden, sagen und tun, wirkt sich auf unsere Mitmenschen und unsere Umwelt aus. Daher besteht unser wirkungsvollster und wichtigster Beitrag zur Veränderung der Welt darin, in unserem Alltag möglichst bewußt zu leben. Das bedeutet, wie schon gesagt, nicht, irgendeinem hochfliegenden spirituellen Ideal zu folgen – immer nur liebevoll und offen zu sein und alles zu verzeihen. Das Streben nach Vollkommenheit, so verlockend es auch sein mag, führt, ganz gleich auf welchem Gebiet, letztlich immer zu Enttäuschungen und der Angst, zu versagen. Wir müssen nicht erst zu Heiligen werden, um unseren Beitrag zur Veränderung der Welt leisten zu können!

Bewußt zu leben bedeutet für mich, unsere menschlichen Schwächen und Unvollkommenheiten zu akzeptieren, ohne uns selbst deswegen zu verurteilen. Es bedeutet die Bereitschaft, aus unseren unbewußten Verhaltensmustern zu lernen, wenn wir ihrer gewahr werden. Es bedeutet, alle unsere Erfahrungen als Geschenke zu betrachten, die hilfreich für unser Wachstum sind, und jedes Lebewesen oder Ding als potentiellen Lehrer zu betrachten. Es bedeutet, die Verantwortung (nicht: die Schuld) für unsere Gedanken, Gefühle und Handlungen zu akzeptieren und sich klarzumachen, daß sie sich auf andere Menschen auswirken. Es bedeutet, achtsam in uns hineinzuhorchen, um unser inneres Gefühl für die Wahrheit zu entdecken, und uns dann nach Kräften zu bemühen, in jeder Minute, Tag für Tag, in unserem Reden und Handeln dieser Wahrheit zu folgen. Und es bedeutet, das Geschenk unseres Daseins und unsere besonderen Talente und Fähigkeiten großzügig mit anderen Menschen zu teilen.

Um bewußt zu leben, ist es notwendig, daß wir wieder ein Gespür für den angemessenen Umgang mit der Erde entwickeln. Die meisten von uns müssen lernen, einfacher zu leben, ohne so viele Ressourcen zu verbrauchen und soviel Müll zu produzieren. Das heißt nicht, daß wir in Armut leben oder unter Entbehrungen und Mangel leiden müssen. Ganz im Gegenteil! Wenn wir uns unserer *wahren* spirituellen, geistigen, emotionalen und physischen Bedürfnisse bewußt werden und lernen, diese Bedürfnisse wirklich zu befriedigen, werden wir feststellen, daß wir viel weniger von dem äußerlichen Plunder brauchen, mit dem wir heute unsere Leere zu füllen versuchen. Wenn die wahren Bedürfnisse befriedigt werden, verschwinden alle falschen Bedürfnisse – und mit ihnen die Ängste, die uns zuvor plagten. Wenn unser eigener Geist uns innerlich erfüllt, wenn unsere Lebenskraft freier unsere Körper durchströmt und wenn wir uns im Einklang mit unserer Seele und unserer höheren Bestimmung befinden, fühlen wir uns als Teil der natürlichen Energie und Fülle des Universums. Dann können wir erkennen, welcher Reichtum in den einfachen Dingen des Lebens liegt.

Das heißt nicht, daß wir uns nicht auch an unserem materiellen Besitz und unseren bemerkenswerten technologischen Errungenschaften erfreuen können. Ich glaube, wenn wir innerlich ins Gleichgewicht kommen, werden wir auch ein harmonisches Gleichgewicht finden zwischen dem Schutz der Umwelt und unserer Freude an den Früchten unserer materiellen Kreativität. Doch bis wir soweit sind, müssen die meisten von uns erst einmal bessere Gepflogenheiten im Umgang mit unseren Ressourcen erlernen. Auf die kleinen Dinge kommt es an – darauf, gesünderes und natürlicheres Essen einzukaufen, das weniger aufwendig verpackt ist und weniger chemische Zusätze enthält, darauf, auf den Kauf giftiger oder nicht wiederverwertbarer Produkte zu verzichten, Einkaufstaschen aus Stoff zu benutzen, Abfälle zu sortieren und zu kompostieren, zu Hause und am Arbeitsplatz. Das mögen kleine Schritte sein, aber sie können doch eine Menge bewirken, besonders wenn wir unsere Kinder zum Mitmachen bewegen können.

Ein weiterer wichtiger Gesichtspunkt eines bewußten Lebens ist, wie wir im Alltag unsere Mitmenschen behandeln und auch die Tiere in unserer Nähe. Natürlich passiert es uns allen, daß wir Dinge sagen oder tun, die wir hinterher bedauern und für die wir uns schämen. Das gehört unvermeidlich zum Menschsein dazu, *besonders* wenn wir lernen, auf neue Weise zu leben und zueinander in Beziehung zu treten, statt immer weiter dem alten, sicheren Trott zu folgen. Wir müssen uns also viel Freiraum geben, mit neuen Formen des Selbstausdrucks zu experimentieren, die auch einmal unharmonisch sein oder mißlingen können. Doch ebenso können wir auch immer wieder anderen Menschen kleine Gesten der Liebe und Freundlichkeit schenken, zum Beispiel dem Mann am Fahrkartenschalter in die Augen blicken und ihm ein wirkliches Dankeschön sagen oder mit einer Verkäuferin, die offensichtlich einen schlechten Tag hat, ein wenig mehr Geduld haben.

Bewußt zu leben heißt, jeden neuen Tag nicht nur als Gelegenheit zu betrachten, etwas Neues zu lernen, sondern auch als Gelegenheit, unsere besonderen Gaben, Talente und Inspirationen mit anderen zu teilen.

Während wir an unserer inneren Heilung arbeiten, kommen wir immer besser in Kontakt mit unserer natürlichen schöpferischen Energie. Wenn wir uns von unseren spirituellen, geistigen, emotionalen und physischen Blockaden und Einschränkungen befreien, kann die kreative Lebenskraft freier in uns fließen. Diese Lebensenergie bewirkt auf natürliche Weise, daß unser Handeln in der Welt sinnvoll und effektiv ist, gemäß unserer höheren Bestimmung und im Einklang mit unserer Natur.

Wenn Sie Ihren schöpferischen Ideen und Impulsen folgen, kann Sie das dazu veranlassen, ungewöhnliche und überraschende Dinge zu tun, durch die sich mitunter interessante neue Möglichkeiten eröffnen. Ein mit mir befreundeter Komponist hatte die Musik für einen Film über Ökologie geschrieben. Als der Film in unserer Stadt gezeigt wurde, kam diesem Komponisten der spontane Einfall, Kinokarten für alle seine Freunde zu kaufen und mit ihnen in den Film zu gehen, um ihr Interesse für das Thema des Films zu wecken. Und tatsächlich bewirkte der Film, daß sie sich stärker mit dem Umweltschutz beschäftigten. Alle Freunde von ihm, die den Film sahen, wurden davon so inspiriert, daß sie gemeinsam überlegten, wie man den Film möglichst vielen Leuten zugänglich machen konnte. Sie kauften Videokassetten des Films und verteilten sie in zahlreichen Schulen, damit die Kinder ihn zu sehen bekamen.

Obgleich diese Aktion keine große zeitliche oder finanzielle

Belastung für den einzelnen mit sich brachte, leisteten diese Leute doch einen enormen Beitrag zur Veränderung der Welt, indem sie eine Botschaft verbreiteten, die wichtig und heilsam war.

Hier sind einige praktische Hinweise für »richtiges Handeln«:

– Nehmen Sie sich fest vor, auf sinnvolle und effektive Weise aktiv an der Heilung und Transformation der Welt mitzuarbeiten. Informieren Sie sich über die anstehenden Probleme und Themen in Ihrem Wohnort bzw. Ihrer näheren Umgebung.

– Wenn Sie auf ein Problem in Ihrer Umwelt stoßen, bei dessen Heilung Sie gerne mithelfen würden, sollten Sie sich überlegen, ob es für Sie zunächst auf der *inneren* Ebene etwas zu tun gibt. Spiegelt sich in dem betreffenden Problem möglicherweise etwas aus Ihrer eigenen Psyche? Wenn ja, was können Sie tun, um sich dieses inneren Problems anzunehmen? Wenn Ihnen darauf keine Antwort einfällt, oder wenn Sie keine solchen Zusammenhänge erkennen, brauchen Sie sich deswegen keine Sorgen zu machen. Behalten Sie diese Fragen aber im Hinterkopf. Vielleicht gelangen Sie später noch zu diesbezüglichen Erkenntnissen.

– Bevor Sie sich entscheiden, in einer bestimmten Richtung aktiv zu werden, sollten Sie Ihre innere Führung um klare Hinweise bitten. Haben Sie einfach ein wenig Geduld, wenn Sie nicht sofort eine klare Antwort erhalten. Wenn Ihre innere Führung sich auch nach längerem Warten nicht meldet, ist der Bereich, wo Sie sich engagieren möchten, vielleicht doch nicht das Richtige für Sie. Suchen Sie sich statt dessen etwas aus, auf das Ihre innere Führung deutlich positiv reagiert.

– Wenn ein Impuls Sie in eine bestimmte Richtung führt, sollten Sie ihm folgen. Bitten Sie auch weiterhin um innere Führung, und folgen Sie ihr, so gut Sie können. Wenn Sie sich über die Richtung nicht klar sind, gönnen Sie sich erst einmal etwas Ruhe.

– Nehmen Sie sich nicht zuviel auf einmal vor. Seien Sie bei Ihren Plänen nicht zu ehrgeizig. Gehen Sie in kleinen Schritten vor, und denken Sie daran, daß kleine Dinge genauso wichtig sein können wie die großen.

– Tun Sie Dinge, bei denen Sie sich voller Energie fühlen. Handeln Sie nicht aus Angst oder Schuldgefühlen heraus. Folgen Sie, soweit wie möglich, Ihrer Inspiration. Tun Sie etwas, das Sie als anregend, belebend und befriedigend empfinden.

Eine Bekannte von mir las zum Beispiel in der Zeitung, daß die örtliche Schulbehörde aus finanziellen Gründen gezwungen war, den nachmittäglichen freiwilligen Kunstunterricht zu streichen. Meiner Bekannten ließ das keine Ruhe, denn sie selbst hatte als Kind durch eine solche zusätzlich angebotene Kunsterziehung ihre lebenslange Liebe zum Ballett und Theater entdeckt. Sie bat ihre innere Führung um einen Hinweis, wie sie in dieser Sache helfen konnte. Nach ein paar Tagen spürte sie den starken Drang, bei der Schulbehörde anzurufen und ihre Hilfe anzubieten. Das Ganze führte schließlich dazu, daß sie über mehrere Jahre Theatergruppen an den örtlichen Schulen leitete und große Freude an der Arbeit mit den Kindern hatte.

Viele Aktivitäten, zu denen unsere innere Führung uns während unseres Lebens veranlaßt, mögen *scheinbar* nichts mit der Hilfe für andere Menschen oder der Heilung der Welt zu tun haben. Aber vergessen Sie nicht, daß Ihr größter Beitrag zum Wohl der Menschheit darin besteht, der Welt jene Lebendigkeit zu schenken, die entsteht, wenn Sie ganz Sie selbst sind, wenn Sie Ihrer Wahrheit gemäß leben und das tun, was Ihnen wirklich Freude macht. Wenn wir auf leidenschaftliche Weise unsere Persönlichkeit zum Ausdruck bringen, werden wir die Welt heilen können.

Sieben Schritte auf dem Weg der Wandlung

*Heilung geschieht nicht über Nacht, sondern allmählich,
Schritt für Schritt. Der Heilungsprozeß ist oft
unangenehm, manchmal schmerzhaft, aber trotzdem gibt
es im Leben kaum etwas Faszinierenderes und
Lohnenderes. Wenn Sie Vertrauen und Geduld haben,
wird die Heilung auf natürliche, Ihnen gemäße Weise
geschehen.*

Manche Leser stehen vielleicht erst am Anfang ihrer bewußten inneren Arbeit. Anderen, die sich schon seit Jahren mit dieser Arbeit befassen, hat dieses Buch, hoffe ich, zu neuen Einsichten oder einer veränderten Betrachtungsweise verholfen.

Hier sind sieben grundlegende Schritte für alle, die sich bewußt auf den Weg der Wandlung begeben möchten:

1. Verpflichten Sie sich, Ihrer Wahrheit treu zu bleiben

Geben Sie sich selbst das Versprechen, Ihrer inneren Wahrheit zu folgen, so gut es geht, und alles Nötige zu tun, um zu lernen, zu wachsen, heiler zu werden und Erkenntnis zu erlangen. Sie können diese Verpflichtung für sich privat eingehen oder gemeinsam mit Ihrem Partner, Ihrer Familie, Freunden oder einer Gruppe. Wenn Sie möchten, können Sie Ihr Versprechen durch ein Ritual bekräftigen: Machen Sie eine entsprechende Eintragung in Ihrem Tagebuch, führen Sie eine Meditation an einem besonderen Ort durch; gehen Sie an den Strand und rufen Sie Ihr Versprechen aufs Meer hinaus; wählen Sie einen Kraftgegenstand aus, als Symbol für Ihr Versprechen, und tragen Sie ihn immer bei sich; bauen Sie einen kleinen Altar mit persönlichen Gegenständen; tragen Sie einen besonderen Ring oder ein anderes Schmuckstück als Erinnerung; bringen Sie durch ein Bild oder ein anderes Kunstwerk zum Ausdruck, wie wichtig dieser Schritt für Sie ist; oder tun Sie etwas anderes, was Ihnen richtig und angemessen erscheint.

2. Folgen Sie Ihrer inneren Führung

Entwickeln Sie, indem Sie sich darin üben, auf Ihre innere intuitive Führung zu hören, eine Beziehung zu Ihrem inneren Lehrer. Wie man das macht, habe ich in den Kapiteln »Wie man seinen inneren Lehrer findet« und »Vertrauen in die innere Führung entwickeln« beschrieben.

3. Vertrauen Sie sich anderen Menschen an

Nehmen Sie auf Ihrer Reise die Hilfe anderer Menschen an, wenn es nötig ist. Viele von uns haben die Vorstellung, sie müßten alles ganz allein schaffen und ihr Leben ändern, ohne sich von jemandem dabei helfen zu lassen. Oft schämen wir uns zuzugeben, daß wir Hilfe brauchen. Wir haben Angst davor einzugestehen, daß wir nicht unverwundbar sind. Das ist eines der alten, einschränkenden Verhaltensmuster, von denen wir uns befreien sollten. Als menschliche Wesen sind wir aufeinander angewiesen. Wir sind von Natur aus gesellig und brauchen das Gefühl, Teil einer Familie, einer Gemeinschaft zu sein. Und der Prozeß der Bewußtseinsentwicklung ist viel zu komplex und schwierig, um ihn allein zu bewältigen. Natürlich gibt es Zeiten, wo wir uns dem Alleinsein stellen müssen, wo wir in uns selbst nach Antworten suchen und auf uns selbst vertrauen müssen, statt uns auf andere zu stützen. Daß wir lernen, wann wir Hilfe brauchen und wann wir es allein schaffen müssen, gehört auch zu unserem Entwicklungsprozeß.

Geeignete Hilfe können wir von guten Freunden erhalten, von unserer Familie und/oder unserem Partner, von einem Mentor oder vertrauenswürdigen Ratgeber, von Ärzten, Therapeuten, Lehrern, Seminargruppen, professionellen Organisationen, Kirchen, spirituellen Zirkeln oder von Selbsthilfegruppen.

Wählen Sie die Hilfe, die Sie in Anspruch nehmen möchten, sorgfältig aus. Vergewissern Sie sich, daß sie wirklich Ihren spezifischen Bedürfnissen entspricht. Eine gute Richtschnur ist, ob Sie sich nach den Treffen mit Ihrem Helfer besser, stärker, belebter und entspannter fühlen. Natürlich mag es zwischendurch auch Augenblicke geben, wo Sie sich weniger gut fühlen – vielleicht verwirrt und aufgewühlt, weil in einer Therapie ein altes Muster in Frage gestellt wurde. Doch insgesamt sollte ein positives Gefühl vorherrschen. Vermeiden Sie Situationen, bei denen man Sie häufig kritisiert und schlechtmacht und wo Sie sich immer wieder frustriert, verwirrt oder ohnmächtig fühlen. Das kann ein Zeichen dafür sein, daß die Person, von der Sie Hilfe erhoffen, sich auf einem Macht-Trip befindet. Seien Sie besonders auf der Hut, wenn Ihnen gesagt wird, die Unannehmlichkeiten, die man Ihnen macht, seien zu Ihrem eigenen Besten, oder wenn man Sie, falls Sie die angewendeten therapeutischen Methoden in Frage stellen, als undiszipliniert oder aufsässig bezeichnet.

Wir alle brauchen wenigstens einen Menschen oder eine Gruppe, wo wir ganz wir selbst sein können, wo wir es wagen können, unsere tiefsten Gedanken und Gefühle auszusprechen, wo wir so, wie wir sind, akzeptiert werden, mit all unseren Fehlern und Schwächen. Neben diesem grundlegenden Halt brauchen wir möglicherweise noch zusätzliche spezifische Hilfe: kreative Inspiration, Hilfe beim Erlernen bestimmter Fähigkeiten, medizinische bzw. therapeutische Hilfe.

Die Art der Hilfe, die Sie auf Ihrem Weg der Wandlung benötigen, kann sehr unterschiedlich sein. Manchmal werden Sie die Hilfe einer bestimmten Person nicht länger benötigen. Dann kann es schwierig sein, sich von dem betreffenden Menschen zu lösen, auch wenn man spürt, daß es Zeit dafür ist. Manchmal ist es absolut notwendig, loszulassen und allein weiterzugehen. Wann man bleiben und wann man gehen soll, kann man nur lernen, wenn man sich den entsprechenden Herausforderungen des Lebens stellt.

Auch sollten Sie, so wunderbar Ihre Freunde und Ihre Familie sein mögen, doch stets bedenken, daß es Zeiten gibt, in denen wir die Hilfe einer außenstehenden Instanz benötigen. Uns nahestehende Menschen verfügen uns gegenüber wegen ihrer engen emotionalen Bindung an uns nicht immer über die Distanz und den Weitblick, die in manchen Situationen nötig sind. Auch fehlt es ihnen meist an den erforderlichen fachlichen Kenntnissen und Fähigkeiten. Außerdem sind unser Partner, unsere Familie oder unsere engen Freunde häufig ganz einfach überfordert, wenn wir von ihnen erwarten, daß sie all unsere emotionalen Bedürfnisse befriedigen, besonders wenn wir gerade eine emotionale Krise oder einen tiefgreifenden Heilungsprozeß durchmachen. In einer solchen Phase zusätzlich professionelle Hilfe in Anspruch zu nehmen, kann für unser eigenes Wohlbefinden und das unserer Angehörigen entscheidend sein.

Wenn Sie Hilfe suchen, sollten Sie versuchen herauszufinden, wo Ihr Problem liegt, wenigstens ungefähr. Versuchen Sie es zu *erspüren*. Beispielsweise könnte Ihr Problem darin bestehen, daß Sie keine gute, klare Kommunikation mit Ihrem Partner/Ihrer Partnerin haben, aber nicht wissen, wie Sie diesen Zustand positiv verändern können. Bitten Sie Ihre innere Führung, Ihnen die für Sie am besten geeignete Form der Hilfe zu zeigen. Fragen Sie Freunde und Bekannte, ob sie Ihnen Bücher oder Beratungsstellen zu diesem Thema empfehlen können. Besorgen Sie sich alle verfügbaren Informationen. Wenn Sie auf etwas stoßen, das Ihnen interessant erscheint, prüfen Sie es sorgfältig. Scheuen Sie sich nicht, mit dem betreffenden Berater, Heiler oder Therapeuten zunächst einmal ein klärendes Gespräch zu führen, um sich ein Bild von ihm zu machen und festzustellen, ob er gut mit Ihnen harmoniert. Die meisten Therapeuten bieten ein solches unverbindliches Informationsgespräch oder eine Probesitzung an. Achten Sie darauf, ob Sie bei der Sache ein gutes Gefühl haben, und folgen Sie Ihrer inneren Führung.

4. Nutzen Sie alle geeigneten Hilfsmittel

Machen Sie bei Ihrer Bewußtseinsentwicklung Gebrauch von geeigneten Hilfsmitteln, und zwar auf allen vier Ebenen – spirituell, geistig, emotional und physisch. Probieren Sie immer wieder neue Ideen, Techniken und Übungen aus, die Ihnen auf

Ihrem Weg gerade interessant erscheinen. Wenn Sie sich gerade in einer Phase befinden, wo Sie sehr aufgeschlossen für alles Neue sind, könnten Sie zum Beispiel Bücher lesen, sich Kassetten anhören, sich Videos zu verschiedenen Themen anschauen, Kurse besuchen und Rat bei Fachleuten einholen, bis Sie eine Methode oder eine Übungstechnik finden, die bei Ihnen funktioniert. Danach werden Sie sich dann möglicherweise für eine gewisse Zeit auf ein oder zwei bestimmte Praktiken konzentrieren. Vergessen Sie dabei nie, daß Ihre Bedürfnisse sich mit Ihrem persönlichen Wachstum verändern; Hilfsmittel, die Sie eine Zeitlang regelmäßig nutzten, werden Sie zwischendurch vielleicht eine Weile auf Eis legen oder ganz durch neue ersetzen. Und es werden auch Phasen kommen, wo Sie vorübergehend ganz auf alle Hilfsmittel für persönliches Wachstum verzichten und für eine Weile einfach nur *sein* möchten.

Einige Hilfsmittel, die in meiner persönlichen Entwicklung eine wichtige Rolle spielten, sind (mehr oder weniger in der Reihenfolge, in der ich mit ihnen in Berührung kam): Tanzen, Hatha Yoga, Meditation, die Vorstellung, daß wir unsere Realität selbst erschaffen, die Technik des kreativen Visualisierens und Affirmierens, die klärende Arbeit mit Kernglaubenssätzen, das bewußte Herauslassen von Emotionen und viele andere therapeutische Techniken, Massage und Körperarbeit, bewußte Kontaktaufnahme mit der inneren Führung, Ausbalancieren der männlichen und weiblichen inneren Energien, ein Zwölf-Stufen-Programm gegen Ko-Abhängigkeit, die Psychologie der Selbste oder Unterpersönlichkeiten und der Stimmendialog. Es gab noch viele andere. Ich will damit nicht sagen, daß Sie das auch alles ausprobieren sollen. Die Aufzählung soll Ihnen lediglich einen Eindruck davon vermitteln, wie viele sehr unterschiedliche Hilfsmittel mir im Laufe der Zeit gute Dienste leisteten – und auch heute noch leisten.

5. Lassen Sie Heilung geschehen

Räumen Sie dem Bewußtseinswachstum in Ihrem Leben eine hohe Priorität ein. Gönnen Sie sich die Zeit für einen Heilungsprozeß auf allen Ebenen. Unabhängig davon, von welchen Leuten Sie sich helfen lassen und welche Hilfsmittel Sie wählen, kommt es beim Heilungsprozeß entscheidend darauf an, daß Sie sich selbst besser kennenlernen und verstehen. Sie müssen lernen, alle Aspekte Ihrer Persönlichkeit zu akzeptieren, Sie müssen lernen, sich selbst zu vertrauen, für sich zu sorgen und sich zu lieben.

Wegen der heutzutage auf diesem Planeten herrschenden Unbewußtheit und Selbstverleugnung sind wir alle zu einem gewissen Grad verwundet. Einige haben natürlich mehr durchmachen müssen als andere und werden deshalb mehr Zeit und Energie für ihre Heilung aufwenden müssen. Vergleichen Sie Ihren eigenen Entwicklungsweg nicht mit dem anderer Menschen. Die Reise eines jeden Menschen ist einzigartig. Sie wird von den Lernaufgaben bestimmt, derentwegen wir hergekommen sind, und von den Gaben, die wir der Welt zu geben haben – und gerade in den Bereichen, wo unsere Schmerzen am größten sind, können wir unsere größten Lernerfolge erzielen. Gerade dort werden Sie auch vieles entdecken, was Sie mit anderen teilen können.

Heilung geschieht nicht über Nacht, sondern allmählich, Schritt für Schritt. Der Heilungsprozeß ist oft unangenehm, manchmal schmerzhaft, aber trotzdem gibt es im Leben kaum etwas Faszinierenderes und Lohnenderes. Wenn Sie Vertrauen und Geduld haben, wird die Heilung auf natürliche, Ihnen gemäße Weise geschehen.

6. Machen Sie Gebrauch von Ihrer Kreativität

Suchen Sie nach Möglichkeiten für kreativen Selbstausdruck. Jeder Mensch ist von Natur aus kreativ, und die eigene Kreativität zu entfalten ist wichtig, um Heilung und Erfüllung zu finden. Unsere mangelnde Fähigkeit, die eigene natürliche kreative Energie zu entfalten, ist eine der Hauptursachen für Suchtkrankheiten und andere spirituelle, geistige, emotionale und körperliche Leiden. Je heiler wir auf allen Ebenen werden, desto mehr kommt unsere Kreativität zum Vorschein.

Wenn Sie das Gefühl haben, daß Ihre Kreativität blockiert ist, sollten Sie an der Heilung Ihrer Emotionen arbeiten. Finden Sie mit Unterstützung anderer Menschen heraus, warum die kreative Energie nicht frei fließt.

Nehmen Sie Verbindung zu Ihrem inneren Kind auf. Das kann der Schlüssel sein, um Ihre Kreativität freizusetzen. Kleine Kinder sind grenzenlos kreativ, weil sie in ihrer Entfaltung noch nicht gehemmt sind. Unsere Kreativität wird oft gedämpft oder erstickt, wenn wir anfangen, den inneren *Perfektionisten* und *Kritiker* zu entwickeln. Der innere Perfektionist sagt uns, wie wir Sachen noch besser machen könnten, und setzt sehr hohe Maßstäbe. Unser innerer Kritiker meldet sich jedesmal zu Wort, wenn wir etwas nicht perfekt machen – also, da wir nun einmal Menschen sind, ziemlich oft! Das kann dazu führen, daß wir uns nicht mehr trauen, etwas Neues auszuprobieren oder unser Talent zu entfalten, aus Angst, daß wir es nicht gut genug machen. Eigentlich wollen innerer Kritiker und Perfektionist uns nur vor äußerer Kritik schützen, indem sie uns zur Vollkommenheit animieren. Sie haben also die besten Absichten, und deshalb sollten wir bewußt mit ihnen an unserer inneren Heilung arbeiten, damit sie gelassener und entspannter werden können. Dann können wir viel leichter Verbindung zu dem spontanen Kind in uns aufnehmen und es dazu ermutigen, in unserem Leben stärker in den Vordergrund zu treten.

Um unsere Kreativität hervorzulocken, sollten wir für mehr Spaß und Abenteuer in unserem Alltag sorgen. Ein bißchen Mut zum Risiko ist nötig, wenn wir uns auf neue und andere Weise entfalten möchten. Beginnen Sie mit kleinen Schritten. Probieren Sie Dinge aus, die Sie anregend und kreativ finden – ein Bild malen, etwas basteln, einen Kochkurs besuchen, Zeichen- oder Tanzunterricht nehmen, eine Kampfsportart erlernen, musizieren, bei einer Laienschauspielgruppe mitmachen, Sport treiben, ein Gedicht oder eine Geschichte schreiben, im Garten arbeiten. Tun Sie diese Dinge nur zu Ihrem eigenen Vergnügen, nicht um es jemand anders recht zu machen. Unsere Kreativität dient unserer Selbsterfüllung; das Ziel besteht nicht darin, von anderen Menschen gelobt zu werden.

Denken Sie daran, daß man seine Kreativität auf sehr unterschiedliche Weise entfalten kann; das ist von Mensch zu Mensch verschieden. Sie können Ihre Kreativität in Ihrem Beruf entfalten, bei der Erziehung Ihrer Kinder, in Ihrem bevorzugten Hobby, bei der Inneneinrichtung Ihrer Wohnung, durch Ihre Kleidung, bei der Gartenarbeit, beim Kochen oder bei der therapeutischen Arbeit.

7. Teilen Sie mit anderen

Auf jeder Ebene unserer Heilung und unseres Wachstums ist es wichtig, daß wir das, was wir gelernt und empfangen haben, an andere Menschen weitergeben. Wir haben etwas nur dann wirklich integriert, wenn wir es in unserem täglichen Leben auf eine Weise manifestieren können, die andere Menschen zu persönlichem Wachstum ermutigt.

Doch ist es nicht nötig, sich bewußt darum zu bemühen. Vielmehr geschieht es ganz automatisch, wenn wir die ersten sechs Schritte bewußt vollziehen. In erster Linie geschieht es auf einer energetischen Ebene. Je heiler wir innerlich werden, desto mehr Lebenskraft kann unseren Körper durchströmen. Diese Lebensenergie wirkt auf jeden Menschen, der uns begegnet, unabhängig davon, was wir sagen oder tun. Das Universum fließt buchstäblich durch uns, um die Leute »wachzurütteln«, um ihr persönliches Wachstum anzuregen und zu beschleunigen. Wenn wir bewußter werden, verändern wir das Massenbewußtsein, was dann wiederum Einfluß auf die Wirklichkeit aller anderen Menschen hat.

Offensichtlicher ist das, was wir anderen Menschen unmittelbar durch eine freiere Entfaltung unserer Kreativität geben können. Viele von uns veranlaßt der Wunsch, ihre eigenen positiven Erfahrungen an andere weiterzugeben, dazu, sich heilenden Berufen zuzuwenden. Das ist ein sehr lohnender und befriedigender Tätigkeitsbereich, und durch das Feedback der Menschen, mit denen wir arbeiten, wird unsere eigene Bewußtseinsentwicklung weiter vorangetrieben. Und wie bereits viele Menschen herausgefunden haben, gehört der Einsatz für andere

Menschen zu den wundervollsten Erfahrungen, die man auf diesem Planeten machen kann!

Doch letztlich kommt es nicht wirklich darauf an, in welchem Bereich wir aktiv sind. Wenn unsere Begabung darin liegt, Autos zu reparieren, in einem abgelegenen Waldgebiet eine seltene Insektenspezies zu erforschen, Computer zu verkaufen oder Kinder zu betreuen, und wenn uns diese Tätigkeit wirklich Freude macht und wir ihr mit Liebe und Rechtschaffenheit nachgehen, werden wir damit eine heilende Wirkung haben auf jeden Menschen, dem wir begegnen, und auf die Erde selbst.

Sieben Schritte auf dem Weg der Wandlung

1. Verpflichten Sie sich, Ihrer Wahrheit treu zu bleiben

2. Folgen Sie Ihrer inneren Führung

3. Vertrauen Sie sich anderen Menschen an

4. Nutzen Sie alle geeigneten Hilfsmittel

5. Lassen Sie Heilung geschehen

6. Machen Sie Gebrauch von Ihrer Kreativität

7. Teilen Sie mit anderen

Unserer höheren Bestimmung folgen

Unsere höhere Bestimmung ist unsere Aufgabe auf der Seelenebene, die zu erfüllen wir hierher gekommen sind. Wir wurden mit besonderen Interessen, Talenten und Fähigkeiten geboren, die uns die Erfüllung unserer Bestimmung ermöglichen.

Wir alle kommen auf diese Welt mit Lektionen, die wir lernen, und Gaben, die wir weitergeben müssen. Je mehr wir lernen und wachsen, desto besser können wir diese natürlichen Gaben entwickeln und mit anderen Menschen teilen.

Wenn wir auf unserem Weg der Wandlung den sieben Schritten folgen, die ich im vorigen Kapitel beschrieben habe, werden wir zu unserer höheren Bestimmung in diesem Leben hingeführt. Diese höhere Bestimmung besteht genau darin, daß wir der Welt unsere besondere Gabe schenken.

Unsere höhere Bestimmung ist unsere Aufgabe auf der Seelenebene, die zu erfüllen wir hierher gekommen sind. Wir wurden mit jenen besonderen Interessen, Talenten und Fähigkeiten geboren, die uns die Erfüllung unserer Bestimmung ermöglichen. Wir wählen uns die Familie und die Umgebung, in die wir hineingeboren werden, so aus, daß wir genau jene Kombination aus Hilfe und Herausforderung erhalten, die zur Erreichung unserer Ziele optimal ist. Manche von uns entscheiden sich für eine behütete, sichere Kindheit, während andere eine physisch, emotional, geistig und/oder spirituell sehr herausfordernde Umgebung wählen! Es spielt keine Rolle, in welche Umwelt wir hineingeboren wurden, wenn es uns gelingt, aus ihr soviel wie möglich zu lernen. Dann sind wir auf dem besten Weg, unsere höhere Bestimmung zu entdecken und zu leben.

Es ist gut möglich, daß Ihre höhere Bestimmung bereits jetzt in Ihrem Leben sichtbar ist. Für gewöhnlich ist sie von Anfang an da, kommt schon in der Kindheit in unserer Persönlichkeit zum Ausdruck. Alles, was uns leicht und spielerisch von der Hand geht, unsere angeborenen Talente und Neigungen, die

Fähigkeiten, die wir erlernten, und die Menschen und Aktivitäten, von denen wir uns angezogen fühlen, all das kann uns Hinweise auf unsere höhere Bestimmung geben. Es kann sein, daß wir dieser Bestimmung bereits auf eine natürliche und mühelose Weise Ausdruck geben, ohne daß wir etwas Besonderes dabei finden. In diesem Fall handelt es sich um einen Bereich unseres Lebens, wo wir uns erfüllt und zufrieden fühlen.

Doch viele von uns müssen ihre höhere Bestimmung erst noch entdecken. Solange uns das noch nicht gelungen ist, werden wir uns höchstwahrscheinlich unzufrieden und ruhelos fühlen. Es ist oft gesagt worden, daß wir selbst blind für unsere größten Gaben sind. Meist sind es unsere Freunde und Angehörigen, die unsere Begabungen klarer sehen als wir selbst. Häufig sind diese Gaben, die andere so an uns schätzen, Fähigkeiten, die uns ganz leicht und natürlich von der Hand gehen. Sie als etwas Besonderes zu erkennen, fällt uns teilweise deshalb so schwer, weil sie uns Freude machen und nicht mit großen Anstrengungen verbunden sind.

Durch diese besonderen Talente und Fähigkeiten können wir in Kontakt mit unserer höheren Bestimmung kommen. Denken Sie zu diesem Zweck zunächst an einen guten Freund. Da wir Spiegel füreinander sind, können Sie ihn vor Ihrem inneren Auge erscheinen lassen und ihn fragen, was er an Ihnen wertschätzt. Was bringen Sie in sein Leben, das er als Bereicherung empfindet? Sie können ihn sogar fragen: Was in mir spiegelt das Beste in dir wider? Machen Sie diese Imaginationsübung mit mehreren guten Freunden und/oder Freundinnen.

Die Antworten, die Sie erhalten, werden Ihnen anfangs vermutlich sehr allgemein oder nichtssagend erscheinen. Doch unterschätzen Sie ihre Bedeutung nicht! Wenn Sie sich über Ihre Begabungen klargeworden sind, sollten Sie anfangen, auf bewußtere Weise von ihnen Gebrauch zu machen. Eine meiner Klientinnen – ich werde sie Lorna nennen – fand zum Beispiel heraus, daß ihre engsten Freunde besonders ihre Fähigkeit schätzten, anderen auf eine Weise zuzuhören, die diese als beruhigend und stärkend empfanden. Lorna hatte das nie für eine besondere Begabung gehalten, da es ihr völlig natürlich erschienen war. Doch nun achtete sie in den folgenden Tagen einmal bewußt darauf, wie sie mit ihrer Art des Zuhörens anderen Menschen Kraft spendete. Sie vermittelte den Menschen tatsächlich Kraft, ihre Probleme zu lösen oder ihre Pläne zu verwirklichen.

Je mehr sich Lorna dieser Gabe bewußt wurde, desto mehr sah sie darin einen Ausdruck ihrer höheren Bestimmung. Als wir uns das letztemal trafen, suchte sie gerade nach Möglichkeiten, ihr Talent im beruflichen Bereich zu nutzen. Sie überlegte, eine Stellung bei einer Firma anzunehmen, die Kommunikations-Schulungen durchführte, oder sich zur Psychotherapeutin ausbilden zu lassen. Beide Bereiche versprachen gute Einsatzmöglichkeiten für ihre naturgegebenen Fähigkeiten.

Vor kurzem sah ich eine nette Reportage in den Fernsehnachrichten. Es war einer dieser Filmbeiträge unter dem Motto »Leute wie du und ich« und handelte von einem Mann, der eine Straßenkehrmaschine fährt. Schon von Kindheit an war er von diesen Maschinen fasziniert gewesen. Seine Mutter zeigte dem Fernsehteam Modelle und Bilder von Kehrmaschinen, die er als Junge gebastelt bzw. gemalt hatte. Jetzt besitzt er seine eigene Straßenkehrmaschine, und es ist eine Freude für ihn, sich damit seinen Lebensunterhalt zu verdienen. Dieser Mann war sehr warmherzig, freundlich und genoß ganz offensichtlich sein Leben. Er strahlte eine wunderbare Energie aus, wo immer er hinging. Zugegeben, das Fahren einer Kehrmaschine ist vermutlich nicht gerade das, was sich die meisten Leute unter einer höheren Bestimmung vorstellen – doch für diesen Mann war es das zweifellos!

Ich erwähnte bereits, daß ich als Kind ständig las und Geschichten schrieb. Ich träumte davon, daß ich eines Tages eine Bibliothek betreten würde, wo es ein ganzes Regal mit Büchern gab, die ich alle selbst geschrieben hatte! Damals verschlang ich gerade Bücher über Pferde und andere Tiere, deshalb glaubte ich, ich würde später solche Bücher schreiben.

Die Jahre vergingen. Ich vergaß meine Vision und schrieb nie etwas. Erst später, als ich *Stell Dir vor*, mein erstes Buch, geschrieben und veröffentlicht hatte, erinnerte ich mich wieder an meinen Kindertraum, Schriftstellerin zu werden. Inzwischen habe ich natürlich gelernt, daß es Teil meiner höheren Bestimmung ist, über das Bewußtsein zu schreiben und Vorträge zu halten. Nicht, daß ich je bewußt geplant hätte, etwas Derartiges zu tun. Es hat sich einfach aus meiner natürlichen Veranlagung heraus so ergeben. Ich lehre und schreibe, weil ich nicht anders kann, weil ich nur so auf meine Weise lernen und meine Talente mit anderen teilen kann.

Wenn Sie gerne herausfinden möchten, was Ihre höhere Bestimmung ist, sollten Sie Ihre innere Führung um Informationen bitten. Fragen Sie sich, was Sie besonders gerne oder sehr häufig tun. Welche Aktivitäten fallen Ihnen besonders leicht und entsprechen am ehesten Ihrem Wesen? Wovon haben Sie als Kind geträumt? Welche Träume und Visionen haben Sie heute? Nehmen Sie sich Zeit, diese Träume zu erkunden.

Erwarten Sie keine sofortigen Antworten auf diese Fragen.

Haben Sie Geduld mit sich. Die eigene höhere Bestimmung zu entdecken und zu erfüllen kann Jahre in Anspruch nehmen. Dieser Prozeß läßt sich nicht künstlich beschleunigen oder überstürzen, er ist untrennbar mit Ihrer sonstigen persönlichen Entwicklung verbunden. Lernen Sie, mit offenen Fragen zu leben, ohne ständig Antworten zu verlangen. Wenn Ihre Fragen beantwortet werden, geschieht das oft auf überraschende Weise in Augenblicken, wenn Sie gar nicht damit rechnen. Arbeiten Sie an der Entwicklung Ihres Bewußtseins, dann werden Sie mit der Zeit automatisch Klarheit über Ihre höhere Bestimmung gewinnen.

Vergessen Sie nicht, daß Ihre höhere Bestimmung nicht nur das ist, was Sie tun. Sie ist auch das, was Sie *sind* – Ihre einzigartige Mischung aus Energie, Persönlichkeit und körperlicher Form, mit der Sie etwas Einmaliges in die Welt bringen. Es gibt sonst niemanden, der dieselbe höhere Bestimmung hat wie Sie! Und Ihre höhere Bestimmung verwirklicht sich nur, wenn Sie sie manifestieren.

Martha Graham hat das so ausgedrückt:

»Es existiert eine Vitalität, eine Lebenskraft, eine Energie, eine Stimulation, die durch Sie in Aktivität umgesetzt wird. Und weil es Sie in aller Ewigkeit nur einmal gibt, ist diese Ausdrucksform einzigartig. Wenn Sie sie blockieren, wird sie niemals durch irgendein anderes Medium ausgedrückt werden ..., wird sie nie Teil dieser Welt werden. Es ist nicht Ihre Aufgabe, darüber zu befinden, wie gut diese Ausdrucksform ist, wie wertvoll im Vergleich zu anderen Ausdrucksformen. Ihre Aufgabe ist es, sich klar und eindeutig zu Ihrer besonderen Form des Selbstausdrucks zu bekennen und den Kanal geöffnet zu halten.«*

---

* Agnes DeMille: *Dance to the Piper*. Atlantic Monthly Press, 1952. (Dt.: *Tanz und Theater*. 1955.)

Eine gemeinsame Vision für die Zukunft

Lange Zeit litt ich sehr unter den Problemen in meinem eigenen Leben und unter den Schmerzen und Leiden, die ich in der Welt wahrnahm. Durch langjährige Bewußtseinsarbeit hatte ich eine starke Verbindung zu meinem spirituellen Selbst entwickelt. Aus dieser Perspektive konnte ich die vollkommene Ordnung in allem, was geschah, erkennen; ich glaubte fest daran, daß alles seinen Sinn hatte und daß letztlich alles gut werden würde. Mein menschlicher Wesensteil war sich da nicht so sicher; auf der emotionalen Ebene machten mir Ängste und Zweifel bezüglich meiner eigenen Zukunft und der Zukunft des Planeten zu schaffen. Ich fragte mich, ob meine persönlichen Bedürfnisse je erfüllt werden würden, ganz zu schweigen von den Bedürfnissen all der anderen Geschöpfe auf dieser Erde.

Inzwischen ist mein Heilungsprozeß vorangeschritten und hat tiefere Schichten erreicht. Dadurch ist meine Persönlichkeit heute integrierter, was sich darin zeigt, daß mein Leben allmählich befriedigender wird und besser im Gleichgewicht ist. Problematische Verhaltensmuster verschwinden nach und nach, und ich finde neue Wege, mein Leben zu leben, die besser funktionieren. Viele meiner größten Herzenswünsche gehen jetzt in Erfüllung. Kommt es noch vor, daß ich blockiert und frustriert bin? Ja, sogar ziemlich oft! Aber solche Zustände sind nicht mehr so schlimm und dauern nicht mehr so lange wie früher. Die wunderbare Entfaltung meines Lebens und des Lebens vieler mir nahestehender Menschen hat mein Vertrauen in die Prinzipien, die ich lebe und lehre, gestärkt.

Mit meiner eigenen Heilung wuchs mein Vertrauen in jenen Heilungsprozeß, der sich gegenwärtig in unserer Welt vollzieht. Früher war ich mir nicht sicher, ob es uns tatsächlich noch gelingen würde, die nötigen Veränderungen schnell genug herbeizuführen, oder ob wir ganz einfach gezwungen sein würden, diese Existenzebene zu verlassen und unsere Reise auf einer anderen Ebene fortzusetzen.

Immer noch überfallen mich manchmal Ängste und Zweifel,

wenn ich gezwungen bin, mich mit einem der eher beunruhigenden Aspekte der heutigen Realität auseinanderzusetzen. Ich rechne damit, daß der Zusammenbruch der alten Ordnung die Lage in vielen Bereichen verschlimmern wird. Doch tief in mir spüre ich heute deutlicher als je zuvor, daß wir Beteiligte an einem erstaunlichen Wandlungsprozeß sind, der sich gegenwärtig hier auf der Erde vollzieht. Ich glaube, daß wir unsere Aufgabe bewältigen und die Resultate des Wandels noch zu unseren Lebzeiten Gestalt annehmen werden.

Ich möchte Sie daher einladen, zusammen mit mir und allen anderen Lesern dieses Buches eine Vision der Zukunft zu entwickeln. Genau wie am Anfang des Buches bitte ich Sie nun, Ihre Augen zu schließen und sich die Zukunft vorzustellen. Achten Sie diesmal bitte besonders auf Ihre betont kreativen Phantasien. Wenn Ängste und Zweifel auftauchen, akzeptieren Sie sie einfach, ohne dagegen anzukämpfen. Wenden Sie Ihre Aufmerksamkeit dann der Erschaffung Ihrer Vision zu, und schränken Sie sich dabei in keiner Weise ein. Lassen Sie Ihrer Phantasie freien Lauf.

Setzen Sie sich bequem hin, und halten Sie Kugelschreiber und Papier, Ihr Tagebuch oder Malstifte griffbereit oder andere Hilfsmittel, die Sie gerne benutzen möchten. Schließen Sie die Augen, und atmen Sie ein paarmal langsam und tief durch. Lassen Sie Ihre Aufmerksamkeit zu einem friedlichen Ort tief in Ihrem Inneren wandern. Fragen Sie sich: »Wie sieht meine Vision von der Zukunft aus?«

Konzentrieren Sie Ihre Aufmerksamkeit zunächst auf eine persönliche Zukunft, die genau so ist, wie Sie es sich wünschen. Wenn Sie noch keine klare Vorstellung von Ihrer Zukunft haben, lassen Sie sich einfach von Ihrer Phantasie führen, in dem Bewußtsein, die auftauchenden Bilder jederzeit verändern zu können, wenn Sie das wünschen. Malen Sie sich aus, daß Ihre Beziehung zu sich selbst auf allen vier Ebenen– spirituell, geistig, emotional und physisch – so erfüllt wie möglich ist. Stellen Sie sich vor, wie Ihr seelisches Gleichgewicht und Ihre innere Harmonie sich in allen Bereichen Ihres Lebens widerspiegeln – in Ihren zwischenmenschlichen Beziehungen, Ihrem Beruf, Ihren

Finanzen, Ihren Lebensumständen und Ihren kreativen Betätigungen. Stellen Sie sich vor, wie Sie bei all diesen Dingen wunderbar erfolgreich und zufrieden sind.

Dehnen Sie jetzt Ihre Aufmerksamkeit aus, und stellen Sie sich die Zukunft der Sie umgebenden Welt vor – die Zukunft Ihres Wohnortes, Ihres Landes, der Menschheit, der natürlichen Umwelt, des Planeten. Sehen Sie vor Ihrem inneren Auge, wie sich in *jedem* dieser Bereiche jene Heilwerdung spiegelt, die Sie zuvor an sich selbst erfahren haben. Imaginieren Sie, wie die neue Welt in Erscheinung tritt und sich auf eine gesunde, ausgewogene, umfassende Weise entwickelt. Lassen Sie Ihrer Imaginationskraft dabei richtig die Zügel schießen. Visualisieren Sie die Welt so, wie Sie sie gerne hätten, als ein Paradies auf Erden.

Wenn Sie das Gefühl haben, daß die Imagination abgeschlossen ist, öffnen Sie die Augen. Wenn Sie möchten, können Sie Ihre Vision aufschreiben oder malen.

※ ※ ※

Danke, daß Sie meiner Einladung gefolgt sind.
Alles Gute für Ihre Reise.

Anhang:
Entspannungsübung

Diese Übung ist dazu gedacht, einen sehr tiefen Entspannungszustand zu erreichen. Ähnlich wie beim Fahrradfahren brauchen
Körper und Geist auch zum Erlernen anderer neuer Fertigkeiten
eine gewisse Zeit des Trainings. Die Instruktionen, die ich Ihnen
hier gebe, werden Ihnen helfen, sich in einem Minimum an Zeit
vollständig zu entspannen. Nachdem Sie diese lange Version der
Übung einige Male gemacht haben, werden Sie feststellen, daß
Sie sich innerhalb weniger Sekunden tief entspannen können,
indem Sie einfach nur die Augen schließen und ein paarmal tief
durchatmen.

Viele Menschen machen die Erfahrung, daß bewußte Ent-
spannungsübungen wie die folgende noch besser wirken, wenn
im Hintergrund leise, beruhigende Musik läuft.

Gönnen Sie sich nun fünf bis zehn Minuten Tiefenentspan-
nung, ohne dabei an Dinge zu denken, die Sie noch erledigen
müssen. Wählen Sie eine Tageszeit, wenn Ihnen das am ehesten
möglich ist.

– Lockern Sie engsitzende Kleidungsstücke.

– Setzen Sie sich aufrecht hin, und legen Sie die Hände geöffnet
  in den Schoß.

– Holen Sie tief Luft, und entspannen Sie, während Sie langsam
  ausatmen, Ihre Schultern.

– Öffnen Sie den Mund weit. Gähnen Sie, oder tun Sie so, als
  würden Sie gähnen.

– Entspannen und lockern Sie nun den Bereich um Ihre Augen
  und Ihre Stirn. Entspannen Sie Ihre Nase, den Mundbereich,
  die Kiefer.

– Atmen Sie langsam und leicht.

– Wenn zu diesem Zeitpunkt Gedanken oder Gefühle auftauchen, sollten Sie darauf so reagieren wie auf das Telefon Ihres
  Nachbarn: Sie hören, wenn es läutet, wissen aber, daß Sie ihm
  weiter keine Beachtung schenken brauchen.

– Atmen Sie langsam und sanft ein, und stellen Sie sich vor, daß die Luft durch Ihr rechtes Nasenloch strömt. Halten Sie den Atem einen Augenblick an. Atmen Sie dann langsam und mit Wohlbehagen aus, und stellen Sie sich vor, daß Sie durch das linke Nasenloch ausatmen.

– Atmen Sie erneut tief durch. Stellen Sie sich diesmal vor, daß Sie durchs linke Nasenloch ein- und durchs rechte ausatmen.

– Konzentrieren Sie sich darauf, wie sich Ihr Atem anfühlt: auf das kühle Gefühl in Ihren Nasenlöchern beim Einatmen, auf das sanfte Ausdehnen Ihrer Lunge, auf die leichte Wärme in Ihrer Nase, wenn Sie ausatmen. Wenn Sie möchten, können Sie die Luft, die in Ihren Körper hineinströmt und ihn wieder verläßt, in einer schönen, pulsierenden Farbe visualisieren.

– Atmen Sie mindestens vier Atemzyklen hindurch nach diesem Schema. Ein Atemzyklus ist ein vollständiges Ein- und Aus-atmen.

– Richten Sie Ihre Aufmerksamkeit bei jedem Atemzyklus auf einen anderen Teil Ihres Körpers:

Spüren Sie, wie sich Ihr Brustkorb entspannt.
Spüren Sie, wie sich Ihre obere Rückenpartie entspannt.
Spüren Sie, wie Ihre Arme und Hände sich entspannen.
Spüren Sie, wie sich Ihr Bauch entspannt.
Spüren Sie, wie Ihr Gesäß sich entspannt.
Spüren Sie, wie Ihre Beine sich entspannen.
Spüren Sie, wie Ihre Füße sich entspannen.

– Kehren Sie nun wieder zu Ihrem normalen Atemmuster zurück, und genießen Sie den Entspannungszustand, den Sie erreicht haben.

Praktizieren Sie diese Entspannungsübung mehrere Wochen lang bei jeder sich bietenden Gelegenheit oder wenn Sie das Bedürfnis haben, abzuschalten und sich auszuruhen – am Arbeitsplatz, zu Hause oder in Ihrer Freizeit.

Empfehlenswerte Bücher und Kassetten

Bücher:

Echo Bodine: *Passion to Heal: The Ultimate Guide to Your Healing Journey.* Mill Valley, CA: Nataraj Publishing, 1993.

Lucia Capacchione: *The Power of Your Other Hand: A Course in Channeling the Inner Wisdom of the Right Brain.* North Hollywood, CA: Newcastle Publishing Co., Inc., 1988.

(Dt.: *Die Kraft der anderen Hand.* Knaur Taschenbuch Nr. 6011.)

Lucia Capacchione: *Recovery of Your Inner Child.* New York: Simon and Schuster, 1991.

Shakti Gawain: *Creative Visualization.* San Rafael, CA: New World Library, 1978.

(Dt.: *Stell Dir vor. Kreativ Visualisieren.* Sphinx-Verlag, 1984.)

Shakti Gawain (mit Laurel King): *Living in the Light: A Guide to Personal and Planetary Transformation.* Mill Valley, CA: Nataraj Publishing, 1993; Erstveröffentlichung: New World Library, 1986.

(Dt.: *Leben im Licht. Quelle und Weg zu einem neuen Bewußtsein.* Heyne Taschenbuch Nr. 9535)

Shakti Gawain: *Return to the Garden: A Journey of Discovery.* Mill Valley, CA: Nataraj Publishing, 1993; Erstveröffentlichung: New World Library, 1989.

(Dt.: *Im Garten der Seele. Auf Entdeckungsreise zum Selbst.* Heyne Taschenbuch Nr. 9563.)

Shakti Gawain: *Living in the Light Workbook.* San Rafael, CA: New World Library, 1991.

(Dt.: *Das Leben-im-Licht-Programm.* Heyne Taschenbuch Nr. 9621.)

Shakti Gawain: *Meditations.* San Rafael, CA: New World Library, 1991.

(Dt.: *Meditationen im Licht.* Heyne Taschenbuch Nr. 9610.)

Shakti Gawain: *Awakening: A Daily Guide to Conscious Living.* Mill Valley, CA: Nataraj Publishing, 1993; Erstveröffentlichung: New World Library, 1991.

Harville Hendrix: *Getting the Love You Want.* New York: Henry Holt & Co., 1988.

(Dt.: *Soviel Liebe, wie du brauchst.* Econ Taschenbuch Nr. 23108.)

Tanha Luvaas: *Notes from My Inner Child: I'm Always Here.* Mill Valley, CA: Nataraj Publishing, 1993.

Deena Metzger: *Writing for Your Life: A Guide and Companion to the Inner Worlds.* San Francisco: Harper San Francisco, 1992.

Martia Nelson: *Coming Home: The Return to True Self.* Mill Valley, CA: Nataraj Publishing, 1993.

Rolf Osterberg: *Corporate Renaissance: Business as an Adventure in Human Development.* Mill Valley, CA: Nataraj Publishing, 1993.

Gabrielle Roth: *Maps to Ecstasy: Teachings of an Urban Shaman.* Mill Valley, CA: Nataraj Publishing, 1993; Erstveröffentlichung: New World Library, 1989.

(Dt.: *Das befreite Herz.* Heyne Taschenbuch Nr. 9551.)

Hal und Sidra Stone: *Embracing Ourselves: The Voice Dialogue Manual.* Mill Valley, CA: Nataraj Publishing, 1993; Erstveröffentlichung: New World Library, 1989.

Hal und Sidra Stone: *Embracing Each Other: Relationship as Teacher, Healer and Guide.* Mill Valley, CA: Nataraj Publishing, 1993; Erstveröffentlichung: New World Library, 1989.

(Dt.: *Wenn zwei sich zu sehr trennen.* Verlag Simon & L., 1992.)

Hal und Sidra Stone: *Embracing Your Inner Critic; Turning Self-Criticism into a Creative Asset.* San Francisco: Harper San Francisco, 1993.

Audio- und Videokassetten:

Shakti Gawain: LEHR- UND MEDITATIONS-AUDIO-KASSETTEN:
Developing Intuition. Mill Valley, CA: Nataraj Publishing.
Creative Visualization. San Rafael, CA: New World Library.
Relationships as Mirrors. New World Libr.
Contacting Your Inner Guide. New World Libr.
The Male and Female Within. New World Libr.
Discovering Your Inner Child. New World Libr.
Expressing Your Creative Being. New World Libr.

Shakti Gawain: *Living in the Light: Book on Tape.* Gekürzte Version des Buches. Nataraj Publishing, 1993.

Shakti Gawain: *The Path of Transformation: Book on Tape.* Gekürzte Version des Buches. Nataraj Publishing, 1993.

Shakti Gawain: *The Path of Transformation.* Videoaufzeichnung eines Gespräches. Carson, CA: Hay House, Inc., 1992.

Shakti Gawain: *Meditationen im Licht.* Zwei Audiokassetten in deutscher Sprache, Sphinx-Verlag.

Gabrielle Roth: MUSIKKASSETTEN ZUM TANZEN:
Initiation. New Jersey: Raven Recordings, 1988.
Bones. Raven Rec., 1989.
Ritual. Raven Rec., 1990.
Waves. Raven Rec., 1991.
Trance. Raven Rec., 1992.

Zu beziehen über Aquarius, München.

Gabrielle Roth: *Ecstatic Dance: A Workout for Body and Soul.*
Video. Raven Rec., 1993.

Hal und Sidra Stone: AUDIOKASSETTEN:
Meeting Your Selves. Albion, CA: Delos.
The Child Within. Delos.
Meet Your Inner Critic. Delos.
Meet the Pusher. Delos.
The Dance of Selves in Relationship. Delos.
Understanding Your Relationships. Delos.
Decoding Your Dreams. Delos.
The Patriarch Within. Delos.

Kataloge mit dem vollständigen Lieferprogramm von Nataraj Publishing, New World Library, Delos und Raven Recordings erhalten Sie bei:

Nataraj Publishing
P.O. Box 2627
Mill Valley, CA 94942, USA
Tel.: (415) 381-1091
Bestellungen mit VISA oder MasterCard
unter Tel.: 1-800-949-1091

Kontaktadressen für Seminare

Vorträge und Seminare mit Shakti Gawain finden überall in den Vereinigten Staaten und in vielen anderen Ländern statt. Sie leitet außerdem Retreats, Intensivkurse und Schulungen. Wenn Sie in ihren Adreßverteiler aufgenommen und über ihre Seminare informiert werden möchten, wenden Sie sich an:

Shakti Gawain, Inc.

P.O. Box 377

Mill Valley, CA 94942, USA

Tel.: (415) 388-7140

oder in Deutschland an:

WRAGE Seminar Service,

Schlüterstr. 4, 20146 Hamburg,

Tel. 040/45 5 2 4 0

Shakti und ihr Mann, Jim Burns, vermieten Zimmer und Gästehäuser auf ihrem wunderschönen Anwesen auf der Hawaii-Insel Kauai an Einzelreisende oder Paare, die zu persönlichen Retreats dort hinkommen möchten. Informationen und Reservierungen bei:

Kai Mana

P.O. Box 612

Kilauea, Hawaii 96754, USA

Tel: (808) 828-1280

Wenn Sie Informationen über die von Hal und Sidra Stone durchgeführten Seminare und Schulungen wünschen, schreiben Sie an:

Delos

P.O. Box 604

Albion, CA 95410, USA

Informationen über die Seminare von Gabrielle Roth gibt es bei:

Raven Recordings

P.O. Box 2034

Red Bank, N.J. 07701, USA

Shakti Gawain

Wenn wir den richtigen Umgang mit unserer Vorstellungskaft erlernen, öffnet sich für uns und unsere Mitmenschen der Weg zu einem glücklichen und erfüllten Leben. Durch Shakti Gawains Anleitungen wird die Macht unserer Gedanken erfahrbar.

Im HEYNE Taschenbuch-Programm sind von Shakti Gawain folgende Bücher erschienen:

Im Garten der Seele
Auf Erkundungsreise zum Selbst
Band 08/9563

Meditationen im Licht
Neue Meditationen und Übungen zur kreativen Visualisierung
Band 08/9610

Das Leben-im-Licht-Programm
Das Arbeitsbuch, mit dem Sie Ihre Innere Stimme
entwickeln können
Band 08/9621

Erwachen
Visualisierung und Meditation für jeden Tag des Jahres
Band 08/9900

Zusammen mit Laurel King

Leben im Licht
Quelle und Weg zu einem neuen Bewußtsein
Band 08/9536

Gesund denken
Kreativ visualisieren
Band 08/9535

WILHELM HEYNE VERLAG
MÜNCHEN